APRESENTAÇÃO

OLHARES DE SAUDADE é um livro escrito a quatro mãos, por dois autores, em países e continentes diferentes. João Furtado reside na cidade da Praia em Cabo Verde, tendo nascido em S. Tomé e Príncipe de pai cabo-verdeano e mãe guineense. Escreve sobre as realidades da sua pátria, da emigração de Cabo-Verde, da evolução das suas ilhas desde a década de sessenta, até aos nossos dias. As suas personagens nascem em Cabo-Verde e emigram para Portugal e outros países europeus em busca de melhor vida.
Neste livro, João teve a seu cargo os capítulos passados em Cabo-Verde, em que toda a ação é escrita por ele.

Arlete Piedade, nasceu em Portugal, no distrito de Santarém, numa pequena aldeia no sopé da serra de Aires e Candeeiros. Depois de ter vivido na zona da grande Lisboa, nas décadas de 80 e 90, regressou s Santarém, onde reside até ao presente.
Escreve toda a ação passada em Portugal, onde as suas personagens nascem na zona do Ribatejo distrito de Santarém e emigram para a zona de Lisboa, procurando melhores condições de vida, tal como os emigrantes cabo-verdeanos.

É na Amadora que as personagens destes dois autores, se vão cruzar, conhecerem-se e amarem-se, num encontro fascinante de culturas e diferentes realidades, tendo como pano de fundo, o crescimento dessa agora cidade, onde cada um tem o seu papel.

Os leitores ficam pois a saber para melhor compreensão da ação narrada pelos dois autores, que cada vez que a ação se passa em Cabo Verde, o autor é João Furtado.

ARLETE PIEDADE LOURO
JOÃO PEREIRA FURTADO

1

OLHARES DE SAUDADE

Quando a ação se passa em Portugal, a autoria é de Arlete Piedade.

Aqui está pois, Olhares de Saudade: Saudade de quem fica e lança os olhares para longe imaginando onde estão os seus queridos, e saudade de quem parte, e noutro país, todos os dias pensa na sua terra, nos familiares, amores e amigos que ficaram atrás no tempo e na distância.

Arlete Piedade

PRÓLOGO

A vida, a história e as pessoas não param de nos surpreender. Dois seres de paragens e vivências diferentes e distantes decidiram "encontrar-se" num mesmo livro. Escreveram-no. Cabo Verde e Portugal juntaram-se num mesmo palco de escrita num complementar de percepções de partidas e de chegadas. E agora oferecem-no aos leitores num jogo de e para descobertas.

Este é um livro mesclado. De sentidos não dispersos. A sua simbiose emerge dum reencontro proposto de sonhos sonhados. Uma obra construída aparentemente de acasos. A força do querer torna passível a construção de poderes de encontros, propósitos, uniões, de definição de caminhos rumo a uma plenitude de ocasos.

Os nossos destinos afivelam-se nesta obra. Deram as mãos para brindarem os anseios, às palavras, na procura de razões para explicar um emaranhado compulsivo de histórias que nos exclama, reclama e interroga.

Aqui as culturas se interpenetram. Aceitam-se. Recriam-se. Vivificam-se. Justificam-se nas formas do sentir e respirar a literariedade e através da fenomenologia cultural e do cruzamento de sentidos. Esbateram-se hipotéticas barreiras. Até a alegria e a dor deste parto literário foram partilhados de forma inegoística.

Este é um romance *sui generis*. A sua configuração e estrutura são distintas. Obedeceram a ritmos, sentires e pensares dissemelhantes, mas, ao mesmo tempo a uma espécie de harmonia de almejadas vontades comuns numa interessante

ARLETE PIEDADE LOURO
JOÃO PEREIRA FURTADO

OLHARES DE SAUDADE

revelação através de aproximações múltiplas. Encontraram-se e partilharam-se caminhos da alma pela via da escrita.

Nesta obra permeada de vivencialidades e de experiências reencontramo-nos, pois trata-se de um cruzar de aspirações que nos permitem alguma transcendência.

Olhares de Saudade é uma espécie de página das nossas vidas. É envolvente e lê-se de um só fôlego. Depois fica a saudade antecipada do próximo volume.

Daniel Medina

Daniel Medina é Doutorado em Ciências Politicas, Mestre em Linguística, Pós-Graduado em Direito e Licenciado em Jornalismo Internacional. Concilia a vida académica com a Investigação e o Jornalismo. É possuidor de uma vasta experiência académica em várias Universidades Portuguesas e Cabo-Verdiana.
Colaborou e dirigiu vários Órgãos de Comunicação Social em Portugal e Cabo Verde. É autor de 3 livros de poemas, de dois livros Técnicos e de 1 de Crónicas. É membro e Administrador da Associação Cabo-verdiana de Autores, membro de Poetas Del Mundo e colaborador permanente da Universidade Nova de Lisboana área de linguística e membro da Associação Francesa de Terminologia!

PREFÁCIO

Um homem e uma mulher juntaram-se para escrever um livro. Parece banal a afirmação, mas deixará de sê-lo quando se acrescentarem alguns detalhes um tanto insólitos: eles não se conhecem, têm origens e percursos completamente diferentes e são de raças diferentes: ela é portuguesa e ele caboverdiano da diáspora santomense. Como foi então possível tal junção de esforços? A única explicação possível é o facto de ambos, JOÃO e ARLETE, terem tido o mesmo sonho, de construir um romance misto e mestiço o que não é absolutamente a mesma coisa.

O romance aí está e deram-lhe o apropriado nome de "OLHARES DE SAUDADE". Bebe em parte na ruralidade da ilha de Santiago, hoje marcada profundamente pela emigração. É uma história simples e humana sobre vidas de caboverdianos humildes, gente simples e honesta que vive do seu trabalho, quer modelando peças de cerâmica, quer conduzindo viaturas várias pelos campos fora ou cavando a terra e guardando as culturas que consegue fazer brotar do seu pedaço de chão.

Muitos emigram por não se conformarem com essa vidinha "nhanhida" do nascimento à morte. Emigram para melhorar de vida e realizar os sonhos acalentados em longos anos de sacrifícios. Para alcançar esse objectivo não olham a despesas nem a meios, às vezes são ludibriados por indivíduos sem escrúpulos que se movimentam nos circuitos de tráfico humano e outros. Caem no logro uma vez e outra e outra, mas uma vez mordidos pelo "bichinho" da partida, não desistem nem esmorecem na esperança de que um dia será o seu dia de sorte, o dia em que sairão para procurar Cabo Verde, pois que, como

ARLETE PIEDADE LOURO
JOÃO PEREIRA FURTADO

observou e bem mestre Baltasar, essa viagem é simplesmente *"em busca das ferramentas com que possa regressar à sua terra e servi-la"*.

Um detalhe muito curioso chama a atenção na urdidura do romance: é a ligação directa que o emigrante de Santiago estabelece entre a Europa e a aldeia onde vive. Para começar o emigrante do interior da ilha, ao sair do avião, tem normalmente à sua espera amigos e familiares num Hiace que parte directo para a sua casa lá no campo onde é recebido com todas as manifestações festivas tradicionais de boas vindas, nomeadamente quando ele se faz acompanhar de amigos europeus que visitam a ilha pela primeira vez, mas antes de conhecer quaisquer pontos de interesse, vão contactar em primeira mão o ambiente onde vive e labuta o amigo caboverdiano. Se este ainda não possui todo o conforto a que o amigo europeu está habituado é apenas um detalhe circunstancial a que o visitante terá que se adaptar rapidamente, tal o impacto do coração aberto que o acolhe, a verdade social e íntima da vida no meio rural, a terra e tudo o que generosamente dá aos seus filhos. Este é um dado extremamente valioso para a definição do perfil do emigrante de Santiago. Ele tem uma mãe, um pai, irmãos e outros parentes que adora, mas tem também uma terra que venera, de que os seus filhos se orgulham e que partilha com amor e generosidade tudo o que possui. Julgo que a maioria dos europeus colocados frente a essa realidade soube compreendê-la e apreciá-la. E assim se vai processando a integração, talvez num ritmo mais acelerado do que pressupõem as leis de um e outro lado do Atlântico.

Entre apelos opostos vivem os ilhéus: o apelo da Terra-longe sempre arrastando-os atrás do seu fascínio e o apelo da Mamãeterra que com a mesma intensidade os pressiona para regressarem ao seu seio. Assim, os filhos destas ilhas vão e voltam para de novo partir e tornar a voltar enquanto tiverem um sopro de vida. Todavia temos que admitir que cada vez há mais cabo-verdianos a regressar de vez ao terreiro onde solta as crias e os cabritos e onde pode ver a espiga de milho amadurecer à sua frente. Quanto mais avança a globalização, mais cresce este desejo do crioulo se agarrar ao seu chão, às suas ilhas de pedra e vento. Felizes daqueles a quem a vida permite esse regresso ainda que a nostalgia das vidas vividas sob outros céus seja sempre uma sombra dolorosa. Afinal de dor e de amor se faz a saudade.

Partida e regresso são uma constante nesta obra o que inclui naturalmente a componente festiva. A alegria natural no cabo-verdiano se reflecte nesses momentos, quer sejam de bota fora ou de boas vindas. Festa nunca falta, há sempre uns violões que acompanham vozes soltas e sentidas, há sempre lágrimas, muitos abraços, sentimentos e emoções a boiar à flor da pele, há sempre muito calor humano na proporção do batuque e do funaná.

OLHARES DE SAUDADE é uma obra escrita a quatro mãos sendo pois natural o leitor ser confrontado com dois estilos diferentes. Diferenças de formação, de ambientes, de culturas e tradições, de formas de expressão, de vocabulário, de discursos, de conceitos. Por aí se pode ver que não terá sido fácil arrumar todas essas diferenças e fazer com que elas se conjugassem para resultar num texto harmonioso. Os dois autores juntaram-se para produzir um livro mestiço, não será exagero dizer o mais mestiço do património literário luso-caboverdiano, numa proposta original e muito conseguida pois que a obra é toda ela

ARLETE PIEDADE LOURO
JOÃO PEREIRA FURTADO

OLHARES DE SAUDADE

uma festiva exaltação do convívio entre raças e culturas diferentes.

Fátima Bettencourt

Fátima Bettencourt é natural do concelho de Porto Novo, Ilha de Santo Antão, Cabo Verde. Diplomada em Magistério Primário, estagiou em Comunicação Educacional na Universidade Nova de Lisboa e na Escola Superior de Educação de Setúbal (Portugal). Foi professora do Ensino Primário em Portugal, Cabo Verde, Guiné-Bissau e Angola e professora do Ensino Preparatório em Cabo-Verde.
Desempenhou entre outros cargos, o de diretora do Departamento de Informação e Relações Exteriores da organização das Mulheres de Cabo-Verde (OMCV) e o de técnica de produção radiofónica na Rádio Educativa (Cabo Verde).
Faz parte da Associação de Escritores Cabo.verdianos, da Associação Zé Moniz, da Associação dos Amigos e Naturais de Angola, da Fundação Baltazar Lopes e do Conselho de Comunicação Social.
Contista e cronista, tem colaborações dispersas por periódicos nacionais e estrangeiros, e os seus trabalhos figuram também em manuais pedagógicos.
Reside na cidade da Praia, capital de Cabo Verde.

BIOGRAFIAS DOS AUTORES:

João Furtado

Nome - João Pereira Correia Furtado (João Furtado)
Data de nascimento 29 de Novembro de 1958
Local – Ilha do Príncipe, S. Tomé e Príncipe
Residência – Praia, Cabo Verde.
É casado com Isabel de Sousa Furtado desde os 28 anos e tem 4 filhos, dois netos e duas sobrinhas que o casal cria desde os 2 anos de idade.
Filho de pai Cabo-Verdiano e Mãe Guineense. Nasceu e cresceu na comunidade emigrante Cabo-verdiana. Também tem a confessar que sempre sentiu-se um estrangeiro na terra onde nasceu.
Tem várias formações profissionais de Meteorologia e de Companhia aérea, sendo estas, formações comerciais.

Escreve como passatempo e quando sente vontade, afirma não ser poeta nem escritor.
Já participou com poemas no jornal "Cabo Verde connections". Também participou no Liberal online e a Semana Online, entretanto com contos, poemas e crónicas.
Tem participado com contos, poemas e crónicas no Jornal RAIZONLINE, onde é Assessor para África.
É membro da U.L.L.A – Associação Lusófona das Letras e das Artes, SOCA – Sociedade Caboverdeana de Autores, Movimento Poetas Del Mundo-Embaixador para Cabo Verde e do CEN "Cá Estamos Nós". Foi agraciado com o titulo Embaixador da Paz pelo Cercle Universel dês Ambassadeurs de la Paix-France & Suisse.

OLHARES DE SAUDADE

Participou em diversas Antologias, nomeadamente:

1) ANTOLOGIA DE AMOR da ULLA.
2) ANTOLOGIA DO SILÊNCIO da ULLA.
3) ANTOLOGIA DOS PAIS DA ULLA.
4) ANTOLOGIA TEMA LIVRE DA ULLA.
5) ANTOLOGIA OS AMIGOS DA ULLA.
6) PRIMEIRA ANTOLOGIA DOS POETAS DEL MUNDO.
7) ANTOLOGIA DA EDITORA UNIVERSUS.

Obras publicadas:
1) A ARVORE DE FRUTA-PÃO E OUTROS CONTOS – Contos – Editora Temas Originais.
2) A TERRA E A GUERRA PELA PAZ – VOL I – Poemas – EDIUM EDITORA!
3) A TERRA E A GUERRA PELA PAZ – VOL II – Poemas – EDIUM EDITORA
4) SÃ LOUCURA – CRÓNICAS SOLTAS

Co-Autor de:
OLHARES DE SAUDADE – Vol. I Romance em parceria com a poetisa e escritora ARLETE PIEDADE! - ULLA Edições
A TERRA E A GUERRA PELA PAZ – VOL III – Poemas em parceria com Gilberto Lima - ULLA Edições

Obras por publicar:

Co-Autoria em:

ARLETE PIEDADE LOURO
JOÃO PEREIRA FURTADO

OLHARES DE SAUDADE

1) O DRAMA DE REENCONTRO – Romance poético, em parceria com a poetisa Artemisa Ferreira! (a publicar brevemente!)
2) O DRAMA DO ABANDONADO – Romance poético, em parceria com o poeta e desenhador Alvaro Cardoso! (quase concluído)
3) NA ILHA DO SAL (Título provisório) - Romance poético, em parceria com a poetisa e escritora ARLETE PIEDADE (Em revisão)

Criou o seu próprio blogue, http://joaopcfurtado.blogspot.com, além de ter trabalhos espalhados em Sebos, Antologias Virtuais e vários blogues e sites:

http://depressaoepoesia.ning.com
http://www.raizonline.org/joaofurtado.htm
http://www.joaquimevonio.com/espaco/joao_furtado/joao_furtado.html
http://silviamota.ning.com/profile/JoaoPereiraCorreiaFurtado
http://muraldosescritores.ning.com/profile/JoaoFurtado
http://www.osconfradesdapoesia.com/Biografia/JoaoFurtado.htm
http://www.fotolog.terra.com.br/joper_poemas
http://www.fotolog.terra.com.br/joper .
http://maduraliberdade.blogspot.com/
www.poetasdelmundo.com/

Tem uma página e uma estante culturais no Facebook:
http://www.facebook.com/pages/Jo%C3%A3o-Furtado/274038686012430
http://www.facebook.com/joao.p.c.furtado#!/groups/116132325132795/

Arlete Piedade Louro

Arlete Piedade Louro. Escritora, poeta e divulgadora cultural. Foi uma das fundadoras da U.L.L.A.-União Lusófona das Letras e das Artes, da qual é Vice-Presidente. Colaboradora do Jornal e Rádio Raizonline, do qual foi Chefe de Redação, cronista, produtora e apresentadora de programas de rádio. *Consul em Santarém* do Movimento Poetas del Mundo. Representante em Portugal da Associação Internacional de Poetas. Chanceler da Academia de Letras do Brasil-Secional Suiça. Obras próprias publicadas: Sonetos da Fada das Letras (poesia); O Príncipe de Ofiúco (Fição Científica); Era no tempo de...Crónicas de Outras Épocas (crónicas); Olhares de Saudade I - Romance em parceria com o escritor de Cabo Verde – África, João Furtado. E-Book: Sonhos e Emoções (poesia). Participação nas Antologias publicadas em Portugal: Poetas de Santarém, edição do Jornal O MIRANTE, Horizontes da Poesia II - Coletânea 2010; Horizontes da Poesia IV Edição de 2012; Antologia de Poesia Contemporânea Entre o Sono e o Sonho volume V da Chiado Editora - Lisboa; Poemário 2015 – Edição da Editora Pastelaria Studios. Antologias da U.L.L.A - União Lusófona das Letras e das Artes: Antologia de Natal, Antologia para os Pais, Antologia do Amor, Antologia do Silêncio, Antologia Tema Livre e Antologia dos Amigos. Participação nas Antologias publicadas no Brasil: Dois Povos-Um Destino, Convergentes, Brasil e Portugal - Elos Poéticos, 3ª Coletânea Poética do Guará, Antologia Poética (Uni)Versos, Sensações FaceBook – Conto Crónica e Poesia. Poemas e textos publicados em sites de literatura e blogs em Portugal, Brasil e Argentina. Prémios concedidos: 5º Lugar no 4º Concurso Artístico Histórias de Natal com o conto A Chegada. Menção Honrosa Poema Quisera no III Concurso de Poesia Editora Guemanisse. 3º Lugar Poema Era Uma Vez no Concurso Escrevendo e Revivendo da Editora Litteris do Rio de Janeiro - Brasil. Menção Honrosa Poema Amizade Concurso Cultural Brasil Casual Edição 2013 - Publicado na Antologia Poética (Uni)Versos. Prémios concedidos no Portal Literário Poetas e Escritores do Amor e da Paz, do Rio de Janeiro-Brasil: 1º Lugar Categoria Conto – Antologia Imagem e Literatura 17 - Island Dreams. 2º Lugar – Categoria Conto – Antologia Imagem e Literatura 16 – Good Morning. 1º Lugar Certame Indriso nº 1 Semeador de Estrelas – Categoria Poema.1º Lugar Certame Literatura Infantil 3 – Categoria Conto. 2º Lugar Certame Literatura Sensual e Erótica 9 – Categoria Poema. 3º Lugar no Certame Literatura Infantil 2 – Categoria Conto.3º Lugar no Certame Biopoesia 4 – Mulher Revolucionária – Categoria Poema. 3º Lugar Réplicas Poéticas a Mote – Desafio 2 – Novembro 2014 – Categoria Poema.

Principais espaços online onde participa:

Blog Próprio:

http://maduraliberdade.blogspot.pt/
https://www.facebook.com/arlete.piedade
http://silviamota.ning.com/
http://ulla-uniaolusofonadasletrasedasartes.blogspot.pt/
http://www.cecypoemas.com/menu_arlete_piedade.htm
http://www.recantodasletras.com.br/autores/fadadasletras
http://www.osconfradesdapoesia.com/Biografia/ArletePiedade.htm
http://www.raizonline.com/

OLHARES DE SAUDADE

Capítulo I

JEREMIAS E GEREMIAS

A mulher tinha entre 45 anos e 50 anos. Vestia uma saia comprida e blusa de cor vistosa. Na cabeça trazia um lenço de seda branco. Chegou e cumprimentou:
- Comadre Marta, boa tarde!
- Deus nos abençoe, comadre Josefina. Como estão o compadre José e os meninos? Comadre, entre por favor. Não fique aí na rua.
- Não comadre, só vim saber a que horas o Geremias irá amanhã à Praia. Tenho que ir aos correios, meu filho ficou de telefonar hoje.
Os telefones não abundavam. Ainda se tinha que deslocar à Praia para telefonar ou receber um telefonema.
- Entre comadre, o Geremias ainda não chegou, mas não deve demorar muito.
Ela entrou, estava um pouco cansada pois tinha vindo de Manhanga, onde morava. O acesso não era fácil e era sempre a subir. Eram quase vinte minutos a subir, a subir. Sentou-se numa cadeira. A Marta também se sentou na cadeira ao lado. A Josefina começou a falar:
- A comadre lembra-se do meu Jeremias? Tem a idade do seu. Os dois nasceram no mesmo dia. No próximo mês vão fazer 22 anos. O meu Jeremias está bem da vida. Ele foi há menos de sete anos e já tem a sua própria casa.
Sim, ela lembrava-se. A Marta tinha tudo na memória. Que mãe é que não guarda tudo na memória? Podem ter mil filhos, mas guardam até os chutos que cada um deu durante a gravidez. O Geremias mexia muito. Era o seu primeiro filho. E as dores do

ARLETE PIEDADE LOURO   15
JOÃO PEREIRA FURTADO

parto? Lembra-se que começou a sentir dores às sete de manhã e que o Geremias só veio ao mundo quase à meia-noite. A parteira Tété teve muito trabalho, mas desde o primeiro minuto disse que o parto seria normal. Que o parto do primeiro filho durava sempre um pouco mais. Vieram chamar a Tété para ir assistir ao parto da Josefina. A Josefina era sua cunhada, o Francisco e o José eram irmãos. Por isso resolveram pôr o mesmo nome aos meninos. A parteira não podia ir. Não havia outra tão boa nas redondezas. Resolveram trazer a Josefina para a casa da Marta. Os primos nasceram quase à mesma hora. Primeiro o Jeremias da Josefina e meia hora depois o Geremias da Marta.
Quiseram colocar aos dois o mesmo nome, mas por erro de uma das oficiais do registo o Geremias da Marta ficou escrito com o G e o Jeremias da Josefina com J. Uma pequena diferença, que o Jeremias e o Geremias apenas notaram na escola. Ela lembrava-se o dia em que o Geremias chegou à casa e disse-lhe que a professora o chamava de Geremias com G e ao primo Jeremias com J.

Era em 1960, no mês de Novembro. Vivia-se do que o campo dava e do que o campo não dava. Tanto o seu marido Francisco como o seu cunhado, José, marido da Josefina viviam no campo. Iam antes do sol nascer e só regressavam à noite. Ambos trabalhavam o mesmo terreno da família que ficava em Manhanga. Sendo uma ribeira húmida dava sempre alguma coisa para comer. Entretanto havia uma pequena dificuldade: os macacos.
O macaco é um animal muito nocivo que destrói, não só para comer, como para brincar. O marido e o cunhado tinham que estar alertas durante o dia. Não podiam sair do campo senão à noite. Foi ela quem cuidou do Geremias praticamente sozinha. O Francisco saia antes de amanhecer, o Geremias ainda estava a

dormir, e voltava noite fechada quando o Geremias já estava a dormir.

Como podia ela esquecer?

Nasceram juntos e a distância de vinte minutos de caminho difícil entre Manhanga e Degredo não os separou. Caminho difícil mas não para os miúdos. As visitas entre as duas famílias de irmãos eram muito frequentes.

As escolas não abundavam. A mais próxima era na Achada Leitão dos Picos. O Geremias e o Jeremias, com a mesma idade, ficaram na mesma turma. A amizade reforçou-se. Sempre que o Geremias não estava no Degredo, estava em Manhanga. Sempre que o Jeremias não estava em Manhanga, estava no Degredo.
Só a emigração havia de conseguir separar dois primos, que poder-se-ia dizer gémeos. Se acaso existem gémeos não uterinos, são o Geremias e o Jeremias de certeza. O Geremias da Marta e o Jeremias da Josefina. Onde estava um encontrava-se o outro.

Na certidão do Geremias da Marta podia constar o nome, Geremias de Sousa e Almeida. Na certidão do filho da Josefina também tinha apelido de Sousa e Almeida. A única diferença estava numa letra, começava por J.
As duas mães encontraram-se várias vezes na escola. Os primos faziam tudo juntos. Se um tinha algum problema, lá vinha o outro ajudar.

Terminaram a quarta classe e não puderam avançar mais. O único Liceu que havia era na Praia e a alternativa era o seminário, mas as vagas eram poucas. Tentaram, mas não conseguiram. Cada um foi ajudar a família como pode, mas continuaram a se encontrar todas as tardes. Até as namoradas apareceram juntas. A Guidinha e a Ângela, ambas de Fonte Lima, duas amiguinhas inseparáveis.

A Marta levantou-se e foi preparar café. Deixou a Josefina sentada, mas não por muito tempo. Esta levantou-se e foi ter com ela na cozinha.

A cozinha ficava depois do quintal. A casa de forma rectangular era composta de dois quartos e uma sala ao meio. A sala tinha duas portas, uma de entrada e outra na mesma direcção, que dava para o quintal. Depois do quintal, encostado a uma rocha, fizeram uma barraca que dividiram sensivelmente ao meio, a cozinha e a despensa. A cozinha para cozinhar e a despensa para guardar milho, feijão e vários bidões de mel e grogue.

Enquanto a Marta preparava o café para a Josefina. Esta contava as novidades da última carta recebida. O Jeremias já era empresário, melhor empreiteiro. Tinha ido havia menos de sete anos como ajudante de pedreiro. Trabalhou e aprendeu depressa. Passou para pedreiro meses depois. De pedreiro para ladrilhador. Não teve medo de se levantar de manhã cedo e voltar a casa à noite. Ele disse onde estava morando, mas ela esqueceu. O Jeremias juntou dinheiro. Rapidamente ficou "pato bravo".

"Pato bravo" era uma espécie de pessoa que trabalhava com imigrantes ilegais. Era arriscado, mas dava muito dinheiro. Também teve um pouco de sorte. Um dia, quando ia para a escola, viu um menino a vender lotarias do Natal. Comprou um bilhete, mais para ajudar o infeliz, teve sorte e foi premiado. Hoje o Jeremias já tinha uma empresa própria assim como vários carros e casas também e continuava a estudar. Queria tirar o curso de engenheiro…

OLHARES DE SAUDADE

- Amanhã vou falar com ele ao telefone, comadre! – Concluiu.
A Marta pegou na cafeteira e foi colocar sobre a mesa. Foi ordenhar a cabra, que tinha amarrado nas imediações a comer cascas de feijão, sempre com a Josefina ao lado a falar do seu Jeremias. Ordenhou o que achou suficiente e regressou. A Josefina também.
Colocou a caneca com leite de cabra sobre a mesa. Foi à vitrina e tirou de lá cuscus seco e uma garrafa com manteiga fresca, que também colocou sobre a mesa e convidou a Josefina a tomar café:
- Comadre, vem tomar café, não repare, é o que temos.
- Comadre, não precisava se preocupar. Acabei de almoçar.
- Venha comer, comadre e deixa de fazer luxo, somos família!
E eram, eram as duas, Sousa. A Josefina tomou café com leite de cabra e cuscus com manteiga. Continuou a falar do seu Jeremias, enquanto o Geremias não chegava. O Geremias com G.

O Geremias de Sousa e Almeida fez várias voltas na Praia até conseguir encher o seu Hiace. Não é que o veículo fosse dele, mas já trabalhava com o mesmo Hiace há quase um ano na rota Praia – Assomada. Deixou os lugares da frente vazios. Disse que estavam ocupados e estavam. Já havia combinado com a Guidinha, ela tinha vindo ver uma tia que morava na Ponta d`Água. Devia tomá-la quando o carro estivesse cheio e já estava. Partiu rumo a Assomada, tomou a Guidinha e a Ângela na rotunda de Ponta d`Água. Ambas se sentaram no banco da frente. Iam os três à frente, a conversar. Enquanto os passageiros, uns entravam e outros saíam, os três conversavam animadamente.

OLHARES DE SAUDADE

A Guidinha era namorada deste e a Ângela era namorada do outro, o emigrante.

A Ângela planeava casar-se em breve com o emigrante. A Guidinha também pensava casar-se em breve com o seu condutor de Hiace.

O Geremias de Sousa e Almeida sempre vinha com a conversa de querer emigrar como o primo. Ela não acreditava, mas estava conformada, se acontecesse, era o destino. A mulher cabo-verdiana sabia disso. A mulher cabo-verdiana sabia esperar o seu emigrante. A Ângela era a prova disso. O seu Jeremias viajou há sete anos e ela continuava à espera. Podia esperar mais 100 anos se necessário fosse. Esperava o seu amor.

Passaram por São Domingos, alguns passageiros desceram, entraram outros. Depois por Órgãos e a seguir, João Teves onde desceram uma rapariga e um rapaz que durante a viagem não pararam de esgrimirem-se. Ele conquistando e ela respondendo com desprezo… Os restantes passageiros divertiam-se com a caricata cena de conquista, todos sabiam que mais cedo ou mais tarde os jovens acabariam por se entender.

O Geremias reconheceu a sua antiga professora e, como sempre, deu-lhe boleia até Assomada.

A Guidinha e a Ângela deviam descer na Cruz de Assomada e irem a pé para Fonte Lima, mas preferiram continuar no carro. Faziam sempre assim quando viajavam e o condutor era o Geremias.

A Guidinha bem gostaria que a Ângela descesse, mas sabia que a amiga não podia chegar a casa sozinha. Bem, também não tinham segredos, as duas eram como uma única pessoa. Amigas do peito.

O carro foi até ao mercado da Assomada. Deixou o último passageiro, além das duas amigas. A noite já se aproximava, mas ainda tiveram tempo para entrar num pequeno bar e tomarem, ele uma cerveja e elas um sumo cada. Conversaram um pouco. A empregada do bar sorriu para ele que fez um piropo. Tomou um tabefe carinhosamente da Guidinha. Ela sabia que tanto a empregada como o Geremias estavam a brincar.

Saíram, entraram no Hiace e ele levou-as até bem perto de casa. Pararam alguns minutos para falarem e se despedirem. Ele, sozinho rumou para os Picos. Elas caminharam para as respetivas casas, a conversarem alegremente.

O Geremias, como sempre, parou o carro na Achada Leitão. Guardava-o na garagem do dono, que estava à espera para recolher o dinheiro do dia.

Fechou o carro na garagem e deu ao patrão o produto do dia. Despediu-se e começou a caminhada para o Degredo. Desceu a Manhanga. Era um caminho acidentado e até mesmo ele que já estava habituado tinha que ter muito cuidado. Podia cair num qualquer descuido e partir uma perna. Aconteceu ao Elísio no mês passado e Elísio era de Manhanga. Foi um descuido e lá foi a perna direita ficar engessada por uns tempos.

Passou junto da casa do seu primo o Jeremias com J. Passava por lá todos os dias. Entrou e cumprimentou a família. Perguntou pela Josefina, a madrinha. Disseram que havia ido ao Degredo para o ver. Não achou estranho, já estava habituado a estas cenas. A madrinha queria falar com ele, uma banalidade qualquer, ia ao Degredo sabendo que ele passava diariamente pela sua porta e que diariamente ele a ia cumprimentar. Na verdade a madrinha queria era ir conversar com a Marta.

Despediu-se alegre e retomou a sua caminhada rumo ao Degredo, agora sempre a subir. Manhanga é uma ribeira, como todas da ilha, seca entre duas elevações, o Degredo e a Achada Leitão.

Chegou à casa alguns minutos depois. A madrinha estava sentada a comer e a conversar com a mãe. Cumprimentou respeitosamente a madrinha e preparou-se para se retirar e ir tomar o banho no quintal.
Nas idas constantes à Praia e na escola tinha visto algumas casas de banho. Ainda não tinha, mas pensava ter uma brevemente. Ao lado da despensa tinha terreno, onde poderia construir uma. Se emigrasse o primeiro dinheiro que iria mandar seria para construírem uma casa de banho. Não iria continuar a tomar banho e fazer outras necessidades a céu aberto. Já a podia ter construído. Não era difícil e ajuda não faltaria. Mas sempre tinha dado prioridade a outras coisas. A vida é feita de prioridades e oportunidades.
Já ia a abandonar a sala quando a madrinha lhe disse:
- Vais amanhã à Praia?
- Madrinha vou à Praia todos os dias!
- Amanhã irei contigo. O Jeremias escreveu e disse-me para ir responder-lhe, ele vai telefonar-me amanhã, às dez horas, para os correios da Praia.
- Está bem, iremos.
A Josefina voltou-se para a Marta e disse:
- Comadre, agora deixa-me ir que a hora está bem avançada.
O Geremias respondeu do quintal, onde já se ouvia o barulho da água a cair-lhe sobre o corpo.
- Deixe-me tomar um banho, que acompanho a madrinha à casa.
- Não, vou sozinha, estás cansado.
Ele efectivamente estava cansado. Não era fácil ser condutor de Hiace e estar a correr durante o dia à procura de clientes. Conduzir à margem do risco, na luta constante pela sobrevivência e a disputar a concorrência nada leal. Por fim andar quase 40 minutos a pé no caminho que tinham…
- Já disse que vou levar a madrinha, espere por mim.

OLHARES DE SAUDADE

Acabou de tomar banho, comeu um pouco e levantou-se. A Josefina já estava de pé. Levou-a até Manhanga. Ao despedir-se, ele disse à madrinha:
- Amanhã irei à Embaixada de Portugal ver se consigo o visto.
- Vai meu filho, que Deus te abençoe! – Respondeu a Josefina, sua madrinha, antes de entrar na casa.
O Geremias de Sousa e Almeida ficou sem saber se a bênção era destinada ao despedimento ou era um agoiro para que conseguisse o visto.

ARLETE PIEDADE LOURO
JOÃO PEREIRA FURTADO

Capítulo II

O VISTO E O NOIVADO

No dia seguinte o Geremias levantou-se cedo, como era habitual. Desceu rumo a Manhanga. Parou à porta da Madrinha e disse-lhe que se aprontasse que já estava a caminho.

A Josefina estava quase pronta. Pegou do pano tradicional, amarrou à cintura. Tomou o balaio com ovos, mandioca e repolhos, pôs na cabeça e seguiu o Geremias. Sempre a subir caminharam para a Achada Leitão, onde o Geremias tomaria o carro que os levaria à Praia.

Entraram no carro. O Carro, Hiace, leva 12 passageiros, é um mini – autocarro. Não se dirigiram logo para a Praia. Primeiro ele virou ao norte e foi até Assomada, onde iria iniciar a carreira. Encontrou poucos clientes pois ainda era cedo. Ao todo eram quatro.

Desceram todos em Vila Nova, subúrbio da Praia. Apenas a madrinha continuou no carro. Normalmente o Hiace não sobe à Praia. Pára na Fazenda onde, depois de mil voltas regressa à Assomada cheio. Mas daquela vez iria até aos correios onde a madrinha ia falar com o Jeremias.

Tomou a Avenida Amílcar Cabral. Seguiu até à praça Alexandre Albuquerque, contornou a praça, passou por trás da igreja de Nossa Senhora da Graça, foi até ao largo do Cruzeiro. Parou o carro junto ao edifício dos correios. A madrinha desceu e disse:

- Geremias, venha me tomar às dez horas. O Jeremias disse que ia me telefonar às nove e meia. Às dez já deverei estar pronta.

- Sim madrinha, virei. Agora vou à Embaixada de Portugal saber o que necessito para pedir um visto!

OLHARES DE SAUDADE

O Geremias arrancou o carro e dirigiu-se à Embaixada de Portugal, enquanto que a madrinha entrava nos correios, para esperar que o filho lhe telefonasse.

Queria emigrar. Não estava a imaginar-se a viver eternamente como condutor de Hiace. Viver do mísero dinheiro que recebia aos fins do mês. Embora tenha conseguido abrir uma tasca que a mãe e as duas irmãs mais novas exploravam.

Além do mais, a emigração estava a tornar-se uma questão de honra, ele era o único filho da casa. Tinha mais duas irmãs ainda menores. Ele estava com 22 anos e tinha que honrar a família. A sua casa era a única de Degredo que não tinha um emigrante. A sua família era a única que ainda não podia sonhar com remessas vindas da emigração.

A sua mãe era das poucas que não tinha que se deslocar aos correios da Praia e sentar-se nas escadas de acesso à espera de ser chamada para atender o telefone. Parece que lá longe, em Portugal os emigrantes se associavam para telefonar. No dia em que as mães e esposas deixadas na terra iam atender o telefone eram muitas na fila à espera de ouvir o seu nome a ser anunciado:

- Nha Maria, queira atender o telefone na cabine 3.

- Nha Francisca, cabine 4 por favor!

Perguntavam qual era a cabine 3 ou 4 e atendiam. O barulho era enorme. As mulheres falavam alto, quase gritavam, talvez na esperança de assim serem ouvidas à distância da separação, tanto no espaço geográfico como temporal.

A sua mãe tinha de o ver emigrado.

Há alguns anos começara a nova era de emigração. Esta emigração veio juntar-se à outra. Antes emigrava-se por miséria, por não ter nada que comer. Não se escolhia para onde ir. Normalmente o destino era São Tomé e Príncipe. Ia-se por causa da comida. Pouco mais se conseguiria senão a comida. Trabalhava-se a vida toda por um prato de comida, ou voltava-se na mesma miséria que se tinha antes ou ficava-se por lá.

Com a guerra colonial, que pomposamente foi designado por guerra contra o terrorismo, Portugal, dito continental, começou a precisar de mão-de-obra, para substituir a perdida com o envio cada vez maior de tropas para a Guiné, Angola e Moçambique. Com isso começou a nova era da emigração. Primeiro para Portugal, depois para a restante Europa. Uma emigração mais sustentável em que o emigrante chega e mostra sinais de melhoria de vida. Uma emigração que sustenta a família que deixa nesta pequena terra formada por Ilhas no meio do Atlântico.

A emigração de luto, com direito a choro, a dias de nojo, ao cortejo fúnebre até o cais da Praia. A emigração de saudades e esquecimento eterno. A emigração para a terra longe. A emigração de caminho longe, caminho para São Tomé eternamente cantado pelos Poetas, aos poucos foi dando lugar a esta nova era. Esta nova emigração.

A era de luto em cada família que tivesse um emigrante foi substituída aos poucos por esta. A família que não tem um emigrante, não é família digna. Tudo vale para emigrar.

Parou o carro à porta da Embaixada de Portugal, onde também funcionam os serviços consulares e entrou no Consulado. Foi-lhe dada uma lista de requisitos para conseguir o visto. Agradeceu e saiu.

Já fora do consulado, sentado no volante do carro, consultou a lista. Soube que era difícil conseguir por vias legais a tal concessão. Desanimado preparou-se para arrancar a viatura, quando um homem que vinha precisamente do interior do consulado lhe fez sinal para esperar.

OLHARES DE SAUDADE

Era um homem baixo, tinha pouco mais de metro e meio. Vestia impecavelmente, calças castanha escura e camisa branca com punho. Cinto e sapatos pretos, na mão esquerda uma pasta de couro também preta e na outra mão uma bengala de mogno exageradamente polida. A sorrir identificou-se. Disse que era um alto funcionário do Consulado e que podia conseguir-lhe o visto, mas que teria de pagar 500 mil escudos.

O Geremias nem regateou o preço, não estava em condições de o fazer. Queria emigrar e estava disposto a tudo. Combinaram onde deviam encontrar-se para que ele recebesse o Passaporte com visto e os 500 mil escudos em dinheiro.

Arrancou o carro e foi tomar a madrinha que o esperava à porta dos correios. Depois de algumas voltas para apanhar outros clientes estava a caminho da Assomada.

Deixou a madrinha nos Picos. Fez mais duas voltas antes de anoitecer.

Estava alegre. Na última volta desviou até Achada Leitão, entregou o dinheiro conseguido até o momento e disse ao patrão que poderia chegar um pouco tarde. Ia ver a sua Guidinha. O patrão recebeu e disse que tomaria o restante no dia seguinte e que poderia chegar mais tarde. Era só colocar o carro na garagem.

A Guidinha levantou-se cedo. Muito cedo mesmo. Eram cinco horas de madrugada. Tinha quase sempre muito que fazer. Lavou o milho que havia esfarelado na véspera e colocado ao molho. Pô-lo no pilão e com um pau apropriado pisou-o. Fê-lo passar várias vezes por um balaio, onde separava a farinha do xerém. O xerém voltava ao pilão para ser pisado de novo até ter a quantidade suficiente de farinha que precisava.

Com a farinha fez cuscus que serviu ao pequeno-almoço. Depois do pequeno-almoço, foram buscar argila, ela e a Ângela. Elas faziam objectos de barro que vendiam para ajudar a sustentar a casa.

Tinham uma pequena casa abandonada que servia de oficina. Trabalhavam sempre juntas na oficina. Chegaram com a argila que trataram e amassaram.

Foram preparar o almoço, nas respectivas casas. Tinha que estar pronto a tempo para ser enviado aos pais, que estavam a trabalhar no campo.

Encontraram-se de novo, as duas amigas, na oficina depois do almoço. Passaram a tarde a fazer objectos de barro. Utensílios como potes, bindes, tigelas, objectos decorativos, como esfinges humanas, pombos, etc.

Já era quase noite quando as duas se separaram, cada uma para a respectiva casa. Iam preparar o jantar.

A casa era relativamente perto. Levavam menos de 5 minutos da oficina à casa. Só que iam em sentido contrário. A Guidinha morava à esquerda, como quem ia a descer via Chã-de-Tanque. A Ângela morava à direita, como quem ia a subir, via Assomada.

A Ângela pensava no Jeremias, com saudade, havia sete anos que não o via. Nem sabia quando o veria de novo.

A Guidinha que tinha estado com o Geremias na véspera, suspirava de saudades de um dia. Da viagem e do sumo que tomaram na véspera. Não imaginava vê-lo naquele dia, talvez no dia seguinte, quarta-feira. Era dia de feira na Assomada e ia com algumas peças para vender.

Podia esperar e levar para vender no sábado próximo, mas era o dia que ela iria fazer 20 anos. Nascera há vinte anos, no dia 17 de Agosto.

Chegou à casa. Foi à cozinha ajudar a mãe a terminar o jantar. Ouviu bater à porta, foi abrir e ficou espantada com a visita, era a Ângela. Esperava toda a gente, menos a amiga pois tinham-se separado havia dez minutos, a não ser que…

O Geremias estava com pressa. Tinha três clientes no Hiace, ouviu um gritar para parar. Travou com alívio. Queria terminar o trabalho o mais rápido possível. Estava na entrada da Assomada mesmo ao lado da estrada que ia a Gil Bispo. Havia passado a entrada de Fonte Lima há menos de um minuto. Era só dar a volta, entrar e ir ver a sua amada. Puro engano, desceram apenas um homem e um rapaz. Ia jurar que eram uma família, mas não eram. Perguntou à mulher onde descia, ela respondeu:
- Sou de Nhagar!
Com isto ele não contava. Não só tinha que continuar, como tinha mesmo que ir quase ao fim da Assomada. Pensou com ironia: "só faltava ela estar morta, para a levar ao cemitério". O Cemitério era onde a Vila de Assomada terminava.
Ficaram sozinhos, ela e ele, pois mesmo o ajudante desceu um pouco depois por estar perto da casa. Ele aumentou a velocidade do Hiace, estava habituado a grandes velocidades. Naquele ofício não se podia dormir na forma. A habilidade de condução rápida e segura era obrigatória.
Deixou a mulher em Nhagar, quase voltava sem receber. Não parou em lado algum até chegar à porta da casa da Ângela, não obstante vários sinais de clientes para que parasse.
O Geremias chamou a Ângela, esta saiu e cumprimentou-o a sorrir:
- Boa noite Geremias! – Disse a Ângela, enquanto o beijava na face.
- Boa noite, Ângela! – Disse Geremias
- Já sei, não precisas dizer, queres falar com a Guidinha. Espera que a vou chamar!

OLHARES DE SAUDADE

A Ângela foi a correr à casa de Guidinha. Bateu à porta. A Guidinha foi abrir e ficou espantada com a Ângela.
- O que aconteceu? – Perguntou – Não nos separamos há pouco?
- Há uma pessoa que te quer ver, vem comigo! – Respondeu.
Saíram as duas. Foram até à porta da Ângela, esta entrou, enquanto a Guidinha entrava no Hiace para falar com o Geremias.

O Geremias e a Guidinha abraçaram-se e beijaram-se apaixonadamente. Quando terminaram a Guidinha quis saber o porquê da visita. O Geremias disse:
- Não querias ver-me? Já sei, não te venho ver mais…
- Deixa de brincadeiras e diz porque vieste. O que te fez vir cá hoje, se sabias que íamos encontrar-nos amanhã?
- Não podia esperar até amanhã para te dizer que no próximo sábado venho oficializar o nosso namoro. Venho te pedir em casamento. A partir de sábado vais ser minha noiva.
- Já não queres emigrar? –perguntou admirada a namorada.
- Quero sim, mais do que nunca quero emigrar, mas quero deixar a minha noiva à espera. Vou trabalhar e guardar dinheiro para vir casar com a minha princesa.
Tornaram a abraçar-se e beijaram-se outra vez apaixonadamente.
A Guidinha regressou à casa para informar aos pais que teriam visita no próximo sábado e o Geremias regressou aos Picos alegre e feliz. Nunca os Picos, a Achada Leitão, a Manhanga e o Degredo pareceram tão perto de Fonte Lima como naquela noite para o Geremias.

Aquele sábado era diferente de todos os sábados anteriores para a Guidinha. Era o dia em que iria fazer 20 anos. Iria receber dois presentes ao mesmo tempo. Estar com a família do Geremias e poder receber o namorado em casa dos pais.

Embora os tempos agora fossem outros e já não houvesse aquele rigor antigo, mesmo assim não era de boa postura receber o namorado em casa dos pais. O Noivo era outra coisa. Ser namorado e ser noivo eram duas coisas totalmente diferentes.

Preparou tudo com muita antecedência com a ajuda preciosa da Ângela. A casa estava um brinco. Os amigos estavam todos reunidos. Todos pensavam que era apenas mais um aniversário. Iriam comer um pedaço de cuscus, um torresmo e um grogue. Cantariam parabéns e muito provavelmente davam um pé de dança, um funaná viria mesmo a calhar.

As conversas eram cada vez mais altas e a música também. O ambiente estava a condizer com o momento. A família do Geremias chegou e ficou pasmada com tão grande receção. Entre torresmos e grogues, cuscus e mel e a música, não sabiam como pedir a mão da Guidinha.

A Ângela teve que intervir. A certa altura pediu para pararem a música. A casa ficou num silêncio total. Não foi grande ajuda para os pais de Geremias. Estes não conseguiram falar, estavam paralisados. Teve que ser o Geremias a avançar e tirar da cabeça dos pais o tão pesado fardo:

- Senhores e senhoras, é perante vós todos que peço a mão da Guidinha ao Senhor Mateus e à Senhora Filomena! – E voltando para os pais da Guidinha – Nhu Mateus, Nha Filomena, quero casar com a vossa Guidinha, prometo fazê-la feliz!

Não deixaram que os pais da Guidinha falassem. Todos começaram a bater as palmas e a música voltou, os tocadores não se fizeram rogados. O Geremias pegou a Guidinha nos braços e começaram a dançar, um longo funaná.

A tremenda quebra da tradição fez os mais velhos abanarem a cabeça, em sinal de desaprovação. Todos esperavam que os pais do noivo pedissem a mão da Guidinha. A Guidinha seria chamada para confirmar que era o seu desejo... Ela, envergonhada, afirmava que não sabia de nada e que não autorizara tal ato… Como os tempos mudaram…

No dia e no lugar combinado o Geremias esperava pelo homem que lhe havia prometido o visto. Ele apareceu pontualmente. Era bom sinal. Isto era como uma garantia de que o homem era de palavra. Almoçaram juntos, falaram, trocaram piadas. Ambos eram benfiquistas. Haviam vivido, cada um a sua maneira, a era do ouro do Eusébio e companhia.
O Geremias de Sousa e Almeida tomou o passaporte e entregou os quinhentos mil escudos. O falsário disse que esperasse ver o visto e comprovar que era verdadeiro. O Geremias abriu o passaporte com ajuda do falsário até à página onde estava o visto. Viu e não percebeu nada, mas achou que estava tudo certo.
Pagou o almoço de que fora convidado. Entregou os quinhentos mil escudos e agradeceu como podia e sabia. Com um saco onde tinha batata-doce, papaia, leite dormido, ovos, etc.
Deram um grande abraço e ficou a promessa de um dia quando ele voltasse, almoçariam juntos, no mesmo lugar e seria ele, o emigrante a pagar de novo.

Capítulo III

À TERCEIRA É DE VEZ

No Sal veio a saber que o falsário, até no nome o havia enganado. Achou normal ter passado um dia na prisão. Não havia roubado, nem havia matado. Afinal a prisão foi feita para homens.

Foi tudo muito rápido. Viajou ao fim do dia da Praia ao Sal no avião dos TACV, Transportes Aéreos de Cabo Verde. Chegou para fazer check-in para Lisboa.

Entregou o Passaporte e o bilhete de passagem a uma jovem bonita que estava no balcão. A senhora pegou nos documentos, abriu o passaporte e começou a conferir. Disse-lhe que não devia embarcar. Que o passaporte estava adulterado. Que devia tomar os documentos e ir para casa.

Não aceitou o conselho. Não era verdade, como poderia o homem, trabalhador do consulado, enganá-lo? Um homem tão simpático? Não, isto era coisa da mulher. Como condutor do Hiace já havia transportado muitos emigrantes.

Diziam sempre muito mal dos funcionários dos TACV no Sal. Aquela gente não prestava, tratava mal as pessoas. Abria as suas bagagens e obrigava a pessoa a pagar despacho e excesso de bagagem.

A senhora quis-lhe mostrar a folha colada no seu passaporte, onde nitidamente se via um número picotado, diferente do que estava nas outras páginas.

Agora, no momento em que estava a regressar, dentro do avião, rumo a Praia, via como podia evitar uma noite na cela.

Fora de si, disse das boas à empregada. Chamou-a de ladra, ela queria era dinheiro. Chamou-a de nomes e mais nomes feios. Outros passageiros, vindos da Praia o ajudavam.
A senhora não podia fazer outra coisa. Pegou do telefone e chamou o pessoal da fronteira. Foi levado, ele e o passaporte. Ele com sua raiva e o passaporte com uma folha extra perfeitamente colada.
Quiseram saber quem fez aquilo, mas ele não disse. Afirmou que tinha sido ele. Não foi difícil o polícia acreditar. A falsificação era tão grosseira, que o polícia não o associou a nenhum profissional.
Pagou uma multa por desacato, comprou um bilhete de regresso à Praia.
Voltou decidido a continuar a trabalhar e a arrumar a sua vida. Não havia dito a ninguém que ia emigrar, apenas às famílias mais próximas, que sabiam guardar segredos. A Marta, sua querida mãe, as irmãs, Mariazinha e a Lolita. O pai coitado, o Francisco continuava a chegar tarde e a sair cedo, não sabia de nada.

Chegou cedo ao aeroporto Francisco Mendes na Praia.
Esperou que a noite chegasse, foi de Hiace, tomou o último do dia. Desceu nos Picos. Andou quase uma hora a pé. Foi deitar-se sem acordar ninguém, nem a mãe.
Dormiu pouco. Acordou cedo e disposto a trabalhar cada vez mais. Teve sucesso. Ganhou mais e mais. Os quinhentos contos rapidamente foram esquecidos.
O Geremias de Sousa e Almeida não se conformou com o desaire. Mas guardou silêncio, nem procurou o falsário. Sabia que o não encontraria.
Meses depois soube que o João conseguiu viajar com a ajuda do Cosmo Semedo. Dias depois era a vez do Chico, também foi

sem problemas. O Ntoni também conseguiu. Telefonou à família de Amsterdam.

O Cosmo Semedo pedia segredo e jurava que ia ajudar apenas por misericórdia. Era uma maneira inteligente de fazer propaganda, sabia que ninguém iria guardar segredo.

A vontade de emigrar voltou. Foi ter com o Cosmo Semedo. O preço era mil e quinhentos contos. Pagou. Tal como da primeira vez, despediu-se apenas das pessoas mais chegadas.

À sua Guidinha, tal como da primeira vez, prometeu voltar para casarem, ou se não fosse possível:

- Mandar-te-ei buscar. Vou, trabalharei e te mandarei buscar, juro-te!

- Geremias, juro-te que te esperarei. Ficarei à tua espera os anos que forem necessários. – A Guidinha havia jurado, na primeira, na segunda e ontem também!

Como da outra vez haviam se beijado e abraçado. Ele queria ir mais longe, queria levar a certeza do amor da Guidinha, mas a Guidinha era católica fervorosa e muito amiga da verdade e da postura cristã, transmitida pela madrinha dela, uma beata que estava sempre dentro da Igreja. A madrinha e catequista da Guidinha, a Francisca, sempre lhe disse que certas coisas só se fazem depois do casamento.

-Também quero te dar, meu amor, mas não posso. Amanha é Domingo, não tenho tempo de me confessar, se te der o que me pedes, todo o mundo vai notar, quando não for comungar. Meu amor tem paciência, quando vieres e casarmos, vais ter-me tal como vim ao mundo!

O Geremias de Sousa e Almeida como das outras vezes insistiu, mas não mais conseguiu para além do beijo.

OLHARES DE SAUDADE

Desta vez conseguiu embarcar.

Foi para a Ilha do Sal no pequeno avião dos TACV para tomar o da TAP. Estava com o coração na mão. A mínima desconfiança podia pôr tudo a perder, mas não aconteceu nada. Até teve sorte. Não esperava ver na Fronteira um primo seu, o José Dalmeida. O Dalmeida era muito rigoroso e incorruptível. Não intencionalmente, mas pela confiança que o facto de ser da família incute no espírito de qualquer ser humano.

Foi para a sala de embarque. Começou a ganhar confiança e sentou-se num dos bancos à espera da hora da partida que não demorou muito a chegar.

Mentalmente continuava a exercitar o seu novo nome, o nome que agora tinha no passaporte, José Soares de Almeida. Chegou a temer que o primo Dalmeida notasse a diferença, mas nada.

Bem, quase todos os cabo-verdianos têm dois ou mais nomes. É normal um José ser chamado de Geremias a vida toda e vice-versa. Para quê implicar com o primo?

Chamaram os passageiros com destino a Lisboa, que se dirigissem à porta de embarque. Ele foi um dos primeiros. Foi a pé até o avião, onde teve que subir uma longa escada. Acomodou-se e dormiu.

Acordou três horas depois, quando o avião estava quase a aterrar em Lisboa.

A aeromoça despediu-se dos passageiros e disse para esperarem até que o avião estivesse completamente parado. O Geremias pensou que estavam quase todos surdos pois poucos eram os que permaneceram sentados. A maioria já estava a tirar enormes bagagens de mão do porta-bagagem.

Desceram e apanharam um autocarro, com poucas cadeiras. A assistente de terra teve que mandar uma ou outra pessoa levantar-se para que o assento fosse dado a um velho e uma mãe portadora de bebé.

OLHARES DE SAUDADE

Depois de algumas voltas o autocarro parou e desceram. Entraram por uma porta e em seguida havia uma pequena rampa. Após alguns metros, viraram à direita, metros depois viraram à esquerda e chegaram a uma sala enorme, onde estavam várias filas. Ficou numa delas.
Estava deslumbrado com tudo que via. O aeroporto parecia-lhe enorme. Tudo era diferente. Chegou a sua vez, aproximou-se da fronteira e entregou os documentos.
O polícia da fronteira pareceu-lhe muito simpático. Começou por lhe perguntar:
- Teve boa viagem?
- Sim obrigado!
- É de onde, em Cabo Verde?
- De Picos, Senhor do Mundo, na Zona de Degredo!
- É a sua primeira viagem?
- Sim é!
- Vem de férias, não é?
- Sim!
- Como disse que se chamava? – A sorrir, mostrava amizade – esqueci-me...
- Geremias de Sousa e Almeida!
- Podia sentar-se aí ao fundo? – Disse o polícia amavelmente – falaremos já!

O Geremias, ainda tentou passar pela porta tão desejada, num impulso de carneirismo que todos nós temos um pouco. Mas não lhe foi permitido.
- Não, não, aí ao fundo. Aguarde-me por favor!
Sentado lembrou-se do erro cometido. O esforço inglório de decorar o nome que tinha no passaporte, tudo por água abaixo, tudo por causa da simpatia de um polícia.
Tudo por causa de uma simpática armadilha.

OLHARES DE SAUDADE

Ficou ao Deus dará uma semana. Graças a Deus, acompanhado por um polícia, foi buscar a mala. Felizmente levava dinheiro. Comeu, fez as necessidades mínimas e necessárias lá. Uma semana depois regressaria à sua terra natal.

Retomou o seu trabalho no Hiace. O condutor que o patrão arranjou para o substituir tinha mais olhos que barriga. Gastava muito na conta do patrão e o lucro era reduzido. Mal chegou o patrão resolveu acertar contas com o substituto.
A mãe e as irmãs exploravam a lojinha. A Guidinha, na Fonte Lima, fazia o seu artesanato que vendia, enquanto esperava que o Geremias quisesse casar com ela. Ela e a Ângela. A Ângela esperava o Jeremias emigrado em Lisboa.
Passaram três meses sobre a viagem do Geremias. A viagem em que ele chegou a estar em Lisboa, sem contudo poder entrar. Três meses, em que um sonho há muito acalentado teve que ser suspenso por causa de uma simples pergunta "como disse que se chamava?".
Ouviu com agrado a notícia que o primo viria brevemente. Cresceram grudados um no outro. Iam lembrar a infância. O Jeremias com J era como irmão para o Geremias com G.
A próxima chegada do primo era notícia do dia. Ninguém falava noutra coisa. A própria mãe do Jeremias, teve a amabilidade de sair e anunciar a toda a vizinhança, a chegada do filho.
Geremias, a Guidinha e a Ângela resolveram ir ao aeroporto receber o Jeremias. Foram na data combinada. Pediu o Hiace emprestado ao patrão, que não recusou.
Queriam ir os três, mas a Ângela quis levar a prima Ana, que por sua vez não via inconveniência de levar o irmão que queria levar a namorada. Restou apenas um lugar para o Jeremias. E restou porque o Geremias teve que pôr ponto final, lembrando que ia buscar o Jeremias e que este devia vir no Hiace.

OLHARES DE SAUDADE

O Jeremias chegou quase na hora marcada. O avião vinha do Sal. Ele veio num vôo dos TACV, que mudou um pouco de nome, passou de Transportes Aéreos de Cabo Verde – TACV para TACV – Cabo Verde Airlines. Teve que mudar de avião no Aeroporto Amílcar Cabral e apanhou um avião mais pequeno no Sal.
Levantou a bagagem e saiu. Foi rapidamente reconhecido. Tinha ido há quase oito anos. Tinha se transformado e muito, mas também tinha enviado periodicamente fotos e mais fotos.
Ele, o Jeremias caiu nos braços da Ângela, que chorando o abraçou. Depois de alguns minutos separou-se dela. Pegou-a com a mão esquerda e cumprimentou os outros com abraços. Deixou o Geremias para o fim. Deu-lhe um grande abraço enquanto falava:
- Como estás, Geremias com G?
- Lutando, Jeremias com J, lutando!
Encaminharam-se para o pequeno bar, onde tomaram uma, duas, três cervejas. Falaram, riram e divertiram-se. A Ângela estava radiante de felicidade. Eram quase oito anos de espera.
Saíram do aeroporto quando o bar teve que ser fechado. A senhora disse que não podia continuar aberto por mais tempo pois o dia seguinte também era dia. Tomaram o Hiace e foram para Manhanga.
Jeremias estava sentado à frente. Ele e o Geremias, falavam pelos cotovelos. O Jeremias a admirar a evolução, embora fosse noite ele podia ver como Cabo Verde havia mudado e muito. Onde havia deixado terrenos e mais terrenos baldios eram bairros cheios de casas. A maior parte sem acabamentos exteriores, mas tudo muito melhor do que deixara.
Chegaram a Manhanga depois da meia-noite. O Jeremias foi recebido com choros de saudades e risos de alegria. Não dormiram durante toda a noite.

OLHARES DE SAUDADE

Um mês depois o Jeremias preparava-se para regressar a Lisboa. Prometeu casar com Ângela dentro de dois anos. Esta disse que o esperava eternamente. Ele disse para o esperar apenas dois anos pois voltaria. Despediu-se dela.
Pediu a todos que não o acompanhassem ao Aeroporto pois era bom ser recebido, mas eram dolorosas as despedidas. A saudade era maior no momento da despedida.
Não conseguiu e também não quis convencer o Geremias. Foi o único que foi com ele para o aeroporto. Levou-o no Hiace. No momento do adeus disse:
- Queres mesmo viajar, Geremias com G? – Era assim que passara a chamá-lo desde criança.
- Sim quero. É uma questão de honra para mim, tu sabes, Jeremias com J. Tu sabes!
- Mas isto é fácil, vou e te mando os documentos. Te mando tudo. É só embarcares. Queres que te pague a passagem?
- Não, me desenrasco, mas já fui até Lisboa com um documento que não era meu e fui deportado.
- Neste caso não vai acontecer, tu e eu temos mesmo nome, ainda que te mandem escrever, se escreveres Jeremias com J em vez de Geremias com G vão pensar que te enganaste. Vou e te mandarei por correio.
Abraçaram-se e despediram-se.

O Jeremias regressou a Portugal. Passaram-se dias. O Geremias até já estava a duvidar do Jeremias no Aeroporto Francisco Mendes da Praia "Vou mandar-te os documentos", quando recebeu o recado que devia ir a Chã de Tanque. Tinha uma encomenda lá, o Francisco de Bodinha viera de férias e trazia-lhe uma carta.
Pedia para o desculpar, mas estava a reparar a casa e não tinha tempo de a levar aos Picos. Agora podia comprar tudo na

OLHARES DE SAUDADE

Assomada e não tinha necessidade de ir à Praia e como estava muito ocupado, não dava para levar a carta até aos Picos.

O Geremias foi buscar, não custava nada ir buscar. Pelo contrário, estava quase todos os dias em Fonte Lima, portanto perto de Chã de Tanque, se tivesse tido conhecimento da encomenda teria ido mais cedo.

A carta era do Jeremias. Além da carta vinha um pequeno embrulho e muitas mantenhas. Não abriu o embrulho nem a carta, embora estivesse morto de curiosidade. Tomou tudo, bebeu um grogue, falou um pouco. Perguntou por Jeremias e se despediu.

Também tomou mais duas cartas e dois outros embrulhos, que eram para a Josefina, mãe do Jeremias e para a Ângela, noiva do Jeremias. Que fez questão de entregar de imediato.

Mal chegou à casa entrou no seu quarto e abriu a carta. Tinha um passaporte, um cartão de residência, endereço completo do Jeremias. Tinha tudo. Colocou a carta de lado e abriu o embrulho. No embrulho estavam todos os fios anéis e pulseiras que o Jeremias usava quando tinha estado com ele da última vez que havia vindo.

Voltou para a carta e leu. Tinha nela todas as instruções.

…tens que vestir a roupa e os sapatos que te mandei. Coloca os fios e as pulseiras. Mostra que conheces os passos que pisas. Não sejas o primeiro a chegar à fronteira, mas não deixes para o fim.

Cumprimenta o polícia da fronteira como se já o tivesses visto, ou pelo menos já tivesses visto outros polícias da fronteira de que te lembras…

…Faz tudo com normalidade, lembra-te que estás a regressar à tua casa. Liga-me no dia de embarque que irei te esperar. Mal chegues, liga para mim no telefone público que está à entrada da sala de passageiros, antes de entrares na bicha. Usa o cartão telefónico que te envio, que dá para falares 15 minutos. Espera e quando o telefone tocar de novo atende e finge que estás a falar com tua mulher. Deixa o resto comigo. Estarei na rua à tua espera…

Desta vez, não podia falhar. Levantou-se cedo, eram quatro horas de madrugada. Lavou-se, despediu-se da família. Da namorada, a sua Guidinha já havia-se despedido na véspera. Vestiu a roupa que recebeu do primo Jeremias, tomou a bolsa de couro, também do Jeremias com J e saiu para viajar.

Não teve honra do cortejo normal do viajante. Ninguém sabia que ele ia viajar, aliás as poucas pessoas que sabiam, guardaram segredo. Ele fez questão de comprar o bilhete discretamente. Disse no momento da compra, que havia perdido o bilhete.

Quiseram abrir um processo de segunda via, mas ele havia dito que não valia a pena, até porque nem do número do bilhete se recordava.

Eram oito horas da manhã quando partiu no VR4201 da transportadora TACV rumo a Ilha do Sal onde tomou o TP206 da TAP para Lisboa. Onde chegaria três horas e meia depois, tal como havia previsto e prometido na carta.

Desta vez, não haveria simpatia que o fizesse ser deportado. Chegou e passou. Nem abriu a boca.

O Jeremias com J estava à sua espera, no Meeting Point, com uma placa, onde se lia:

Geremias com G

Como se este não o conhecesse!

ARLETE PIEDADE LOURO
JOÃO PEREIRA FURTADO

Capítulo IV

VIDA DE ALDEIA

Naquele dia do início da Primavera do ano de 1965, no Canal , o José Pereira tinha motivos para festejar na taberna com os colegas da cerâmica, até um pouco mais tarde do que o costume, bebendo mais um copo de tinto enquanto trincava uns tremoços cozidos para acompanhar.
Lá em casa a sua Alzira estava bem acompanhada com a comadre Mari Zé e a parteira que tinha vindo do Alto da Serra, para ajudar ao nascimento do primeiro filho dos dois, que tinham casado no verão do ano anterior, antes do calor apertar demais.

Ele bem queria estar lá junto dela, mas as mulheres mandaram-no embora, dizendo que aquilo não era lugar para homens e para ir para a taberna que o mandariam avisar quando houvesse novidade.

De cinco em cinco minutos olhava para a porta que estava aberta de par em par para o largo escuro em frente, onde só se viam os primeiros pirilampos do ano a emitir as suas luzinhas trémulas dando voltas na noite negra, já que a luz elétrica há muito prometida ainda não tinha chegado ali.

Ao fim de duas horas que lhe pareciam duas semanas de estar ali ouvindo as chalaças dos colegas e as histórias da Maria da Graça, que trabalhava lá no escritório da cerâmica e diziam que era amante do patrão, o compadre Abílio assomou à porta e fez-lhe sinal com um aceno de cabeça, para ele o acompanhar.

OLHARES DE SAUDADE

Sem dizer nada aos colegas desarvorou porta fora direito à casa, pela travessa escura cheia de regos da água que tinha chovido na passada semana e arrastado a terra com que tinham tapado os buracos do inverno. Outra promessa há muito feita, era de alcatroar as ruas da aldeia, mas isso se fosse verdade, seria só na estrada que atravessava o pequeno povoado ao meio e que seguia em direção a Alcanena, atravessando Amiais de Baixo e outras aldeias próximas.

Estava escuro e ele quase caiu quando na pressa colocou mal um pé num rego, mas tropeçando lá se equilibrou e entrou na sua casa de um só piso, que os seus sogros e pais tinham construído com esforço para abrigarem o jovem casal.

Um choro chegou-lhe aos ouvidos atentos e lágrimas humedeceram-lhe os olhos e caíram sobre a face gretada pelo calor do forno do tijolo. Trabalhava todos os dias desde as cinco da manhã até às cinco da tarde, porque o trabalho não podia esperar e o patrão tinha sempre obras para fornecer lá para Lisboa, onde parece que andavam a construir muitos prédios novos.

Assomou a medo à porta do quarto e na cama deitada com um sorriso no rosto e um ar cansado, estava a sua Alzira e ao lado um pequeno embrulho aconchegado numa mantinha cor-de-rosa. Não teve dúvidas! Era uma menina! A menina sonhada por ele que queria uma menininha igual à sua mulher que ele muito amava embora por fora não mostrasse, pois tinha que manter o ar de duro senão os companheiros iriam troçar dele nas suas costas.

OLHARES DE SAUDADE

Alzira sorria-lhe com um ar terno e cansado e disse-lhe: - Zé é uma menina! Anda ver home! Anda ver a nossa Isabelinha!

Desajeitado ele aproximou-se e a medo tocou no pequeno embrulho ao lado da esposa, mas não houve reação. Preocupado interrogou em silêncio sua esposa com o olhar. Ela apenas sorriu e disse baixinho: - Está a dormir! Acabou de mamar! E destapou com precaução e infinito cuidado o pequenino rostinho para seu marido e pai poder ver pela primeira vez a face da filhinha recém-nascida. No ar do quarto iluminado com um candeeiro a petróleo, sentia-se ainda o aroma do alecrim com que a comadre tinha defumado a casa.

Isabelinha cresceu com aquelas doenças típicas das crianças, aos três anos teve sarampo, aos cinco tosse convulsa, e aos sete anos começou a ir à escola que ficava na aldeia vizinha e sede da junta de freguesia, Abrã.

Ia todos os dias a pé com as outras crianças do Canal, por estreitas veredas entre os campos lavrados e semeados de trigo e milho à beira de regatos e entre pinhais. Abrã distava de Canal quatro quilómetros pela estrada nova alcatroada há menos de dois anos, mas pelos caminhos rurais as crianças demoravam cerca de uma hora a percorrer a distância até à escola onde se juntavam as crianças de outras aldeias próximas.

Isabel foi uma aluna brilhante e esforçada que dava aos pais motivos para orgulho e alegrias, pois sempre era elogiada pela professora D. Maria de Jesus, que aconselhava os pais a colocarem-na "nos estudos", na vila em Alcanena. José Pereira tinha evoluído na vida, tinha agora a carta de motorista de camiões e conduzia um camião carregado de tijolos todos os dias para Lisboa, onde o patrão tinha clientes entre os grandes construtores civis.

Alzira cuidava da casa e tinha mais um filho, um menino chamado António Manuel, de olhos negros e doces, tímido e afetuoso que adorava brincar com a irmã de quem tinha a diferença de três anos de idade. Quando o irmão entrou para a escola, a irmã era a sua protetora feroz nas brincadeiras com os miúdos mais velhos que troçavam do seu jeito tímido e reservado, confundindo-o com feminilidade.

Mas isso era uma grande ilusão, como vieram a descobrir quando um dia Isabel chegou ao pé do irmão a chorar, queixando-se de que um rapaz mais velho lhe tinha chamado "boneca". António Manuel procurou o outro rapaz, e nada intimidado por apenas lhe chegar à cintura, atacou-o com pontapés nas canelas e cabeçadas na barriga, até o outro cair para o chão sem conseguir fugir à saraivada de socos, pontapés e cabeçadas e pedir desculpa à irmã adorada. A partir daí, os dois irmãos foram respeitados por todos na escola e nas aldeias em redor.

Mas Isabelinha aos 10 anos já era realmente uma linda bonequinha, com cabelos louros compridos e encaracolados que lhe chegavam até meio das costas, e olhos azuis que refletiam toda a pureza do céu numa manhã de Primavera. Quando fez os 11 anos, foi pela primeira vez ao Baile da Pinhata[1], e dançou

---

[1] Baile da Pinhata, tinha lugar antes da Páscoa, durante a Quaresma, e no centro da pista, havia uma caixa de madeira, formada por réguas verticais, que se fechavam no cimo, cada uma atada por uma fita de seda de cores brilhantes e coloridas que caíam formando uma fila de fitas. Dentro da pinhata ou pinha, (porque se assemelhava a uma pinha, dos pinheiros), estava colocada uma pomba. No início do baile, todos os rapazes que queriam dançar a moda da Pinhata, inscreviam o seu nome junto da comissão organizadora. Durante a dança da pinhata, todos os pares eram

toda a noite com os rapazes das aldeias vizinhas que se disputavam para conseguir dançar com a loirinha que já estava com um corpo de mulherzinha, os seios ainda pequenos a querer romper a seda do vestido azul celeste, feito na costureira à sua medida para ir ao baile, oferta de seu pai.

Sua mãe Alzira estava sentada na primeira fila de cadeiras que rodeavam a zona de dança, na casa do povo cuja construção começara no ano anterior e ainda não acabara. Seu pai, lá fora no bar improvisado bebia copos de vinho e comia febras grelhadas no churrasco feito num grande braseiro no largo onde todos os anos tinham lugar as festas anuais da aldeia, em honra de S. Silvestre[2]. António Manuel brincava com as outras crianças da sua idade aos índios e cowboys, que copiavam dos filmes que aos domingos à tarde, viam na Televisão no Café Central.

A partir desse dia Isabel ia a todos os bailes, nas aldeias em volta pois os convites que lhe faziam as outras moças que tinham andado com ela na escola, enchiam os seus pais de orgulho. Só recusava os convites, quando tinha que ir para a escola em Alcanena, onde frequentou os dois primeiros anos e depois passou a frequentar a Escola Secundária de Torres Novas, para onde passou a deslocar-se diariamente de autocarro.

Foi na Escola Secundária que conheceu o José Carlos, um rapaz alto e moreno com lindos olhos verdes, que passou a ser a sua

---

chamados à vez, para puxarem uma das fitas pendentes. Uma delas que se desconhecia qual era, abria a pinhata, libertando a pomba. O par que conseguisse a proeza, era coroado os Reis da Pinhata, e sentavam-se num trono dançando apenas um com o outro até ao final do baile. Muitos namoros começavam assim.

[2] Festas em honra de S. Silvestre eram realizadas no último dia do ano, homenageando o santo padroeiro, que protegia os animais domésticos de doenças e foi um bispo romano do século VI.

paixão, não obstante todos os rapazes das aldeias em redor do Canal, andarem caidinhos de amor pela linda loirinha. Mas os bailes deixaram de lhe interessar como outrora, e os fins-de-semana eram passados em casa de uma amiga em Torres Novas, filha de uns industriais de curtumes. Pelo menos era o que ela dizia aos pais que tudo aceitavam à filha amada que era o seu orgulho. Até que um dia a D. Alzira foi chamada ao Café Central para receber uma chamada da Escola Secundária. Uma professora chamada Doutora Manuela Loureiro, pedia-lhe para ir lá no dia seguinte sem falta falar com ela de um assunto do seu interesse.

Não passou pela cabeça da Alzira, nem do José quando chegou à noite de Lisboa, que o assunto pudesse ser desagradável, antes pelo contrário habituados às alegrias que a filha lhes dava, esperavam mais uma. Estava-se em 1981, tinham uma vida desafogada, José há três anos que tinha saído da cerâmica e trabalhava agora com o seu próprio camião comprando o tijolo nas cerâmicas dos arredores e vendendo-o aos antigos clientes do ex-patrão, em Lisboa. Este tinha sido saneado pelos operários em 1975 no período quente a seguir à revolução em que os antigos empresários eram todos taxados de fascistas e tinha abalado para o Brasil onde parece que estava a viver bem do dinheiro amealhado e de novos negócios. Os antigos operários, tomaram conta da fábrica e elegeram o Sr. Armando Frazão como presidente da comissão de trabalhadores e encarregado geral da fábrica. José Pereira era um dos preferidos do Sr. Frazão que lhe vendia o tijolo com bons descontos o que dava para o José dar uma boa vida aos filhos e mulher e amealhar dinheiro para comprar um novo camião maior ao fim de dois anos de negócio.

OLHARES DE SAUDADE

Tinha insistido com a Alzira para tirar a carta de condução para o ajudar no negócio, deslocando-se às Finanças ou aos correios e ao contabilista para tratar dos aspectos burocráticos e ir fazer as compras para a casa a Alcanena ou Amiais de Cima. Logo que ela teve a sua carta de condução, José ofereceu-lhe o seu primeiro carro, um Fiat 127 branco que era o seu brinquedo e orgulho e tratava com esmero. António Manuel frequentava o 6º ano em Alcanena e ela passou a ir levar e buscar o filho quase todos os dias à escola e no caminho tratava dos assuntos do negócio ou ia às compras.

Assim no dia seguinte depois de deixar o filho na escola, rumou para Torres Novas ansiosa por saber o que se passava com a sua Isabel que com 16 anos iria concluir os estudos naquele ano. Chegou e pediu para falar com a professora Drª. Manuela Loureiro que já estava á sua espera. A professora era uma senhora com cerca de cinquenta anos, um bocado mais velha do que ela que aos 35 anos se sentia ainda com a força e vigor da juventude para ajudar o seu marido e os seus filhos. Conduziu-a a uma sala com uma secretária e uma mesa rodeada de cadeiras, onde a convidou a sentar-se e acomodou-se à sua frente. Perguntou-lhe se desejava um café porque ia buscar um para si e perante isso, Alzira aceitou a oferta admirada com a amabilidade da professora.

Era a segunda vez que Alzira se deslocava à Escola Secundária de Torres Novas, porque a sua Isabel era muito desenrascada e sempre tratava de tudo o que era necessário, levando-lhe apenas os impressos e testes para assinar. As notas escritas nos mesmos, eram sempre Bons e Muito Bons, então os pais nada viam com que se preocupar.

Por isso Alzira já estava a ficar admirada com a demora da professora em abordar o assunto de que lhe queria falar e perguntou-lhe após o primeiro gole de café:
- Então Sr.ª. Dona Manuela, passa-se alguma coisa com a minha Isabel?
A professora calmamente perguntou-lhe se ela já tinha falado com a filha sobre questões como namoro e cuidados a ter para evitar uma gravidez. Alzira corou, sentindo-se ainda uma aldeã nada sofisticada e respondeu que não, porque a sua filha ainda era muito nova para essas coisas.

D. Manuela respondeu-lhe:
 - Mas D. Alzira a senhora sabe que a partir do primeiro período menstrual, as meninas podem engravidar. Sabe com que idade a sua filha menstruou pela primeira vez?
Alzira recordou-se de uma vez em que Isabel deixou de ir a um baile porque estava envergonhada por lhe ter vindo o período e tentou recordar-se há quando tempo tinha sido. Devia ter sido há três anos antes de ter ido estudar para aquela escola. Arrependida constatou que nunca tinha tido uma conversa de mulher para mulher com a sua filha que cada vez mais se tinha afastado dela. Levantou os olhos para a professora e respondeu:
- Sim sei, foi há três anos, mas a minha filha nunca teve namorado, sempre recusou os pedidos de namoro dos rapazes, tem juizinho a minha Isabel.

D. Manuela estava séria quando lhe respondeu.
– D. Alzira, ela sempre teve juízo até perder a cabeça com esse rapaz, esse tal Zé Carlos que já desgraçou a vida de outra rapariga.

OLHARES DE SAUDADE

Alzira sentiu as lágrimas começarem a inundar-lhe os olhos e tentou reprimir-se na frente daquela senhora que sabia mais da vida da sua filha que ela própria. Assustada pediu:
- D. Manuela conte-me tudo o que se passa com a minha filha? Ela está grávida? Quem é esse rapaz? Que fez ele a outra rapariga? A Drª Manuela começou a contar:

- D. Alzira, o Zé Carlos veio para aqui transferido do Lar dos Rapazes de Parceiros de S. João, porque parece que lá enganou uma empregada do refeitório e ela ficou grávida. Ele diz que o filho não é dele e que foi ela que se atirou a ele, porque o filho era do padre e ela queria encobrir. Mas claro que ninguém acreditou nele, um rapaz que não tem onde cair morto, que nem sabe de quem é filho, contra a palavra de um bom homem da igreja, um padre tão respeitado como o Sr. Padre João, quem podia duvidar? Então transferiram-no para aqui e o Lar paga-lhe as propinas para concluir o curso e as suas despesas de alimentação no refeitório e também um quarto na Pensão Renova, onde parece que a Isabel tem passado algumas noites.

Alzira estava sem saber o que dizer. As lágrimas inundavam-lhe os olhos e caíam em catadupa silenciosamente. Mandou chamar a sua filha e sem uma palavra pegou-lhe pela mão e abalaram as duas para Canal no Fiat 127 branco.

Chegadas a casa, tiveram uma longa conversa de mulher para mulher. Isabel contou-lhe que há dois anos namorava com o Zé Carlos e que o amava muito. Contou-lhe que ele não tinha pais, que tinham falecido num acidente quando ele era bebé e que tinha sido criado no Lar dos Rapazes. Só aos quinze anos uma tia do Zé Carlos o tinha ido visitar chamada pela Diretora do Lar e lhe tinha contado que a mãe e o pai dele eram amantes e ele tinha nascido dessa relação. Um dia ao fugirem para não serem descobertos pelo marido da sua mãe, tinham tido um acidente com o carro que capotou. Quando o marido de sua mãe chegou junto ao carro destruído, só encontrou o menino vivo. Sem coragem para se vingar num bebé e completamente destruído, tinha fugido para o estrangeiro, depois de o entregar no Lar dos Rapazes. Nessa altura tinham-no expulsado do Lar acusando-o de ter engravidado uma empregada mas ele jurava que era mentira e que o culpado era o Padre João. Isabel acreditava nele que chorava abraçado a ela, contando-lhe estas coisas da sua vida de rapaz abandonado e pobre.

Numa sexta-feira ele estava muito revoltado porque tinha tirado uma nota má num teste e ela com pena foi com ele para a pensão. Acabou por passar lá a noite e quando se beijaram tinham acabado por fazer amor. Depois dessa vez, outras vezes se seguiram, até que ela desconfiou que estava grávida. Sem saber o que fazer, tinha contado á Drª. Manuela porque ela a viu chorar abraçada ao Zé Carlos.

Nessa noite Alzira teve uma longa conversa com José Pereira que revoltado não queria acreditar no que se estava a passar com a sua filha. Quis-lhe bater, chamou-lhe puta e perdida, e disse que não a queria ver mais na sua frente, que fosse para onde quisesse mas na sua casa de gente honrada, não a queria ver mais. Era a dor de um pai, que se sentia sem rumo e reagia à maneira da sua geração.

Capítulo V

ENCONTRO NA AMADORA

A irmã mais velha de D. Alzira residia na Amadora, com o seu marido Jacinto, que trabalhava na CP – Caminhos de Ferro de Portugal. Jacinto Gomes era condutor de comboios, depois de ter tido vários outros trabalhos na empresa estatal que empregava milhares de pessoas em todo o país, para manter a sua rede de transportes ferroviários operacional, não só a nível de passageiros, mas também de transporte de mercadorias. Amadora era uma cidade com tradições no desenvolvimento da rede ferroviária, já que era uma das principais estações, da outrora romântica linha de caminho de ferro, que ligava Lisboa a Sintra, essa cidade antiga e cheia de memórias de reis, nobres, palácios, lendas e castelos. Mas o comboio de Sintra já não era o romântico transporte de há um século atrás, quando as damas nobres da capital, iam passar fins-de-semana a Sintra. Agora transportava trabalhadores daqueles subúrbios da grande capital, todos os dias para o trabalho em Lisboa, apertados nos velhos comboios como sardinhas em lata.

Jacinto era natural de uma aldeia perto de Canal, chamada Amiais de Cima, onde a tradição do artesanato e modelagem de figuras de barro, os "santinhos", tinha dado lugar pouco a pouco, à indústria de cerâmica, como em Vila Nova. Era famosa a qualidade da argila existente em extensas barreiras que acompanhavam as margens dos rios Almonda e Alviela, dois afluentes do grande rio Tejo que atravessa Portugal nascendo numa serra em Espanha e desaguando ao largo de Lisboa.

OLHARES DE SAUDADE

O Jacinto na sua infância e juventude aprendeu a conhecer a qualidade do barro e a escolher os melhores locais, na companhia do seu avô, artesão famoso que vendia nas feiras e festas os seus utensílios e bonecos de barro.

 Mas o pai de Jacinto, Joaquim Gomes começou a trabalhar desde criança na Cerâmica Almondina, onde o dono, o velho Sr. Manuel da Silva, se afeiçoou ao rapaz, que lhe lembrava o seu único filho, Miguelinho morto em criança com uma infeção intestinal. Assim, o Joaquim foi tomando o lugar do falecido Miguel no coração de seu pai e na direcção da cerâmica. Por isso ninguém ficou surpreendido quando o Sr. Manuel faleceu e deixou a sua fortuna ao Joaquim Gomes.

Nessa altura, Jacinto que gostava de passear à beira dos rios e explorar as grutas nas margens barrentas, e sempre voltava para casa com sacos de barro para modelar as suas figuras como o seu avô, de repente viu-se transformado num rico herdeiro e o pai começou a exigir que ele assumisse as suas responsabilidades. Depois de concluir o curso industrial na Escola Secundária em Alcanena, foi mandado estudar para engenheiro no Instituto Superior Técnico em Lisboa. Aí ingressou na equipa de futebol, onde logo se distinguiu pelos golos marcados.

Jacinto era um rapaz alegre e um pouco boémio e os números não eram com ele. A arte corria-lhe nas veias, e ele queria era estudar Belas Artes. Mas o seu pai queria um engenheiro, era uma questão de prestígio ter um filho engenheiro para apresentar aos clientes e a quem deixar a direcção da Cerâmica Almondina. Este conflito entre pai e filho, teve um desfecho inesperado quando a irmã de Alzira, Luísa, namorada de Jacinto engravidou.

Num fim-de-semana que Jacinto veio passar à aldeia, conseguiu convencer a namorada a ir com ele a Lisboa ao cinema, para verem um filme erótico, famoso e só permitido a adultos que era novidade naquela época. Brigitte Bardot a jovem actriz francesa era a estrela a caminho da fama que Jacinto aspirava ver, e o filme chamava-se "E Deus criou a Mulher"!

Sem os pais saberem, aproveitando uma viagem deles ao norte para assistirem ao funeral de um familiar afastado, aproveitaram aquela noite de liberdade e aventura. Saíram de Canal acompanhados de Alzira, que ficou em casa de uma amiga em Amiais de Cima porque ainda não tinha 18 anos, idade mínima para entrar no cinema e abalaram para a capital. Luísa nunca tinha ido a Lisboa e ao ver-se naquele cinema imponente, com aquelas luzes e passadeiras vermelhas, e depois as cenas quentes que ela via pela primeira vez, inflamaram aquela paixão que na aldeia era vigiada pelos pais.

Mas ali à beira da Estrada Lisboa - Porto, na madrugada de regresso da aventura na capital, dentro do carro do Jacinto, oferecido pelo pai, um Mercedes preto, com os estofos em vermelho, invejado por todos os rapazes das aldeias em redor de Amiais de Cima, a paixão explodiu incontrolável e anunciou os seus frutos inesperados dentro de algumas semanas, quando Luísa notou a primeira falta do período menstrual.

Aconselhada pela madrinha, D. Gertrudes, Luísa exigiu ao Jacinto para apressarem o casamento. Este perante a perspectiva de ir ser pai, e para se livrar das pressões paternas, foi inscrever-se à C.P. aconselhado por um amigo que lhe falou da estabilidade da empresa estatal e da segurança oferecida. Perante isso, Jacinto aceitou o apartamento que o pai lhe queria comprar na Amadora, para ele ir estudar, mas levou consigo a Luísa, casando-se com ela em segredo no Registo Civil e começando a trabalhar na C.P. em seguida.

Luísa no entanto não teve sorte com o filho que nasceu prematuro às trinta semanas de gestação, e acabou por não sobreviver. Nunca mais tinha conseguido engravidar e perante isso Jacinto conformou-se dedicando-se mais ao trabalho, à esposa e ao grupo de futebol da empresa, de que era um dos dirigentes.

Assim alguns anos depois quando Alzira casou com José Pereira e nasceu a Isabelinha, ficaram radiantes de alegria ao serem convidados para padrinhos de batismo da menina.

Agora dezassete anos passados, Deus voltava a presenteá-los com um bebé em casa, o filho da sua afilhada querida. Alzira pediu à irmã e ao cunhado, para tomarem conta da Isabel e do seu bebé que ia nascer até o seu marido José se acalmar e aceitar a situação.

Isabel aceitou ir viver com os tios e padrinhos, com o coração dolorido com a separação e a dor de seu pai, que ela adorava e tinha pena de ter magoado. Mas estava ofendida com as injúrias e palavras que ele lhe tinha dirigido. Ela apenas tinha amado e sido amada, o seu pai não compreenderia?

Quando chegou a casa da sua tia na Amadora, arredores de Lisboa, Isabel ia abatida e triste. Chorava todos os dias com saudades do seu namorado que tinha abalado para França depois de um último encontro em que tinha jurado que a mandaria chamar quando conseguisse organizar a vida. Ele tinha completado os 18 anos e concluído o Curso Geral de Comércio com bom aproveitamento.

Aconselhado pelo Dr. Julião o director da escola que fora nomeado seu tutor e encarregado de educação, tinha feito os testes de paternidade para se livrar da acusação que sobre ele pendia de ser o pai do menino da empregada do Lar onde tinha estado internado até aos 15 anos. O resultado dos testes fora negativo e ele tinha jurado à Isabel e à sua mãe que a mandaria chamar e casaria com ela logo que tivesse trabalho em França. Também prometeu mandar dinheiro todos os meses para o filho que ia nascer.

Ao fim de quatro meses nasceu um lindo menino moreno de olhos azuis como o céu da Primavera. Em honra do irmão que ela convidou para padrinho, e do seu amor, chamaram-lhe António José Pereira. Ficou sem o apelido do pai, porque o Zé Carlos tinha deixado de escrever depois da primeira carta que ela recebeu por intermédio da professora Dr.ª Manuela. Os seus pais não a queriam ver casada com um rapaz sem pais e sem dinheiro, apesar de ter um filho dele nos braços.

Nessa única carta que ela guardava como um tesouro, o seu Zé contava-lhe que tinha chegado bem a Paris, a casa de uns sobrinhos do Professor Julião que o tinham recebido muito bem. Tinha começado a trabalhar num restaurante de outro português, o Sr. Manuel, a servir às mesas e o patrão estava a gostar do trabalho dele. Tinha um quarto alugado na casa dos sobrinhos do professor e estava a gostar de Paris e do trabalho mas pensava muito nela e no seu filho que ia nascer.

Isabel tinha-lhe respondido dizendo que ia viver para a casa da madrinha na Amadora, para arranjar trabalho, poder sustentar o seu menino e esperar a sua volta e que também pensava muito nele.

Mandou-lhe a morada da tia, mas nunca mais recebeu outra carta. Quando o filho nasceu escreveu-lhe de novo contando como era o menino e o nome que lhe tinham dado e perguntando o que se passava com ele. Recebeu uma carta assinada por uma rapariga chamada, Noelle, que a informava que Zé Carlos tinha sido atropelado na rua ao regressar do trabalho e tinha falecido havia uma semana no hospital. Ele tinha-lhe deixado um recado:
- Digam à minha Isabel que a amo muito e que esperarei por ela no Céu!

Nessa altura Isabel deixou de comer e passava os dias a olhar o céu azul através da janela do apartamento da tia. Esta que se encontrava doente em luta com uma doença que não perdoa, para a fazer reagir pegava no bebé e colocava-o no colo da sobrinha. Abria-lhe a blusa e tirava o seu seio cheio de leite para o bebé mamar. Aos poucos Isabel ia reagindo, e começou a comer um pouco apenas para poder amamentar o seu menino que crescia a olhos vistos.

Até que um sábado em que vinha das compras, porque a madrinha se encontrava cada dia mais fraca devido à quimioterapia, e não conseguia sair de casa, distraída e com dois sacos em cada mão, tropeçou num rapaz à entrada do prédio e as compras ficaram espalhadas na calçada. Ela só não caiu porque ele a segurou com firmeza e lhe sorriu com os seus lindos dentes brancos no rosto muito moreno.

Atordoada ela pensou que era o Zé Carlos que tinha voltado para ela e que tudo tinha sido uma farsa engendrada pelos seus pais para os separarem. Mas quando olhou de novo ele apresentou-se:

- Olá como te chamas? Eu sou o Geremias!

Depois de Geremias ter voltado a colocar todas as compras nos sacos, subiu com ela os três andares até á casa da madrinha carregando os pesados sacos e foram conversando. Ele contou-lhe que tinha chegado de Cabo Verde na semana anterior e perguntou-lhe se ela sabia onde era Cabo Verde. Ela abespinhada respondeu que não era nenhuma ignorante e que sabia muito bem onde era Cabo Verde. Aproveitou para lhe perguntar se ele sabia onde era Torres Novas. Ele respondeu que não sabia e pediu-lhe para ela lhe dizer. Mas tinham acabado de chegar à porta da casa da madrinha e o António José estava a chorar quando ela meteu a chave à porta. Geremias ficou curioso e perguntou-lhe:
- És casada? De quem é o menino que chora?

Ela disse que era solteira e que o bebé era dela e ele disse que no outro dia, como era domingo e não ia trabalhar, queria que ela lhe contasse onde era Torres Novas e que a esperaria à porta do prédio para a acompanhar às compras e carregar os sacos.

Ela disse que no momento não tinha tempo para mais conversas e que no domingo não iria às compras. Então ele perguntou se

ela não ia pelo menos comprar pão e ela respondeu que sim, ia todos os domingos de manhã ao pão.
- A que horas? -perguntou o Geremias.
- Às nove horas – respondeu Isabel apressada para se ver livre dele e ir amamentar o seu menino.
- Estarei à tua espera – disse ele.

Desde aquele dia uma grande amizade foi nascendo entre aqueles dois que em breve estavam confidenciando as suas vidas e as suas saudades um ao outro. Todos os sábados, Geremias ia com Isabel às compras ao Hipermercado Continente e ajudava-a a carregar os sacos e aos domingos de manhã, iam ao pão e davam um passeio no parque.

Ela contou-lhe do seu trágico caso de amor e da morte do namorado lá longe em Paris e ele contou-lhe que também tinha uma namorada a Guidinha na sua terra em Cabo Verde que esperava por ele para se casarem.

Geremias trabalhava na empresa de construção de seu primo Jeremias, como servente de pedreiro, mas queria era conduzir os camiões e trabalhar com as máquinas que o fascinavam. Aquelas pesadas máquinas com aquelas pás enormes carregando terra, abrindo as valas para novos prédios, eram agora a sua ambição. Se não pudesse ser manobrador das máquinas, Geremias ambicionava ser condutor dos camiões que transportavam a terra para aterros nas auto-estradas, era uma maneira de continuar ligado à sua profissão de condutor de Hiace.

Mas para a sua carta de motorista e manobrador poder ser emitida, ele tinha que ter os seus documentos em ordem e ele tinha vindo para Portugal com os documentos do primo

Jeremias, que há muito os tinha tomado de volta. Tentou várias vezes legalizar-se, passou dias inteiros nas filas à porta do Serviço de Estrangeiros e Fronteiras, mas sempre faltava alguma coisa ou os documentos pedidos para Cabo Verde, quando chegavam já tinham perdido a validade.

Um dia pediram uma certidão de nascimento. Telefonou para a mãe nos correios do Pico, mas esta não estava lá à espera. Deixou recado para ela vir no outro dia, mas quando conseguiu a ligação ela já tinha ido embora no Hiace que agora o seu substituto conduzia. Quando conseguiu falar com ela, tinha passado mais uma semana. Quando ela conseguiu ter o documento pronto e lhe enviou, ele apressou-se a ir de novo para a fila, para entregá-lo à senhora loura toda emproada, que olhou e lhe disse.

– Não serve! Pede outra, porque esta já perdeu a validade!

Cansado de tanta burocracia, mas sabendo que sempre existe uma solução, Geremias falou com o seu primo Jeremias, perguntando como em Portugal se resolviam aquelas coisas e quanto teria que pagar para poder ter os seus documentos e o seu passaporte português. Ficou admirado com a solução proposta pelo primo que lhe disse:

- Fácil Geremias! Casas com uma portuguesa e ficas português também! Assim logo terás os teus documentos portugueses e poderás ser o motorista do meu camião, ou até seres o gerente da Construtora Jeremias e Geremias!

Geremias era um rapaz inteligente e logo viu as vantagens e entendeu a proposta do primo. Ele estava a oferecer-lhe sociedade no negócio, e essa era a oportunidade que sonhava de ficar com uma vida próspera para poder ir buscar a sua Guidinha e casarem como sempre tinham sonhado. Mas como podia casar com a sua noiva se tivesse que casar com uma portuguesa? E que portuguesa quereria casar com ele?

Então lembrou-se! E a sua amiga Isabel? Ele podia dar um nome a seu filho e ela dar-lhe uma nacionalidade a ele! Ainda hoje iria falar com ela! – Resolveu o Geremias.

Depois quando voltasse a Cabo Verde, teriam que se divorciar é claro. Ele amava era a Guidinha, era por ela que ia fazer o sacrifício de casar com aquela menina branquinha e loura, que até parecia doente!

Capítulo VI

CORAÇÃO SOLITÁRIO

Enquanto Isabel se adaptava à nova casa junto dos padrinhos e conhecia pessoas que iriam ter um papel decisivo na sua vida, António Manuel, o irmão mais novo, andava magoado e sentia-se posto de parte. Esse sentimento devia-se à separação da sua irmã, que desde que tinha ido estudar para Torres Novas, se tinha afastado progressivamente dele. Quando Isabel foi expulsa de casa pelo pai, Tó Mané, sentiu a ofensa feita à irmã, tão ou mais profundamente do que se fosse feita a ele mesmo.

Pensava que iria perder a sua irmãzinha, e não iria ver o seu sobrinho quando ele nascesse e fosse um bebé para brincar com ele. Lamentava já não ter a sua maninha para o consolar nas suas mágoas infantis, nem para lhe explicar as matérias nas quais tinha dificuldades na escola.

É certo que desde que a irmã tinha ido estudar para Torres Novas a via menos, mas ela vinha a casa quase todos os fins-de-semana. Nessas ocasiões sempre tinha um carinho para ele, uns momentos com o irmão no seu quarto, onde lhe pedia para ele lhe mostrar os testes da escola e as notas, e lhe dava um pouco de atenção e carinho.

Sua mãe Alzira, estava cada vez mais ocupada com os negócios do marido mas também não sabia como comunicar com ele sobre os problemas da escola ou da sua adolescência. Tó Mané, pensava que a mãe achava que como ele era rapaz, o pai é que tinha a obrigação de lhe falar sobre "assuntos de homens".

OLHARES DE SAUDADE

Mas se até aquele momento era difícil para ele falar com a mãe, com o pai era muito pior, porque ele era um homem fechado e pouco acessível, pelo menos aos seus olhos de adolescente era essa a imagem que lhe transmitia. E perante a atitude do pai, com a sua irmãzinha, a revolta de Tó Mané excedeu todos os limites. Sem saber como exteriorizar as mágoas da sua alma sensível, mas obrigado pelas normas da sociedade em que vivia, a mostrar um aspecto de duro, ainda tinha que ouvir dos outros rapazes ditos sobre a sua irmã, que o magoavam e só aumentavam a sua revolta.

Como naquele dia no recreio da escola, em que escondido do lado de fora dos balneários do ginásio, ouvia os outros rapazes na galhofa e escutava os comentários:
- Aquela lourinha que puta, já viste..! Grávida vê lá…e o pai expulsou-a de casa, imagina!
E outro respondia:
- Pois aquilo lá em Torres Novas é que era bom! – Dizem que ela ia ter com ele à pensão!
- E logo outro:
- Pois, um rapaz que já tinha enganado outra rapariga que tem um filho dele!
E todos em coro: - Que puta aquela Isabel!
 Sem se controlar mais, com o rosto congestionado e os olhos vermelhos, como um touro enraivecido, António Manuel entrou correndo nos balneários pronto a atacar e a defender a honra da irmã e do cunhado que nem sequer conhecia, mas foi recebido com um coro de vaias e gargalhadas: - É pá, quanto queres para trazeres cá a puta da tua irmã?

OLHARES DE SAUDADE

 Foi a gota de água para Tó Mané, que a soco, pontapé e cabeçadas, parecia uma fúria, atacando indiscriminadamente todos que lhe apareciam à frente, com toda a raiva a escoar-se nas agressões, chorando e soluçando, e gritando palavras sem nexo.
Até que num golpe atirado a esmo, acertou nos óculos de um rapaz que estava de lado, evitando participar na briga geral. Luís calhou estar no lugar e na hora errada e além de partir os óculos, ficou a sangrar do rosto, golpeado pelas lentes partidas, sendo mais o aparato que as lesões efetivas.

Perante os gritos e algazarra dos rapazes, o director da escola que chegava naquele momento ao parque de estacionamento que ficava ao lado do ginásio, entrou sem ser apercebido e a tempo de ver António Manuel a dar murros para o ar, pois os rapazes se desviavam e o outro rapaz caído no chão com o rosto coberto de sangue.

Quando viram o director, Dr. José Rodrigues, os rapazes procuraram sair sem serem vistos aproveitando o facto do professor estar a socorrer o aluno caído, mas António Manuel que continuava a chorar, passada a raiva e aproximando-se o arrependimento, ficou estático, soluçando ao lado do colega.

Pegando nos dois pelo braço, o Dr. Rodrigues, levou-os dali, depois de banhar a cara do rapaz que sangrava no lavatório. Dirigiu-se com Luís, o estudante ferido ao posto dos Bombeiros que ficava ao lado da Escola, enquanto deixava António Manuel no seu gabinete com ordens para esperar por ele.

Durante a meia hora de espera, António Manuel passou por todos os estados emocionais desde a raiva, ao desespero, à

humilhação, ao completo desânimo, até à vontade de fugir dali para fora. Mas antes que ele reagisse, o Dr. Rodrigues regressou. Sentou-se na cadeira atrás da secretária antiga, olhando para o acabrunhado aluno na sua frente a quem perguntou:
 - Então diz lá meu filho, o que se passou nos balneários para atacares assim o teu colega?
Tó Mané, perguntou choroso: - Sr. Dr. como está ele? Ficou cego? – E um soluço estrangulou-se-lhe na garganta…
- Não meu filho, são só alguns golpes no rosto e um corte mais fundo no nariz que foi suturado com três pontos. Mas diz-me lá com calma o que aconteceu…
Então António Manuel foi contando entre novos soluços sobre os insultos feitos à sua irmã, que estava grávida do namorado, mas não era nenhuma puta, e estava a viver na casa da madrinha na Amadora. Não quis contar que o pai a tinha expulso, num misto de vergonha, pudor e proteção à honra da irmã.

Por isso quando D. Alzira no dia seguinte foi chamada à escola, não imaginava que nova tragédia estava prestes a abater-se sobre a sua família.

Informada sobre os acontecimentos do dia anterior, foi-lhe apresentada a conta dos óculos para pagar, bem como do curativo do rapaz nos bombeiros, com a informação que mais despesas poderiam aparecer. Sem poder esconder do marido, a gravidade dos acontecimentos, este ainda não refeito da desonra da filha, achou que o melhor a fazer era dar uma sova ao filho para ele andar na linha e portar-se bem. Perante a tareia que apanhou do pai e as ameaças que este lhe fez de também o expulsar de casa, se ele não se portasse como um homem de bem, António Manuel sentiu-se cada vez mais encurralado por todos os que amava e que pensava que o deviam compreender, defender e apoiar.

Estava aberto o caminho para a perdição, pois a revolta do adolescente de 14 anos, agora atingia níveis que o cegavam por completo e punham na dependência do bando que rondava os adolescentes da escola, tentando captar os mais frágeis emocionalmente para os caminhos da degradação.

Foi assim que Tó Mané, começou a acompanhar um grupo de rapazes mais velhos, alguns que já nem frequentavam a escola, outros que após chumbarem anos consecutivos, se mantinham lá graças ao dinheiro e à cegueira dos pais, passeando os livros e não frequentando as aulas, antes passando os dias nos cafés e bares, bebendo, fumando e jogando. Em breve Tó Mané, em busca de acalmar a revolta interior que o consumia, bebia em conjunto e incentivado pelos outros, que lhe diziam que assim é que era ser homem e ser duro, e para deixar de ser choramingas e se portar como um homem de verdade!

Já sem saber o que era ser homem de verdade, pois era apenas um adolescente amedrontado e revoltado, o rapazinho sensível de outrora, deu mais um passo ao começar a fumar junto com os outros rapazes, mas nem ele sabia que tabaco era aquele, que tinha um cheiro diferente e que o acalmava tão depressa!

No meio daquela vida de adolescente transviado, apenas uma notícia recebida lhe tinha alegrado o coração. Quando chegou a casa numa noite, a mãe chamou-o e disse-lhe:
- Tó Mané, a nossa Isabelinha já tem lá um lindo menino!
- Mãezinha que bom saber isso! – E como está a mana? – Perguntou Tó Mané ansioso.

- Está bem, amanhã já deve ir para casa da tia Luísa. – Respondeu Alzira.
- No sábado posso ir vê-la e ao meu sobrinho, mãe?
- Podes, mas o teu pai não pode saber. Sabes que ele não quer ouvir falar da Isabel nem do filho!

No sábado seguinte, Tó Mané, pediu ao pai, para ir passar o fim de semana com um amigo a Torres Novas, para poder ir à Amadora ver a irmã e o sobrinho, mas José Pereira receoso que o filho andasse a trilhar maus caminhos, proibiu o jovem de sair de casa, e forçou-o a acompanhá-lo para a cerâmica, para o ajudar na manutenção dos camiões da sua crescente frota de transportes.

Tó Mané com a cumplicidade da mãe, telefonou para a irmã para lhe dar os parabéns emocionado e infeliz por estar separado da sua irmã querida.
Isabel aproveitou o ensejo para lhe disser:
- Maninho, não estejas triste, o bebé irá chamar-se António José e tu serás o padrinho dele! – Aceitas?
- Aceito mana, mas quando será o batizado? Eu quero ser um padrinho de verdade e não só à distância!
- Tó Mané, vamos combinar uma coisa. O António José só será batizado no dia em que fizeres os 18 anos! – Assim poderás assistir ao batizado e acompanhar o teu afilhado para o padre o batizar na pia, está bem?
- Sim maninha, quando eu for de maior idade, o pai já não me poderá proibir de te ir ver e ao meu afilhado! Mas ainda faltam três anos! Quando isso acontecer, ele já não será bebé!
- Não te importes maninho! Vou tirar fotografias do bebé todos os meses para te mandar e à mãe!

OLHARES DE SAUDADE

Feito este acordo, Tó Mané, esperava todos os meses pela carta da irmã e as fotografias do seu afilhado. Era um dos momentos mais aguardados pelo jovem a quem o pai continuava a amedrontar e a mãe tentava sem grande sucesso, compreender.

Mas o seu grupo de amigos passava mais tempo nos cafés e casas de jogos do que nas aulas e Tó Mané para se sentir integrado e não entrar em desacordo com os colegas acompanhava-os e as aulas eram deixadas para trás.

Um dia antes das férias da Páscoa, foi mandado chamar ao gabinete do Dr. Rodrigues. Este sentado atrás da sua secretária, disse-lhe:
- Sente-se António Manuel! – Chamei-o aqui para lhe perguntar se tem consciência que atingiu o limite anual de faltas permitido?
Tó Mané, surpreendido, pois na verdade tal coisa andava longe do seu espírito, respondeu:
- Não me diga Sr. Dr. que estou chumbado?
- Ainda não meu jovem! Desde que o seu encarregado de educação mande as justificações das faltas até á próxima sexta-feira, que é o último dia de aulas antes do início das férias do 2º período, como sabe!
Tó Mané ficou branco e sem fala. Estava a pensar em como apresentar tal situação ao seu pai, sem levar outra sova ou até ser expulso de casa, como a irmã! – E para onde iria? – Sempre poderia ir viver com a irmã e o seu afilhado, talvez!
Mas o director interrompeu-lhe os pensamentos dizendo:
- Aqui tem uma carta para o seu encarregado de educação onde se explica como se podem justificar as faltas! – Quer entregá-la ou será melhor ir pelo correio?

Perante a alternativa oferecida, António Manuel aproveitou a oportunidade, prevendo uma maneira de safar-se ou adiar a ira paterna. Por isso respondeu com ar convincente:
- Dr. Rodrigues, esteja descansado que entregarei a carta ao meu pai!
Perante a atitude do jovem, o diretor acreditou nele e entregou-lhe a carta que nunca chegou às mãos do José Pereira. Antes pelo contrário, o que a mãe recebeu foi um telefonema do filho, dizendo que ia passar a Páscoa à Amadora a casa dos tios para ver a irmã e o afilhado e que voltaria na semana seguinte.

António Manuel, pediu à mãe para convencer o pai que ele também tinha direito a ver a família e que já não era criança para ser proibido de tudo como um bebé.
Alzira concordou a medo com o seu filho mais novo, e nessa noite teve uma conversa com o seu Zé, quando ele chegou de Lisboa, fazendo uso da sua astúcia feminina, que há muito andava em desuso.
- Zé, gostaria de te pedir uma coisa que me andas a prometer desde que casámos, ainda te lembras? – Disse ela colocando-lhe a mão no braço e aproximando-se com um ar meigo.
- Que queres tu, mulher? – Que vem a ser agora?
- Olha Zé, gostava de ir visitar aquela minha amiga, a Manuela, que mora em Braga e anda, desde que casámos, a convidar-nos para irmos ver o Bom Jesus de Braga e o Gerês! – Respondeu a Alzira!
- Ora mulher, ando tão cansado de estradas e viagens! – Sabes lá… – respondeu o Pereira, preparando-se para ir tomar o seu duche depois de mais um longo dia ao volante do camião!

Alzira ficou calada, e foi colocar a comida na mesa, no seu ritual diário, enquanto o marido tomava banho. Na banheira este arrependido, ia pensando…"podia fazer-lhe a vontade coitada…nunca sai daqui…podíamos ir no comboio até ao Porto e depois apanhar um para Braga…"…e continuava…"mas a minha Alzira também pode conduzir, ela é desenrascada…" e ia-se ensaboando e pensando… "embora sem experiência de auto-estradas"…concluiu. "Falarei com ela ao jantar" decidiu o José Pereira.

Quando se sentou à mesa, José combinou com a Alzira a viagem ao norte, não sem antes perguntar onde estava o filho.

Alzira que sentia que já tinha ganho a partida, respondeu-lhe que o cunhado e a irmã lhe tinham telefonado a pedir para o Tó Mané ir passar a Páscoa com eles à Amadora e tinham enviado os bilhetes de comboio para ele poder ir.

Perante isso, José Pereira, não colocou mais entraves, até porque Alzira acrescentou que já tinha ido levar o Tó Mané à estação do Entroncamento, para ele ir no comboio das cinco.

Depois de um passeio relaxante em que Alzira satisfeita reviu a amiga de escola, e passearam pela bela cidade minhota, onde assistiram às cerimónias religiosas da Páscoa, regressaram na terça-feira de manhã a casa.

Antes de ir trabalhar, José Pereira que não estava sossegado, telefonou para a Amadora, para casa dos cunhados e pediu para falar com o filho. Jacinto Gomes informou o cunhado que o Tó Mané tinha lá estado mas tinha saído no dia anterior à tarde, para regressar a casa. Até lhe tinha dado dois bilhetes de comboio para a viagem e algum dinheiro – acrescentou o Jacinto.

OLHARES DE SAUDADE

Mas em casa Tó Mané não estava, concluíram os seus confusos pais. Foram então à estação da CP e perguntaram aos funcionários que eram quase todos seus conhecidos se tinham visto o jovem. Nenhum tinha visto Tó Mané, nesse dia. Foram também à Rodoviária, para ver se ele teria vindo de autocarro, mas também ninguém o tinha visto.

 Dirigiram-se então à escola, que embora fechada de férias, tinha alguns funcionários de serviço. Pediram para falar com o Diretor mas ele tinha ido passar a Páscoa ao norte com a família e só regressaria no dia seguinte. José Pereira e Alzira no dia seguinte voltaram à escola e conseguiram falar com o diretor que lhes perguntou se o António Manuel lhes tinha entregue a carta que ele tinha mandado em mão.

Sem grande surpresa ficou a saber da resposta negativa, mas o pior para todos, é que chegaram à conclusão que António Manuel depois de ter saído de casa dos tios, devia ter-se juntado com os outros rapazes do grupo de amigos com medo do pai, e desaparecido com eles para parte incerta. Informaram as autoridades que lhe disseram que iriam fazer o possível mas dado o tempo já decorrido, devia ser muito difícil encontraremnos.

De regresso à escola, o Dr. Rodrigues fez alguns telefonemas para amigos que tinha na polícia e nos bombeiros, e ficou a saber que alguns dos rapazes mais velhos com quem António Manuel acompanhava, também se tinham ausentado de Alcanena. Dizia-se que tinham ido para França em busca de trabalho, levados por um homem que tinha aparecido numa carrinha Ford Transit, branca.

Deu essas informações às autoridades, e também ao José Pereira, que caindo em si, percebeu que podia estar a ter muito sucesso nos negócios, mas como pai, estava a ser um desastre, separado da filha e do neto e agora perdendo o seu único filho varão, que devia ter compreendido e apoiado quando ainda era tempo.

Capítulo VII

O CASAMENTO

Em Cabo Verde, Guidinha andava admirada com a falta de notícias do Geremias. Ia sabendo que ele se encontrava bem através da Ângela que sempre que falava com Jeremias ao telefone, perguntava se o primo Geremias se encontrava bem de saúde e a resposta curta do Jeremias, era sempre afirmativa. Mas quando ela queria avançar mais com outras perguntas, ele sempre desculpava o primo com o trabalho, e que não tinha tempo de vir telefonar, ou que ainda não tinha telefone em casa, ou que andava muito ocupado com uma nova obra que era longe do telefone. Mas sempre acrescentava, que ele mandava saudades para a Guidinha e para a sua mãe e madrinha e que mandava dizer que se encontrava bem de saúde.

Mas ela sentia falta de uma carta para ela, para poder mostrar que era amada e que o seu emigrante pensava nela e sonhava com o casamento como ela. Quando foi possível colocar o telefone em casa, ela foi uma das primeiras para poder dar o número ao Geremias e falar com ele, sem ter que se deslocar aos correios nos Picos e depois em Assomada, quando o telefone foi também colocado nos correios de lá. Mas como por duas vezes se tinham desencontrado com as horas marcadas para o sonhado telefonema, ele desistiu de a mandar chamar, pensava ela. Mas na falta de telefonemas, a carta tão esperada chegou finalmente… Nessa carta Geremias contava todos os detalhes da sua vida na Amadora, falava do seu trabalho como servente de pedreiro e da sua ambição em trabalhar com as máquinas, e também dos seus problemas em legalizar-se e obter os documentos necessários.

OLHARES DE SAUDADE

Como os portugueses eram complicados meus Deus! E aquela senhora loura e emproada do serviço de Estrangeiros e Fronteiras era uma pessoa mesmo antipática que até parecia que só existia para complicar a vida aos pobres imigrantes. Se ela soubesse o que todos aqueles desgraçados como ele e outros sofriam, naquelas filas na rua, horas infinitas, dia e noite, à chuva, ao frio ou ao sol! E como fazia frio de noite em Lisboa! E quando chegava a vez deles, os documentos já tinham caducado!

Ao ler todos os desabafos do seu noivo, Guidinha que não sabia o que era o Serviço de Estrangeiros e Fronteiras, ficou também com raiva da loura emproada que fazia sofrer os pobres dos imigrantes, em especial o seu Geremias! Se ela pudesse ia lá, dizer algumas verdades àquela senhora!

Enquanto Guidinha se indignava ao ler a carta, Geremias sentia uma certa culpa de não ter conseguido contar toda a verdade à sua noiva. Ele tinha casado com a Isabel há um mês atrás numa simples cerimónia no Registo Civil como se fosse apenas a assinatura de um contrato. Esta parte ele tinha contado à Guidinha na carta, dizendo que era um casamento temporário, apenas para obter os seus documentos portugueses e que depois se divorciaria para casar com ela.

Embora não tivesse havido festa alguma, nesse dia depois de saírem do Registo Civil, Geremias tinha dito à Isabel:
- Isabelinha, gostaria de saber se queres ir buscar o Toninho a casa da madrinha e aceitas virem almoçar comigo ao restaurante?

OLHARES DE SAUDADE

Isabel ficou admirada com a proposta do amigo, agora marido Geremias. Sabia como ele trabalhava duramente, sempre com o pensamento em economizar dinheiro para poder ir buscar a sua noiva e casar-se com ela! Por isso respondeu:
- Mas Geremias, não tens que voltar para o trabalho?
- O meu primo deu-me a tarde de folga! – Afinal não é todos os dias que um homem se casa! E gostaria muito de ter o Toninho um pouco connosco!

Geremias tinha começado a chamar Toninho ao menino que muitas vezes Isabel levava consigo nos passeios matutinos ao parque Delfim Guimarães em companhia de Geremias. Entre brincadeiras no parque e nos baloiços, e risadas a brincar à apanhada, Geremias tinha-se afeiçoado ao menino meiguinho de olhos azuis, que lhe tinha começado a chamar papá!

Por isso naquela data que devia ser especial, os dois sentiam uma certa desilusão e tristeza ao verem quão diferente do casamento dos seus sonhos, era aquele dia! Uma ida a uma repartição anónima, a assinatura num documento, e já eram marido e mulher! – Tinha dito a funcionária que os olhava curiosa.

Por isso, talvez para se sentirem mais próximos do ideal de uma família verdadeira, sentiam a falta do menino, das suas gargalhadas e alegria e das inocentes brincadeiras da criança. Era como se ele lhe pudesse fazer esquecer a falsidade daquele ato que devia ser o culminar de um romance de amor e tinha sido apenas um contrato, como a venda de uma casa!

OLHARES DE SAUDADE

Isabel e Geremias foram então até à casa dos padrinhos e enquanto ela ia buscar o filho, Geremias ficou na rua encostado à porta do prédio, pensativo.

O primo Jeremias que tinha ido com eles ao Registo Civil, apenas para servir de testemunha e padrinho, tinha-lhe dito à saída da repartição, para ele escolher um apartamento no prédio acabado de construir nessa semana e que seria o seu presente de casamento! Ele gostaria de poder ir lá habitar com a Guidinha, mas teria que ficar casado com Isabel dois anos antes de poder tratar do divórcio e concretizar os seus sonhos. Iria para lá viver sozinho? Que devia fazer?

Isabel apareceu com Toninho e os pensamentos de Geremias foram interrompidos pela alegria de ver o menino todo sorridente perante aquela saída num dia diferente do habitual, pois era uma sexta-feira.

Pegou-lhe às cavalitas depois de um grande cumprimento como era hábito e dirigiram-se para o restaurante. Geremias pediu uma feijoada à portuguesa, que lhe lembrava a cachupa da sua terra, e Isabel preferiu bacalhau com natas. Para Toninho pediram uma canja de galinha, que o menino adorava e um gelado de morango. Isabel também gostava de gelado, mas Geremias era a primeira vez que entrava num restaurante e depois de comer a feijoada, preferiu comer uma fatia de bolo de chocolate, que gostou muito.

Mas estavam os três desejosos de fazerem um programa diferente e nesse dia apanharam o comboio para Sintra e foram passear àquela vila que nenhum deles ainda conhecia.

OLHARES DE SAUDADE

Enquanto passeavam pelas ruas antigas, e admiravam as enormes chaminés do Palácio da Vila, que era uma antiga habitação dos reis, conforme estavam a ver nas placas à entrada, Geremias com Toninho pela mão, dizia a Isabel:
- Também ganhei um palácio! – Perante a admiração dela, ele foi contando que o primo lhe tinha oferecido um apartamento como prenda de casamento e fez o convite que lhe estava atravessado na garganta, quase sem pensar, ou não querendo pensar muito:
- Queres vir viver para lá com o Toninho e comigo?

Isabel ficou surpreendida com a proposta. Não esperava tal coisa, estava implícito no contrato acordado, que cada um continuasse a sua vida habitual depois do casamento. Disse depois de um momento de silêncio, que lhe daria a resposta no fim-de-semana!

Geremias aceitou mas com a condição de ela ir visitar o prédio com ele e ajudar-lhe a escolher o apartamento.

Continuaram o passeio por Sintra e os seus belos jardins e parques, subiram até ao Castelo dos Mouros, no alto da Serra de Sintra, admiraram a magnífica paisagem com o mar ao fundo e quando regressaram a Amadora ao fim da tarde, Isabel estava decidida a aceitar a proposta, mas guardou a resposta para o dia seguinte, sábado.
Na verdade Isabel tinha medo de sofrer de novo por amor, pois há muito tempo que tinha começado a sentir um sentimento diferente por aquele jovem vindo de umas ilhas lá no meio do oceano, a meio caminho da África e do Brasil.

OLHARES DE SAUDADE

Ele era alto e moreno como o pai de Toninho, embora tivesse olhos negros e cabelos crespos e encaracolados. Mas era atencioso, companheiro e um bom pai para o Toninho que o adorava. Estava sempre pronto a atender a todas as suas vontades e desejos, nos seus passeios e muitas vezes o surpreendia a olhá-la de modo diferente, como se a avaliasse, quando pensava que ela não estava a ver.

Ela tinha medo de analisar o que sentia por Geremias, pois sabia desde a primeira hora dessa amizade, que ele tinha uma noiva à espera na sua terra.

Mas agora estavam casados, ele tinha aceitado ser o pai do seu filho, e convidava-a para morarem os três juntos. Porque não aceitar e ir à luta? – Pensava Isabel. Afinal a noiva estava longe e ela estava ali ao lado dele, tinham que esperar alguns anos até se poderem divorciar e nesse intervalo de tempo, tudo poderia acontecer.

Assim no sábado Geremias foi buscá-la à casa, e os dois foram visitar o prédio. Isabel escolheu o primeiro andar direito, um apartamento com uma enorme sala com lareira, dois quartos amplos com janelas de onde se via o parque em frente, e uma cozinha com móveis todos brancos, assim como a casa de banho que também lhe agradou pela sua luminosidade e os azulejos que eram cor de rosa muito claro.

Na semana seguinte, Geremias pode obter os seus documentos e assinar também a escritura de constituição da nova sociedade, Jeremias e Geremias, Construções Imobiliárias, Limitada. Nessa semana chegaram igualmente os móveis escolhidos pelos dois, para o novo apartamento e Isabel e Toninho mudaram-se definitivamente para a casa de Geremias. Se seria definitivamente ou temporariamente, isso só o tempo iria responder.

Ele tinha já dado seguimento ao processo de acção paternal para perfilhar o menino e isso não iria nunca ser desmanchado vivesse com a mãe dele ou com a sua Guidinha! Às voltas na máquina retroescavadora a fazer mais uma terraplanagem para um novo prédio, Geremias ia deixando correr soltos os pensamentos e uns olhos azuis estavam gravados no seu cérebro. Ele via-os a toda a hora para onde quer que olhasse, fosse no céu, fosse no para-brisas da máquina! Só não sabia se eram do filho ou seriam da mãe! Mas não, claro, eram do menino! Ele tinha uma grande amizade pela Isabelinha, mas amava era a sua Guidinha.

Daí a pouco quando chegasse a casa, viriam os dois ao seu encontro sorridentes, o menino que já estava com dois anos abraçado às suas pernas, Isabel dando-lhe um beijo no rosto que estranhamente cada dia era mais perto da boca…ele tremia cada vez que aqueles beijos tocavam o seu rosto e desculpava-se a si próprio pensado que era a falta de mulher que lhe fazia sentir aquilo, pois era casado e não era. Não podia tocar na Isabel, e não podia tocar na Guidinha, que estava longe, mas também não podia andar para aí a ter aventuras, senão como iria olhar para o seu filhinho e o seu primo e sócio?

Mas naquela noite a Isabel estava tão cheirosa! Como cheirava bem aquela mulher que mais parecia uma bonequinha com aqueles cabelos louros encaracolados até à cintura! E aqueles olhos azuis cheios de alegria ao vê-lo! E aquele sorriso lindo! E ela cozinhava mesmo bem! Não sabia fazer as coisas da sua ilha é claro, mas ele já lhe tinha ensinado a fazer cachupa e ela até fazia tudo perfeitinho! Havia lhe dito, que se fazia como cozido a portuguesa, acrescentando o milho e o feijão. O resultado foi óptimo, muito mais que o esperado. Sentia-se amado e estimado e as saudades até andavam mais esquecidas!

Ela dormia com o menino num quarto e ele sozinho no outro mas uma noite o padrinho da Isabel, o Sr. Gomes, veio chamar a afilhada muito preocupado. A madrinha tinha piorado e precisava dela. Isabel foi, mas ele pediu-lhe para deixar o menino com ele, porque tinha alguns dias de férias para gozar e aproveitaria para ficar com ele, para ela tomar conta da madrinha sem preocupações.

Durante dois dias seguidos, Isabel ficou a cuidar da madrinha sem vir a casa e na terceira noite Geremias com o menino pela mão, foi bater à porta para saber notícias. Isabel veio abrir transtornada e chorosa. Sua madrinha estava a delirar e o médico tinha acabado de sair de lá, não esperavam que ela passasse daquela noite. Geremias entrou e foi deitar o menino na caminha que ainda estava no antigo quarto de Isabel de quando ele era bebé. Estava apertada mas ainda servia.

Ao lado estava a cama de Isabel, uma cama estreita de pessoa só e Geremias foi chamar Isabel para se deitar e descansar um pouco, pois a madrinha tinha conseguido adormecer finalmente, com o efeito conjugado dos analgésicos e calmantes administrados pelo médico. Ela veio e ele deitou-se a seu lado abraçando-a num gesto de aconchego e proteção.

Ela aninhou-se e adormeceu exausta nos seus braços. Ele não tinha sono e o pouco que tinha perdeu-o num doce desassossego ao sentir o corpo dela abandonado assim nos seus braços pela primeira vez. Lentamente foi apertando-a a si e ela foi-se aninhando mais na estreita cama. Ele sentia em si todos os desejos de homem despertos e pensou: - Mas porque não? Se ela é minha mulher…há tantos casais que se divorciam, mas entretanto porque não…? E foi-se deixando levar pelos seus instintos e ela também…até que acabaram por fazer amor sonolentos e sedentos um do outro.

No dia seguinte a madrinha de Isabel acabou por falecer deixando o viúvo inconsolável aos 50 anos de idade e ainda cheio de vigor e saúde. Jacinto Gomes era um homem alto e ainda másculo, tinha sido jogador de futebol e sempre se tinha mantido em forma e ativo. Os cabelos que começavam a embranquecer, eram encaracolados e um pouco compridos e penteados sempre com esmero, era um homem ainda bonito e respeitado e agora via-se viúvo, estava inconsolável, embora tentasse conter a sua dor.

Geremias sentia remorsos de ter usado a dor de Isabel para se ter aproveitado dela, pelo menos ele pensava assim e durante o funeral tomou a decisão que andava a adiar! Iria voltar a Cabo-Verde! Iriam todos de férias para ajudar naqueles momentos em que necessitavam de espairecer as ideias e deixar o tempo encarregar-se de curar as feridas.

Quando regressavam a casa, comunicou a sua decisão a Isabel e Jacinto que aceitaram um pouco relutantes, devido à dor que sentiam. Mas Geremias insistiu dizendo que precisavam de tomar ares diferentes, esquecer um pouco a dor e que o melhor seria aceitarem o seu convite para irem todos visitar a sua terra e conhecerem a sua família. Até Toninho ajudou, perguntando à mãe se iam passear no avião…todos riram com a esperteza do menino e o ambiente ficou mais desanuviado.

Jacinto acabou por concordar com a viagem e perante a aceitação do tio e padrinho, Isabel também aceitou, embora receosa com o possível confronto com a noiva que esperava Geremias ainda. Mas depois daquela noite em que tinham feito amor na casa da madrinha, outras se seguiram na sua casa, em que conscientemente se tinham entregue ao desejo e à paixão nascente entre os dois e Isabel sentia-se mais segura de si, para continuar a lutar pelo amor daquele homem, que agora estava certa de amar apaixonadamente. Assim no dia seguinte Geremias foi comprar as passagens e uma semana depois aterravam todos no aeroporto da Praia!

Capítulo VIII

ÂNGELA ESTÁ GRÁVIDA

Só depois de duas semanas da ida do Geremias é que a Guidinha teve a certeza que o seu amor não seria deportado. Que havia transposto a fronteira virtual entre Cabo Verde e Portugal.
Uma fronteira que ela não sabia como era, mas que o Geremias já havia conhecido antes. Uma fronteira que de um lado situava-se na Ilha do Sal e do outro no Aeroporto da Portela em Lisboa. Para poder ultrapassá-la precisa-se apenas de um carimbo simples e difícil.
Nem foi o Geremias que lhe mandara dizer, mas sim o Jeremias. O Jeremias havia combinado com a Ângela para ir aos correios receber um telefonema e a Guidinha foi com ela. Não foi preciso irem a Praia, foram a Assomada. Há meses que o telefone tinha chegado a Assomada e até já se falava que algumas pessoas iam colocar na sua própria casa.
O Jeremias disse-lhes que o Geremias havia chegado bem. Fora trabalhar, por isso não estava com ele naquele momento. O Geremias tinha muito que trabalhar, no princípio é sempre assim, trabalho, trabalho e trabalho.
A Guidinha sabia que era assim também e ficou à espera. O Jeremias disse que no próximo sábado os dois iriam falar com elas por telefone, a Guidinha acreditou.
A Ângela falou pouco com o Jeremias porque não se estava a sentir bem. Desde que o Jeremias tinha regressado a Portugal que ela não se sentia bem. Tinha enjoos e náuseas frequentes. A Guidinha já a tinha visto a vomitar várias vezes e disse-lhe para ir ao médico, mas ela não quis. Há quase três meses que ela não menstruava. A Guidinha estava cada vez mais convencida que a

OLHARES DE SAUDADE

Ângela estava grávida. Já lhe havia dito algumas vezes, mas ela negava. A Ângela teria mais cedo ou mais tarde que aceitar as evidências. Era cada vez mais evidente a gravidez.
Falaram quase meia hora. O Jeremias despediu-se delas e regressaram a casa a pé. Não era muito longe, mas aproveitavam para falarem. Falarem da vida, falarem do amor, falarem do trabalho.
Estavam felizes por saberem que o Geremias havia chegado. Esperavam que ele se orientasse rapidamente e que voltasse tão bem como o Jeremias.
A Guidinha tornou a dizer a Ângela para se abrir com ela. Que era normal, acontecia. A Ângela não tinha outra alternativa senão confiar na sua amiga de peito. Acabou por dizer o que a Guidinha já esperava ouvir. Ela estava grávida.
- Aconteceu só uma vez, não consegui me controlar, foi na noite em que ele ia viajar. Há dias que ele estava a insistir comigo, resisti sempre, mas naquele dia foi superior a mim. Aceitei, não pensei nas consequências. – Disse a Ângela.
- Acontece amiga, isto acontece. Olha que madrinha, ele ou ela já tem. Não abro mão deste meu direito.
A Ângela começou a chorar. A Guidinha abraçou-a e deixou-a chorar um pouco. Depois com todo o carinho fraternal que a longa amizade sedimentou nelas foi falando e acalmando a Ângela. Quando esta já estava mais calma disse:
- Ângela, não podes continuar por mais tempo a esconder isso dos teus pais. Eles vão compreender. Tu és uma lutadora. És praticamente independente, vais vencer. Estou ao teu lado para tudo. Podes contar comigo, mas tens que dizer à tua mãe e ao teu pai.
- Vou dizer, mas não hoje nem amanhã. Será quando estiver mais calma.
- Não, Ângela, tens mesmo que dizer o mais cedo possível.

- Está bem, vou dizer. Há uma pessoa que não quero que saiba.
- Quem?
- O Jeremias, ele só vai saber, quando vier!
- Por mim ele não vai saber, mas é difícil conseguires guardar este segredo por muito tempo. A família dele na Manhanga vai saber e vai lhe informar de certeza.
- Não, se tu me ajudares.
- Ajudar-te, eu te ajudo, mas como?
- Vou falar com a minha mãe e com o meu pai. Depois vou para oficina e de lá não saio. Tu fazes todo o trabalho de recolha de barro e venda dos produtos e eu faço os potes, os bindes e outros utensílios.
- E o parto, Ângela?
- Esqueces que a minha mãe é parteira? Farei o parto na oficina!
- E a criança, quando nascer?
- Lembras-te da Margarete, a doida, Guidinha?
- Sim Ângela, lembro-me sim, e que tem a ver uma maluca com o teu plano?
- Ela fica grávida, pare e dá a criança a quem quiser.
- Mas… Ângela não precisas continuar já entendi a tua ideia mas…todo mundo vai estranhar por não a ver grávida!
- Dizes bem Guidinha, mas ninguém a vai ver durante este período, ela vai ficar comigo na oficina durante todo este tempo. Tu sabes, ela às vezes desaparece por muito tempo e aparece como que por milagre. Ninguém vai notar o desaparecimento dela.
- Mas vão notar o teu desaparecimento, Ângela.
- Não creio. Guidinha, Lembras-te que nós trabalhamos de manhã à noite, várias vezes!
- Ângela, tu é que tens que lembrar que andamos sempre juntas.
- Guidinha, aí é contigo, tens que convencer as pessoas que estou a trabalhar. Se quiserem, podem vir me ver, verão a

OLHARES DE SAUDADE

Margarete com uma barriga grande e eu disfarçarei a minha. Na primeira gravidez normalmente a barriga cresce pouco.
- Mas porquê tudo isto? Ângela és uma mulher independente...
- Sim Guidinha, sou, só que não estás a ver que se o Jeremias souber que sou mulher parida, pode desinteressar-se de mim.
E a Ângela recomeçou a chorar. A Guidinha deixou-a chorar, fazia bem à alma chorar.
Depois ela e a Guidinha, iniciaram os preparativos para a simulação de uma criança adotiva.

A mãe da Ângela era Leopoldina, mas todos a chamava de Dina, Nha Dina. Era uma mulher prática e muito ocupada. O marido era agricultor em Chã de Tanque. Não se podia dizer que a horta era longe de casa, mas também não era perto. Quase uma hora a pé de caminhada. Mas compensava.
Era da horta que saía o sustento. Na verdade a Ângela ajudava muito, desde que começou a trabalhar o barro juntamente com a Guidinha trazia algum dinheiro para casa. Mesmo assim a horta continuava a ser a primeira fonte da renda.
Ia todos os dias para Chã de Tanque. Ia de manhã e regressava à tardinha. Quase sempre sozinha. O marido ficava até mais tarde, regressava quando o sol já se escondera e nada mais conseguia fazer.
Quando a Ângela e a Guidinha regressaram da Assomada ela já tinha chegado de Chã de Tanque e estava na cozinha.
Foi ali, na cozinha que tiveram a conversa. Quando ouviu que a filha estava grávida e solteira, quis gritar, berrar a sua desgraça. Mas sabia que seria uma desgraça maior se o mundo soubesse e conteve-se. Deixou dois fios de lágrimas descer pelos olhos abaixo.
A filha continuava a explicar-lhe o plano, cuidadosamente elaborado com a ajuda da sua amiga Guidinha.

- ....vamos registar o menino ou a menina como se fosse minha filha, mas que nasceu da Margarete! – Terminou assim.
Ela também chorava enquanto a mãe dizia para o não fazer. Abraçaram-se e se uniram num segredo de família e da amiga Guidinha.

O Nhu Manuel estava cansado, havia tido um dia de trabalho, daqueles que não se deseja. Mas que tinha que ser. Com quase 50 anos, não se podia dizer que era velho, mas também já não era jovem. Era casado com Nha Leopoldina, que carinhosamente chamavam de Nha Dina.
Fazer grogue não é fácil, pior ainda quando tem que se pilar cana no trapiche. Estar horas e horas sentado a meter cana entre as roldanas, enquanto que o boi no movimento circular esmigalhava a cana . Um mínimo descuido podia perder a mão e não seria a primeira vez que isso acontecia nas roldanas.
Chegou e pediu água para tomar um banho. Nha Dina foi pôr a água morninha no quintal e aproveitou para lhe dizer que a filha, a sua Ângelazinha queria lhe dizer uma coisa.
Ele disse que estava muito cansado, se não podia ser num outro dia. Mas a mulher disse que tinha que ser naquele dia. Então, porque não lhe dizia? Sabia que se ela dizia que tinha que ser naquele dia, era porque ela, Nha Dina já sabia do que se tratava. Mas teria que ser a Ângela a dizer. Era assim que a filha queria.
Ele tomou banho, comeu um pouco de cachupa e chamou a filha. A Ângela entrou e com toda a calma do mundo começou por dizer:
- Pai, o que te vou dizer é para que ninguém saiba. Mesmo ninguém. Por isso fica quieto e ouve. Estou grávida, sei que estou, nada posso fazer. Aconteceu. Foi quando o Jeremias veio. Preciso um pouco da vossa ajuda. É muito simples.
- Sim filha diz! – Convidou o Pai.

- Vocês vão ter apenas de dizer, se alguém perguntar por mim, que estou a trabalhar na oficina, eu e a Guidinha. Não quero que ninguém saiba que estou grávida. O resto eu e a Guidinha tratamos.
- E quando a criança nascer? – Perguntou Nhu Manuel.
- Direi que a tirei de Margarete, arranjarei uma maneira de lhe dar leite e tudo irá passar-se como quero e bem!
 Nhu Manuel estava cansado, queria era poder ir descansar. Era homem de pouca conversa. Sabia que o mundo era outro e que as coisas agora podiam acontecer diferente do seu tempo. A filha pediu que guardasse segredo, guardaria, não era difícil, ele era homem de poucas conversas. Disse que não diria a ninguém e foi-se deitar.

A Marta estava triste. O orgulho de ter um filho emigrante não conseguia superar a saudade da ausência. Sempre tivera o seu Geremias em casa. A maior separação foi de uma semana, uma separação dolorosa. Foi quando ele conseguiu ir até o Aeroporto da Portela, sem poder entrar em Portugal.
Ficava mais tempo em casa. E sempre que estava sozinha, chorava de saudades. As duas filhas tomavam conta da lojinha. Uma da cada vez, enquanto a outra dava conta de outros recados, como por exemplo comprar géneros alimentícios para revender.
As notícias não eram muitas, mas sempre chegava uma ou outra por algum emigrante de férias. Nestas alturas saía de casa em casa a dá-las. Ia até Manhanga, até Papaia, até Banana, Achada Leitão. Andava todo "os Picos" a transmitir mantenhas.
- Comadre Josefina, o meu Geremias deu notícias, mandou mantenhas.
Era um ritual que não queria falhar. Era o orgulho a falar mais alto. Sabia que umas recebiam notícias com alegria e mostravam

felicidade, outras deixavam os ciúmes falar mais alto e quase nem respondiam. Mas ela sentia alegria e felicidade a dar. Isto era o que importava.

Após a viagem de Geremias era disto que ela vivia. Vivia em função das notícias do seu querido filho, que, lá longe procurava ajudar a construir este Cabo Verde.

O Francisco, marido da Marta quase não deu pela falta do Geremias. Continuou a levantar cedo a ir a Manhanga junto com o José trabalhavam a horta. Mesmo quando nada havia para fazer, tinham que ir. Iam espantar os macacos. Ou espantavam os macacos ou da horta não sairia nem palha para animal.

Ele chegava a casa já muito tarde e muito cansado. Colocava a palha que juntava durante o dia no quintal, ia tomar banho e deitar. Havia dias que nem banho queria tomar de tão cansado que estava.

Espantar macacos não era tarefa fácil, principalmente no terreno acidentado como era "Os Picos".

Raramente o Francisco perguntava pelo Geremias. Quando tinha algum tempo, perguntava pelo burro, que tanta falta fazia a carregar água. Perguntava pela vaca, que dava leite e era vendido para ajudar a casa.

Era como se ele soubesse que o Geremias estava e, ou… como se… achasse que ele ainda estava no Hiace a conduzir e que regressaria mais tarde.

A Josefina estava mais habituada. Já sabia que as notícias nem sempre chegavam.

Sabia que sempre que o Jeremias visse um emigrante a vir de férias lhe mandava alguma coisa.

Tomava e dava a Sofia para trocar na Praia. A Sofia era sua filha também. Era mais nova que o Jeremias, tinha 17 anos e estava a estudar. Agora já não era necessário ir até à Praia para estudar no Liceu.

Cabo Verde estava a evoluir rapidamente. Em pouco tempo as escolas se proliferaram. O Liceu que era apenas um há poucos anos, agora existe na Assomada, muito mais perto. E já se fala em construir um nos Picos.

Ela, a Josefina, não gostava de sair. Ficava em casa a trabalhar, de menina aprendeu a fazer balaio. Passava o dia a fazer balaio.

O José tirava as estacas de caniço e lhe trazia. Com elas construía balaios de vários tamanhos e tipos que o José depois ia vender.

A Josefina só saía quando recebia recado que devia ir atender o telefone. Já não era necessário ir à Praia. Ia responder na Assomada.

Ouviu dizer que o telefone estava quase a chegar aos Picos, ficou muito contente. Ia ser mais fácil falar com o filho. Sabia que era um jeito de dizer, o telefone chegar aos Picos, já que todos sabiam que o fio passa por Picos antes de chegar à Assomada.

Quando ia atender o telefone fazia sempre o mesmo. Ia na véspera dizer à Marta:

- Comadre Marta, amanhã vou atender o telefone, o meu Jeremias vai me chamar. Perguntarei pelo seu Geremias, comadre.

A Marta respondia:

- Comadre Josefina, abençoe o Jeremias por mim. Diga que estou bem!

E no dia seguinte, ia de novo a casa da Marta, assim que regressasse do telefonema para dizer:

OLHARES DE SAUDADE

- Comadre Marta, meu Jeremias mandou mantenhas, disse que o seu Geremias está bem. Mas está a trabalhar, nunca pára. Mas também foi para isto que foi, não é comadre?
- Sim comadre, tem razão, o meu Geremias é um homem trabalhador!
- Comadre, ele falou se tem ideia de vir um dia destes?
- Não comadre. Ele disse que não faz a mínima ideia. Estão com muito trabalho. Comadre sabe, estão na obra. Quando aparece, não é para se desprezar.

O José tinha a vida quase igual ao do Francisco. Acordava mais tarde e deitava-se mais cedo, porque morava mais próximo da horta que o irmão Francisco. Este foi fazer casa até Degredo, mas em contrapartida tinha que sair em busca de estacas de bambu, caniço, para a Josefina fazer os balaios.
Caniço não abunda em Cabo Verde, às vezes tinha que ir até Órgãos buscar. Ia onde ouvisse notícias da sua existência. Os balaios além de ajudarem com algum dinheiro à família, eram a forma de passatempo da sua Josefina.
De resto vivia uma vida tão semelhante à do irmão Francisco que para os dois o tempo quase que parava. Existia apenas o amanhecer e o entardecer.

Capítulo IX

JERÂNGELA NASCE

A Ângela foi desaparecendo do convívio de Fonte Lima aos poucos até que passou quase despercebida a sua auto prisão. Nos últimos tempos passou a vestir roupas largas e compridas, quase sempre sem cintura. Disfarçando assim o inevitável aumento do volume dos seios e da barriga. Por fim deixou de ser vista.

A Guidinha ia e vinha mais vezes da oficina. Levava mais barro que era moldado pela Ângela. As raras vezes que perguntavam por Ângela a resposta era a mesma: - A Ângela esta muito ocupada. Estamos a produzir cada vez mais e é ela que tem estado no forno!

Quem passou a andar para cima e para baixo com a Guidinha era a néscia da Margarete. Não foi difícil convencê-la a pôr uns trapos por baixo da roupa. Ela até estava a gostar dessa gravidez a brincar. Tal como ela mesma sempre dizia, as pessoas pensavam que ela era maluca, mas não era e ia enganar todo o mundo dizendo que estava grávida. Ela também passou a viver na oficina.

A Guidinha ajudava a amiga e se ajudava. Enquanto estava ocupada na nobre missão de ajudar a amiga esquecia o seu problema. O Geremias estava cada vez menos comunicativo. Ela foi das primeiras a pôr o telefone na casa de Fonte Lima, assim que soube que já era possível tê-lo o telefone em casa.

O correio dividiu-se em dois. A Empresa de Telecomunicações e os serviços dos Correios de Cabo Verde. E, com isto, rapidamente o telefone, antes só na Praia, se expandiu por todo quanto é canto. Toda a casa que tivesse alguém emigrado passou a ter o incómodo e malcriado aparelho, para o desassossego dos seus moradores. Nem chegou a dar o número ao Geremias. Tinham combinado falar no telefone há dois meses, mas teve que dar apoio a Ângela e quando chegou o Geremias já havia desistido de ligar. Ligou três vezes e como ela ainda não tinha chegado aos correios, deixou recado que ligaria no próximo sábado a tarde. Foi a vez dela chegar desde as dez e lá ficar até as dezoito horas. Nada do Geremias, esperou e desesperou. Teve que regressar, a Ângela precisava dela mais que nunca.

Não lhe saía da cabeça a última conversa. O Geremias informara-a que tinha que fazer um casamento por documento. Ela já tinha ouvido falar de casamentos deste, mas era na América. O tio dela, o tio Bernardino, casado em Cabo Verde teve que pedir divórcio. Casou para documento em New Bedford, viveu casado de aparência durante quatro anos. Depois, não sem muita luta, divorciou-se de novo da Americana e tornou a casar com a tia Deolinda. Há anos que os dois vivem na América. Foi graças a este casamento, digamos, transversal que a tia Deolinda, duas vezes mulher do tio Bernardino conseguiu ir para a América.

De Portugal nunca tinha ouvido uma coisa assim. O mundo dava voltas. A Ângela lhe havia dito que o Jeremias nem precisou de visto. Quando foi, ainda criança, Cabo Verde ainda era Portugal. Dois anos depois Cabo Verde torna-se independente e hoje, os cabo-verdianos deixaram de ser portugueses e até têm que forjar casamentos como na América.

Na altura lhe deu vontade de ir até Portugal. Ainda foi ao consulado, mas desistiu. Primeiro porque não adiantava nada, segundo porque não podia deixar a Ângela, agora que a amiga mais precisava dela.

Durante o dia ajudava a Ângela no que precisava, mais pelo apoio moral, que fisicamente, pois a Ângela era muito forte e sabia o estava a fazer. Tinha consciência de que a sua felicidade estava aí. À noite era mais difícil. Sentava-se sobre a cama e via o telefone, que havia pedido para ser colocado precisamente no quarto onde dormia. Muitas eram as vezes que a saudade se transformava em duas silenciosas lágrimas que escorriam pelo rosto.

A Ângela há muito que não saía da oficina. Há quatro meses atrás, quando foi atender o telefone pela última vez, pediu ao Jeremias para não lhe telefonar, pelo menos por seis meses, pois ia tomar conta da avó, mãe do pai dela que morava em São Miguel, numa zona de difícil acesso e não tinha como vir atender. A tia, irmã do pai havia ido em negócios para a Ilha do Maio e pediu-lhe para ir tomar conta da avó. Ela iria ficar no Maio por seis meses. Ele que escrevesse para a Guidinha. Esta lhe daria as cartas e ela as responderia também por Guidinha. Recebeu algumas cartas que respondeu cheio de palavras doces e bonitas tal como merecem todas as cartas de amor e saudade. E o cabo-verdiano sabe amar e ter saudades.

O Manuel passou a sair muito mais cedo e ir para Chã de Tanque. A vergonha de não poder entrar com a filha virgem na Igreja como era seu sonho o fazia trabalhar de sol a sol. Quando não estava a pilar cana para fazer grogue, estava a limpar a horta. Quando não estava a limpar a horta, estava a regar. O Manuel que tanto gostava de tomar, moderadamente, seu calicezinho de grogue na taberna com os amigos passou a beber à noite em casa. Assim como a Ângela, ele também quase se tornou invisível durante muito mais tempo que nove meses.

OLHARES DE SAUDADE

O telefone chegou ao Degredo e a Marta foi das primeiras a ter o pequeno aparelho preto no canto da casa. Ainda foi atender uma vez na Praia onde informou ao Geremias que podia telefonar para Assomada. De Assomada deu a notícia que o telefone havia chegado aos Picos, no Correio. Dos correios dos Picos finalmente deu a melhor notícia, que poderia ter dado…
Enfim o aparelho preto entrara na sua sala. Estava no canto da casa sobre a mesa quadrada que o Geremias havia comprado no Sucupira. Onde com uma série de trim, trim, trim anunciava a vontade de dar e receber notícias. Levava o número no papel escrito e era o 238 2….., como não sabia ler, pediu a funcionária do telefone para passá-lo ao Geremias.
Eram poucas as pessoas que tinham o número, uma das poucas era o Geremias. O trim, trim, trim quase sempre era feito por Geremias à distância de milhares de quilómetros que separam Amadora em Portugal de Degredo nos Picos da Ilha de Santiago em Cabo Verde.

A Josefina também já tinha telefone, o dela entrou um pouco depois. Não porque pediu mais tarde, mas porque o acesso a Manhanga era mais difícil. Em contrapartida era mais barulhento. O Jeremias fazia questão de fazer trim, trim, trim quase todos os dias.

O Francisco e o José estes continuavam a fazer a vida de campo e correr atrás do macaco, mais por hábito que por necessidade.

A energia eléctrica não estava a acompanhar os passos do telefone, entretanto algumas casas dos Picos já estavam à recorrer a energia solar e a televisão já era realidade, embora escassa.

OLHARES DE SAUDADE

A Mariazinha e a Lolita, irmãs do Geremias continuavam a levar a lojinha para a frente. Negócio sempre dava algum troco que ia aumentando. Tinham vontade de emigrar, mas não estavam desesperadas. Continuavam a ajudar a mãe e a vender na lojinha. Há algum tempo que começaram a vender gaz butano para cozinha e tinha boa saída. Cada vez mais se cozinhava com gaz butano. A lenha usava-se cada vez menos.
A Mariazinha, a mais velha namorava um rapaz que estava de férias, era emigrante na Holanda, mais precisamente em Roterdão. Um bom rapaz, chamava-se António e era de Banana, também nos Picos. Tinha uns 30 anos. Era divorciado, havia se casado com uma holandesa de nome esquisito, qualquer coisa como Van Der. Ele cansava-se de lhe dizer, mas ela esquecia sempre. Tinham dois filhos rapazes que a mãe abandonou com ele, dois belos rapazitos gémeos, o Armandinho e o Antoninho. A Van Der gostava de beber e de fumar. Sempre que o António vinha de trabalho ela não estava. Um dia que por coincidência ela estava em casa, ele preferiu que fosse o contrário. Ela estava mas não só. Tinha um acompanhante e saía do quarto com ele quando o António chegava. Ela jurou que foi ao quarto apenas para falar mais sossegada mas ele não acreditou. Nenhum cabo-verdiano acreditaria. Lá se foi o casamento. Ela, a Van Der não podia continuar casada com um homem que não confiava nela.
O António queria casar com a Mariazinha e queria levá-la para Roterdão. Mariazinha estava recetiva e também gostava dos gémeos.
A irmã, a Lolita também dava um empurrãozito. Não havia problemas, ela tomava conta da loja.
Foi um casamento rápido e simples. O António veio para um mês e tinha que regressar. A Mariazinha ficou casada e à espera dos documentos, que entretanto já haviam chegado e ela estava a tratar do visto de emigrante. Não era fácil não. O consulado de

OLHARES DE SAUDADE

Holanda ficava em Dakar. Tinha que enviar documentos para Dakar e receber de volta com a informação de "falta isto", "falta aquilo". Tudo em holandês. Tinha que arranjar tradutor. Tirar este documento, tirar aquele outro... parecia que tudo já estava em ordem, esperando apenas o passaporte com visto. Em breve embarcaria para Holanda onde pensava fazer a sua vida ao lado do António.

A Sofia, irmã do Jeremias, continuava a estudar. Queria ser médica. Às vezes ia cambiar os escudos portugueses recebidos do irmão, para os escudos cabo-verdianos às portas do mercado da Praia. Era esbelta, morena, bonita, de olhos grossos, castanhos claros, a boca carnuda e um sorriso angelical. Os rapazes não a largavam, todos queriam ser seus namorados, mas ela estava noutra. Os estudos ocupavam todo o seu tempo. Ela queria ver a fotografia dela no quadro de honra do Liceu. Não brincava no seu serviço, que era estudar nem queria ter outras ocupações que a pudessem distrair.

A Margarete estava muito mais ansiosa que a Ângela. Na sua ideia confusa achava que estava grávida. Já teve vários filhos, que a caridade alheia estava a criar, mas nunca achou-se tão grávida como agora. Vivia a barriga falsa como se de primeiro filho se tratasse. Pela alegria e contentamento da Ângela ela saia e exibia a barriga por toda a Fonte Lima enquanto que a verdadeira grávida, a Ângela se escondia no anonimato.
- Eles pensam que sou maluca! – Dizia a Margarete a Ângela – Mas sou mais pronta que todos eles juntos.
Talvez ela estivesse a dizer a verdade. O grau de loucura não tem como ser medido!

OLHARES DE SAUDADE

A Guidinha não estava feliz. Há muito que não tinha notícias do Geremias. Este não lhe ligava há mais de sete meses e ela sofria. Ligou-lhe nos dois primeiros meses e depois da confusão do desencontro nunca mais o fez.
Quando soube do número da Marta ainda ligou para ela algumas vezes, mas como a Marta sempre lhe dizia que o Geremias também não lhe dava notícias deixou de lhe ligar para perguntar por ele.
Debruçou-se no trabalho e na ajuda a Ângela que bem precisava, mas continuava a suspirar de saudades e a deixar as lágrimas escorrer pelos olhos.

A hora do parto aproximava-se. A Dina, a mãe da Ângela, que também era parteira, apercebia-se vendo a barriga da Ângela. Adivinhava-se um parto difícil, ela estava quase parada há mais de seis meses. Sempre dentro da oficina de artesanato. A Dina preparava-se para o pior. Há dias que levava as mais diversas palhas medicinais que eram necessárias.
Tendo a Margarete a fazer-se de grávida podia levar as palhas à vista de todos. Todos pensavam que a coitada da Margarete estava novamente grávida e maldiziam o desgraçado que a tinha posto naquele estado.
Chegou o momento. A Ângela era filha de parteira, mesmo que não fosse saberia. Assim que sentiu as primeiras contracções pélvicas disse à Guidinha para ir chamar a mãe. Desta vez não deixou que a Margarete a acompanhasse.
A Dina não se fez rogada, foi o mais rápido possível socorrer a filha.
O parto correu muito melhor do que a Dina esperava. Sabendo dos risco ela chegou e começou a providenciar os banhos e os suadouros. Se não fosse a Margarete que ciente da sua falsa

barriga entrou no falso trabalho de parto, com gritos de dores, ninguém saberia de nada.

Eram 11 horas da noite quando a Ângela deu a luz de uma menina a quem daria o nome de Jerângela, uma mistura de Jeremias e Ângela.

Assim que a Ângela terminou o serviço de parto, a Margarete também terminou o falso parto. A Ângela lhe retirou a barriga falsa. A Margarete pegou um boneco de barro que a Ângela e a Guidinha fizeram na esperança de com o molde fazerem e venderem umas quantas nas feiras da Assomada, tomou um pano, colocou o boneco nas costas e saiu. Perdeu-se na noite. Muito mais tarde regressaria, desta vez verdadeiramente grávida de algum jovem irresponsável na procura de sexo fácil.

OLHARES DE SAUDADE

ARLETE PIEDADE LOURO
JOÃO PEREIRA FURTADO

Capítulo X

JERÂNGELA DÁ OS PRIMEIROS PASSOS

A Ângela contemplava a sua filhinha, enquanto a mãe na qualidade de parteira cortava o cordão umbilical, separando definitivamente o bebé da placenta. A dor insuportável do parto havia dado lugar à calma e uma fria e alegre paz. Os gritos da Margarete com o seu falso parto haviam cessado.

A mãe dela, a Dina, numa mistura fina de parteira e avó, preparava todos os ingredientes para a protecção da criança. Fez um fumador de arruda, alecrim, incenso e carvão de pedra. Pegou na pequena bonequinha, que dava os berros normais e alegria, mostrando a vida própria, e passou várias vezes sobre o fumador enquanto rezava e pedia a todos os Santos, Anjos e Arcanjos para a ajudar.

Como apenas a ajuda dos Santos, Anjos e Arcanjos não era suficiente, lavou a Jerângela com urina onde colocou algumas palhas e especiarias anti-bruxas. Por fim, com um talo de babosa fez vários sinais da cruz nas mãos, nos pés, no peito, nas costas e na testa da Jerângela. Vestiu-a e com uma colher de chá deu-lhe leite com toda a paciência. A Ângela não podia amamentar a criança, se o fizesse estava a pôr todo o sacrifício feito até então em risco.

A Jerângela bebeu algumas colheres de leite, mas continuou a chorar. A Dina notou imediatamente que seria impossível sustentar aquela menina gulosa apenas com algumas colheres de leite. Lembrou que a sua mãe lhe contava que se aquecesse o peito, este podia dar leite. Aqueceu um bom bocado de água. Com um pano massajou o peito várias vezes. Deu a Jerângela para amamentar e deu resultado. Minutos depois ela estava a dormir e era colocada ao lado da Ângela num sono reparador.

OLHARES DE SAUDADE

Foi Dina quem amamentou a Jerângela.
A Dina aconselhou a filha a passar uma pasta feita de alho ao peito, ajudava a secar os seios. Era usado quando as mães suspendiam a amamentação dos filhos. Foi a Dina quem amamentou a Jerângela.
A Ângela continuou com o peito virgem esperando o Jeremias.

A Margarete havia desaparecido na escura noite com o boneco de barro moldado pela Ângela e Guidinha. Um belo boneco. Nunca mais deu notícias, mas ela era mesmo assim. Desaparecia e aparecia quando lhe dava na gana. Podia aparecer diariamente ou desaparecer anos seguidos.

A outra bonequinha dormia ao lado da Ângela. Era tão linda que parecia moldada pelas mãos hábeis da Ângela, com ajuda preciosa da Guidinha. Sempre que a Ângela moldava algo, a Guidinha não se cansava de dar opiniões. - Conserta aqui o nariz, melhora aí a boca, o que está a pensar fazer? Se é isto faça mais isto assim…. A Jerângela era lindíssima, nariz pequeno e arredondado, olhos castanhos e penetrantes, a boquinha tinha a forma de um desejo de coração que os apaixonados fazem, para mostrarem quanto amam os seus amores. As orelhinhas perfeitas e quase iguais. Era uma negrinha "morena". A Guidinha contemplava a Jerângela que dormia ao lado da Ângela enquanto sonhava com o Geremias e imaginava que o filho que um dia haveria de ter com ele deveria ser tão bonito quanto a Jerângela.

Aos poucos a Ângela entrou no ritmo da vida normal que levava antes da incómoda gravidez. Os gritos providenciais de parto falso da Margarete acabaram por convencer os vizinhos que

OLHARES DE SAUDADE

Jerângela era filha da Margarete e adoptada por Dina e Ângela. Ninguém teve curiosidade suficiente para ir ver o parto da Margarete, a néscia não merecia tamanho sacrifício.
A Ângela escreveu ao Jeremias dizendo que já havia regressado e deu o número do telefone da casa. O Jeremias passou a telefonar em vez de escrever. Não telefonava todos os dias, o trabalho não permitia, pelo menos era isto que dizia, mas telefonava pelo menos uma vez ou duas por semana. Estava sempre cheio de saudades e não sabia como não largava tudo e corria para os seus braços.
Num dos telefonemas, depois de bem pensado no que ia dizer, a Ângela contou toda a "verdade" sobre a Jerângela ao Jeremias. Disse que a Margarete engravidou não se sabe onde nem por quem. Que deu-lhe na cabeça de aparecer dias antes do parto na oficina e lá instalar-se de tal maneira que ninguém a conseguia tirar de lá. Teve uma menina que abandonou, tomando uma boneca de barro, no lugar da filha desaparecendo na noite. Ela adoptou a menina e colocou o nome de Jerângela:
- Vou criar a Jerângela como se fosse minha filha! – Disse, e terminou a conversa dizendo – Até quis amamentar a menina, queimar o peito e dar-lhe a mama, mas a minha mãe disse-me que é perigoso, visto eu ainda nunca ter parido. Ela mesma queimou o peito dela e deu à menina. Está a crescer bem e é uma linda menina.

A Jerângela estava a crescer com saúde. Periodicamente sentia uma febre ou diarreia que era atribuída a gripe ou ao aparecimento de mais um dente. Quase sempre era tratada pela Dina, a avó mamadeira. Começou a sentar-se com ajuda da Ângela que não se afastava dela nem por um segundo, aos seis estava a gatinhar sem nenhuma dificuldade. Antes de completar um ano já se punha de pé com vontade de dar os primeiros passos que não demorou muito.

A Jerângela era teimosa e persistente, sempre acabava de conseguir o que queria. Não desistia nunca. Já estava a dizer as primeiras palavras, via no Manuel a figura de pai, pelo menos, quando começou a dizer "papa" todos ligaram a palavra a imagem do Manuel. No mundo de fantasias que criava, via-se que a Jerângela iria ser uma pessoa de caráter e de fibra.

O Manuel, pai de Ângela, também estava encantado com a Jerângela. Foi por causa da Jerângela que a vida dele tornou a ser o que era dantes. Retomou o hábito de seu groguinho na taberna, onde passou a falar com os amigos de novo. Tornou a desempenhar seu papel de membro da Tabanca de Chã de Tanque. Passou a chegar mais cedo a casa. O pretexto era o mesmo, mas a acção agora era diferente. Por falta de água ficava mais tempo na horta, para poder regar até o ultimo pé de tomate, agora por falta de água vinha mais cedo, não valia a pena perder tempo, não havia água para regar.

- Hoje vieste mais cedo! – Dizia a Dina.

- Sim mulher, não há água. Até o tanque está quase vazio. Não tenho nada que fazer por lá. – Respondia o Manuel.

Se a Jerângela estivesse com a Ângela na oficina, mandava-a buscar e ficavam horas a brincar.

Num sábado esqueceu que a calda já estava no ponto para ser destilada. Graças ao dono do trapitche, o Miguel Soares, que precisava dos barris para também colocar a calda, não perdeu um bom bocado de dinheiro. Se a calda passasse o ponto, tinha que ser curada. Mas mesmo curada, nunca mais daria um grogue de primeira. Graças ao Miguel Soares que o mandou chamar.

Teve que sair a correr e com pesar passou toda a noite a destilar o grogue.

OLHARES DE SAUDADE

A Jerângela tornou-se o centro da atenção de todos. Aprendeu desde os primeiros dias a brincar com o barro. Na oficina com a Ângela e a Guidinha, sua madrinha. Estava sempre tão suja de barro que parecia abandonada à sua sorte se não fosse o carinho que mostrava ser alvo no cândido sorriso e na confiança mental que demonstrava. Tinha que tomar banho e trocar de roupa várias vezes por dia.

Como já foi dito, adoeceu muito poucas vezes. Com vacinas em dia, estava imunizada das doenças graves e com carinho e amor da Ângela, do Manuel, da Dina e da Guidinha era uma criança alegre e bem disposta. A única doença mais grave que teve, foi a varicela. A febre e as pequenas bolhas que lhe apareceram por toda a parte deixaram a Ângela fora de si. Teve que ser a Dina, mais uma vez a pegar no leme e a conduzir o barco da vida a bom porto. Mas foi por pouco tempo. Dias depois ela já estava curada.

O Jeremias aos poucos foi-se interiorizando da presença da Jerângela nas conversas telefónicas e foi-se dando conta que começava a ser ele também pai adoptivo. O que estava muito longe de saber era que ele era efectivamente muito mais pai do que imaginava.

A Ângela fazia questão de o pôr ao corrente de todos os pormenores da vida da Jerângela. Fez-lhe saber que o nome vinha da mistura dos dois nomes. Que aproveitou não haver em Cabo Verde nenhuma restrição quanto ao nome que se dá aos filhos para criar mais um na vasta lista de nomes usados.

Não existe um personagem das novelas ou nome de jogadores de futebol ou músicos e cantores de fama ou modelo ou actores de cinema que não são homenageados em Cabo Verde. Mesmo assim aparece sempre lugar para criar um nome, neste caso a mistura de Jeremias e Ângela.

OLHARES DE SAUDADE

A Ângela não deixava nada ao acaso, fazia o Jeremias acompanhar a vida da Jerângela em tudo. Descreveu por telefone o sétimo dia da vida da sua Jerângela com tantos detalhes que o Jeremias se viu entre as pessoas a guardar a Jerângela das bruxas e feiticeiras. Ele o Jeremias, a quilómetros de distância quase jurava que estava em Fonte Lima, quando a Jerângela dormias com tesouras e facas por baixo de travesseiros, enquanto os convivas se alegravam na sala.
Via-se entre os que acabaram de se fazer Cristãos, a Jerângela. Estava ao lado da Ângela, enquanto a madrinha, a Guidinha carregava a menina ao colo ao lado do António, o emigrante de Holanda, noivo da Mariazinha, irmã do Geremias, escolhido para padrinho.
Foi o maior sete que se tem registo. Teve até direito a Tabanca, não podia ser de outra maneira, o Manuel era associado há mais de 25 anos.
Via à sua frente o padre improvisado, o Tozé, era de Fonte Lima, também artesão de barro, conhecia-o bem, fazia uma cruz com o dedo maior direito, previamente molhado na água, na testa da Jerângela dizendo:
- Eu te baptizo, em nome do Pai, do Filho e do Espírito Santo.
Assim como acompanhou por telefone o nascimento do primeiro, do segundo, do terceiro e quarto dente, acompanhou os esforços feitos pela Jerângela para sentar-se e dar os primeiros passos.
A Ângela e a Guidinha passaram muito cedo a terem mais uma acompanhante para todo o lado onde iam, era a Jerângela. A Jerângela agradecia. Gostava de sair, não importava com quem nem para onde. Adorava sair, conhecer novas pessoas e novos lugares.
Quartas e sábados eram os melhores dias para a Jerângela, eram os dias da feira de Assomada. As duas amigas não faltavam às

feiras. Antes às vezes ou ia uma ou ia outra, mas depois, porque queriam levar a Jerângela, iam sempre as três.

A Ângela passou a ir a Manhanga com certa frequência. Ia mostrar Jerângela à Josefina. Aos poucos ia ensinando a filha a tratar Josefina por avó e a Sofia por tia e ela ia aprendendo conforme ia crescendo. Para Manhanga ia sempre ela, a Ângela e a filha adoptiva a Jerângela.

A Jerângela adorava Manhanga. A Sofia era uma jovem muito simpática e gostava da sobrinha, embora não soubesse que era de sangue.

Iam quase sempre aos domingos. Aproveitavam para ouvirem a missa. A Jerângela adorava missas. Ela gostava da música. Dançava sempre que ouvisse qualquer som. Tinha música na cabeça, desde os primeiros dias da vida dela.

Quando chegavam à Manhanga, a Sofia tomava conta da Jerângela enquanto a Ângela falava com a Josefina. As duas passavam a tarde a brincar. Pareciam duas crianças. Estavam cada vez mais amigas.

A conversa da Ângela e Josefina era invariavelmente sobre o Jeremias e a emigração.

No fim do dia, exausta, dormia enquanto voltavam para Fonte Lima. A Ângela tinha de levá-la carregada às costas ou nos braços.

Quase sempre a Jerângela chegava tão cansada a Fonte Lima que a única coisa que fazia era dormir. A Ângela dificilmente conseguia fazer com ela mais que dar - lhe um banho à força.

A Guidinha estava sempre à espera das duas. Colocavam a Jerângela na cama e sentavam. Falavam um pouco e depois a Guidinha ia para a casa descansar.

A Ângela ensinou a Jerângela a chamar Jeremias de papá. Sempre que o telefone tocava ela dizia:

OLHARES DE SAUDADE

- Jerângela, é o papá, vamos atender o papá!
Mais tarde quando ela já sabia dizer papá, sempre que o telefone
tocasse lá ia ela a correr pegar no telefone e dizer:
- Papá, Papá.

Capítulo XI

AMADORA E JEREMIAS

Na Amadora quando Jeremias chegou, no mês de Março de 1974, a construção civil estava no seu apogeu devido ao crescimento acelerado, com a expansão da então vila da Amadora, que nos arredores de Lisboa, era considerada apenas, um dormitório da população que todos os dias se deslocava para trabalhar na capital, utilizando os vários meios de transporte, nomeadamente o comboio, e regressava à noite, apenas para dormir e pouco mais.

Esse crescimento tinha principiado no início da década de 50, com a chegada de vários emigrantes provenientes das Beiras e Alentejo, províncias do interior centro e sul de Portugal e também de Cabo Verde, arquipélago de ilhas localizadas no Atlântico a oeste da costa africana, e que na altura ainda fazia parte das colónias portuguesas.

Todas essas pessoas que diariamente chegavam atraídas pelo desenvolvimento económico que dava origem a novos empregos nas indústrias e serviços, não só em Lisboa, como também na Amadora, necessitavam de habitações.

Mas a construção de novos prédios de apartamentos não acompanhava a procura e então a especulação instalava-se com a construção de bairros clandestinos, em terrenos desocupados, sem a necessária licença de construção, nem a instalação de infra-estruturas necessárias, como rede de esgotos, água, energia eléctrica e arruamentos.

OLHARES DE SAUDADE

As pessoas que tinham algum dinheiro compravam lotes de terreno em zonas não urbanizadas e iam construindo habitações para si próprias ou para alugarem e os muros faziam-se o mais depressa possível para estabelecer limites que as autoridades e os registos oficiais tinham dificuldade em definir. No fim dos muros erguidos, tudo ficava mais difícil, já estavam as fronteiras entre as propriedades estabelecidas e evitava-se mandar demolir.

No dia 25 de Abril 1974, verificou-se a Revolução dos Cravos, com o derrube da ditadura, e seguiu-se um período um bocado caótico, com alterações sucessivas nas leis, tentando estabelecer regulamentações à construção, sem grande sucesso.

Na construção civil, dominada pelos construtores provenientes do centro do país, em especial da zona entre o norte do Ribatejo e a Beira Baixa, era hora de aproveitar ao máximo para a expansão dos negócios imobiliários aproveitando o vazio na legislação.

Foi no meio desta euforia de crescimento que Jeremias chegou, chamado por um tio que era mestre-de-obras e encarregado-geral de uma firma de construção cujo dono, o patrão tinha chegado de Tomar há 25 anos atrás e tinha começado a sua actividade na freguesia da Damaia, que fazia fronteira com a Amadora, pertencendo ambas ao concelho de Oeiras.

Jeremias na altura com 14 anos, começou por ser servente de pedreiro, transportando em baldes, a argamassa amassada nas betoneiras para junto dos pedreiros, bem como os tijolos e todos os materiais necessários ao trabalho destes.

OLHARES DE SAUDADE

Vivia num contentor nas traseiras da obra, junto com os outros emigrantes Caboverdianos, levantava-se às cinco da manhã para fazer o café para os colegas, e para ir comprar o pão para todos, e às seis e meia estava na obra começando a pôr em ordem os materiais necessários para os colegas trabalharem, enchendo as betoneiras com a areia e cimento para amassarem a argamassa e colocando os tijolos empilhados junto ás paredes que os pedreiros iriam continuar a levantar nesse dia.

Também fazia fogo com madeira das paletes onde vinham os tijolos e as telhas, para pôr a cozer o feijão e o milho com um pedaço de carne de porco, para a cachupa que todos comiam ao almoço.

E assim se iam passando os dias que duravam até haver luz do sol para poderem trabalhar, o que no verão se verificava até às oito horas da tarde e no Inverno até às cinco apenas.

Quando o trabalho terminava, enchiam alguns bidões com água das torneiras da obra e lavavam-se ali mesmo. Em seguida iam comer o que tivesse sobrado do almoço, junto com um pouco de pão já endurecido, e bebiam então cerveja ou vinho que o patrão lhes fornecia.

A seguir iam descansar, os mais velhos que tinham mais dinheiro, iam passear em grupo até ao centro da cidade, ou para o bairro até ao café em busca de alguma distracção ou companhia feminina.

Mas Jeremias não os acompanhava, queria aprender tudo do ofício e ao fim do primeiro mês já era ele que preparava a massa na betoneira, e dava aos colegas récem-chegados para transportarem às costas nos baldes para junto dos pedreiros. Também começou a orientar os novos a fazerem o almoço e a irem comprar o pão. Em breve era o encarregado dos serventes.

Nesse verão com a euforia da pós-revolução, o patrão iniciou mais dois prédios novos e ele começou a trabalhar como pedreiro, levantando as paredes e aplicando o reboco. Aprendia depressa e quando completou um ano de trabalho em Março do ano seguinte, o patrão nomeou-o encarregado dos pedreiros numa nova urbanização onde iriam começar a construir mais quatro novos prédios.

No verão de 1975, marcado por greves e problemas diversos com os Portugueses do continente, Jeremias que entretanto tinha formado a sua própria equipa de pedreiros e serventes, todos naturais de Cabo-Verde, nunca abandonou o trabalho e com a sua equipa organizada e incentivada por ele, conseguiu concluir todos os prédios dando um grande lucro ao seu patrão que entretanto já tinha todos os apartamentos vendidos.

No final do ano com as escrituras já feitas, o patrão pagou-lhe mais um mês de ordenado e ofereceu-lhe um bilhete de ida e volta para Cabo-Verde, dando-lhe duas semanas de férias para passar o Natal e o fim de ano com a família.

Quando Jeremias voltou de Cabo Verde, vinha noivo da Ângela a namorada de infância, de quem tinha muitas saudades e a quem escrevia longas cartas aos domingos, quando tinha folga da construção.
Mas quando chegou à obra nesse primeiro dia vindo de Cabo Verde, haviam ocorrido mudanças que não lhe agradaram. Alguns trabalhadores descontentes tinham exigido aumentos de

salários e outras regalias, e o patrão já idoso e cansado das transformações decorrentes da revolução, tinha entregue a condução da construtora, aos filhos.

Um deles era advogado e o outro engenheiro civil, e mandaram recado a Jeremias para se apresentar no seu escritório no centro da Amadora. Ele foi mas os seus homens não quiseram recomeçar o trabalho sem ele chegar, porque já corriam boatos sobre os problemas de relacionamento com os novos patrões e eles queriam os seus direitos iguais aos brancos do continente.

Quando Jeremias chegou à presença dos novos patrões, foram-lhe apresentadas novas regras de trabalho. Ele tinha que assinar um contrato em como se responsabilizava pela não adesão às greves e reivindicações de aumentos de salários do pessoal sob as suas ordens e não iriam exigir horários de trabalho.

Jeremias disse que iria consultar os seus subordinados e que daria uma resposta no dia seguinte. Voltou para o local da obra, mas os seus trabalhadores esperavam-no do lado de fora, na rua e ele convidou-os para a sua casa que entretanto tinha começado a construir num lote de terreno que tinha adquirido nas imediações da urbanização, mas fora dos limites da mesma.

O terreno tinha ficado barato, porque naquele local não era permitido urbanizar nem construir, devido à passagem de uma linha de electricidade de alta tensão, o que não incomodava Jeremias, que já conhecia todos os fiscais que iam fiscalizar as obras e era amigo deles. Tinham-lhe prometido que com o pagamento de uma pequena multa iam conseguir-lhe os documentos necessários à legalização da casa que ele entretanto iria construir.

OLHARES DE SAUDADE

Jeremias foi buscar cervejas para todos, e começou por lhes entregar as cartas e recados que tinha trazido de Cabo Verde para cada um deles e depois disse-lhes das exigências do patrão e esperou.
Cada um se manifestou a seu modo mas o sentimento de revolta era geral. Ele deixou acalmar os ânimos e depois de todos se terem calado esperando a sua decisão, fez-lhes a sua proposta.

Capítulo XII

JEREMIAS & GEREMIAS CONSTRUÇÕES, LIMITADA

Ele iria formar a sua própria empresa, mas para já iriam trabalhar de empreitada como pedreiros, que era o que sabiam fazer melhor, e se eles aceitassem ser seus trabalhadores, iria arranjar trabalho para todos, prestando o seu serviço à construtora que melhor pagasse e melhores condições lhes oferecesse. Eles passariam a ser seus empregados e seria ele a dar-lhe as ordens e a pagar-lhes os ordenados.
Os aplausos foram gerais e a algazarra enorme. Jeremias mandou buscar à churrasqueira que ficava próxima, frangos assados para todos, pão, vinho e cervejas e enquanto comiam foram estabelecendo os princípios da nova empresa.

Era já noite quando saíram e foram para um café, beber cafés e comemorar. Afinal aquele dia era o primeiro de uma nova vida.
Por isso, quando o seu empregado mais velho, telefonou do café, para a namorada que entretanto tinha chegado de Cabo Verde e morava na Damaia no bairro dos emigrantes, e ela o convidou a ir visitá-la, todos quiseram acompanhá-lo curiosos para verem como era esse bairro.
Quando chegaram empilhados na velha Toyota Hiace do colega que se chamava Bonifácio, sentiram-se como se tivessem voltado a Cabo Verde. As ruas íngremes e sem alcatrão, as casas com os tijolos à mostra e sem reboco, as ruas com pouca iluminação, apenas algumas lâmpadas penduradas dos fios ou na frente das casas, e ao cimo da rua, um estabelecimento um pouco mais iluminado que era um café e bar.

OLHARES DE SAUDADE

Bonifácio disse-lhe que os deixava lá e iria buscar a namorada para os apresentar. Quando ele voltou, trazia uma linda morena a seu lado e com ela vinham mais duas raparigas morenas e alegres que riam e falavam sem parar.
Todos entraram no café e Jeremias mandou que cada um pedisse o que desejasse, incluindo as raparigas que estavam vestidas como as portuguesas, com saias justas e blusas coladas ao corpos, com grandes decotes por onde se viam os seios firmes e volumosos.

Jeremias olhou-as admirado com aqueles modos e maneiras em raparigas da sua terra, e uma delas mais provocante olhou-o nos olhos e riu alto, perguntado: - O que foi? Nunca viste?
Ele aproximou-se dela e disse-lhe baixinho agarrando-lhe por um braço:
- Não, anda lá fora mostrar-me…
Ao mesmo tempo que a empurrava levemente em direcção à porta, para a rua escura., enquanto dizia para o seu pessoal:
- Rapazes amanhã vão todos ter lá a casa às 07 horas em ponto!
E saiu com ela depois de todos acenarem em concordância.

Essa foi uma das primeiras aventuras conhecidas de Jeremias. A rapariga chamava-se Rosa, tinha deixado um filho em Cabo Verde com a avó, o pai do menino tinha emigrado para França deixando-a grávida e ela tinha resolvido vir para a Europa atrás dele. Mas não tinha conseguido visto de entrada em França, pelo que tinha arranjado trabalho na Amadora, num restaurante e estava a morar na casa da namorada de Bonifácio, a Clara. A outra rapariga era a Mariana, irmã da Clara.
Ela foi-lhe contando enquanto ele saia com ela do bairro em direcção à sua casa inacabada depois da urbanização, onde chegaram daí a cerca de 30 m, passados em conversas beijos e

brincadeiras. Ela acabou por passar a noite com ele, era fogosa e carente e ele também e até ela conseguir o visto para França, ainda se encontraram algumas vezes.
Mas na manhã seguinte, quando o pessoal chegou, ele mandou que continuassem a construção da sua casa, enquanto saía para ir falar com o patrão e arranjar um contrato para eles.

Voltou ao fim do dia, com um contrato para uma nova urbanização de outra construtora, dividiu o pessoal em duas equipas, nomeou o Bonifácio chefe de uma e ele da outra e atiraram-se ao trabalho cheios de força.
A construtora continuou a crescer, arranjou mais pessoal e quando voltou a Cabo Verde já era independente e trabalhava por conta própria. A casa estava transformada numa linda moradia com jardim, tinha adquirido mais um apartamento num dos prédios que tinha construído, onde dormia por vezes, e as aventuras que tinha com outras mulheres, já não sabia quantas, deixavam-no satisfeito fisicamente, mas o seu coração e a sua alma eram da Ângela, a sua noiva Caboverdiana.
No dia anterior, o seu sócio e primo Geremias que há quatro anos estava com ele na direcção da empresa, e tinha casado com uma portuguesa para obter a nacionalidade, tinha partido para umas férias em Cabo Verde com a esposa, o sogro e o filho, e ele tinha-lhe dito que iria lá ter dentro de uma semana também.
Andava cansado daquela vida de solidão, queria a sua esposa junto a si, queria dividir com ela as coisas boas que tinha conquistado, queria ter alguém à sua espera em casa, quando chegava cansado e aquela história de ela ter uma menina junto a si a quem chamava filha deixava-o um pouco intrigado. É certo que a miúda por ser muito inteligente e meiga, até sem o conhecer, já o chamava de papá ao telefone! Por tudo isso Jeremias, queria ir casar com a Ângela e trazê-la com ele.

OLHARES DE SAUDADE

Apenas tinha que esperar mais uma semana e estaria de novo com a sua amada! Mas lembrou-se ao ouvir uma batida na porta que tinha que ir almoçar com o seu grande amigo, o fornecedor de tijolos dos seus prédios, José Pereira que já sorrindo avançava para ele de mão estendida!
Levantou-se e deu um abraço ao velho amigo que desde há alguns anos lhe vendia o tijolo tal como tinha vendido ao seu patrão e que todos os dias vinha a Lisboa, mesmo já tendo passado dos cinquenta anos e tendo uma frota de mais 10 camiões a transportar tijolo diariamente para a zona de Lisboa para os seus clientes.
Daí a pouco já sentados à mesa do restaurante no centro da cidade da Amadora, de frente para o parque, ao vê-lo preocupado e ausente, Pereira, perguntou-lhe o que se passava, se estava com algum problema.

Jeremias então foi contando que estava para ir para Cabo Verde ter com o sócio e casar e aproveitou para o convidar para o casamento e acompanhá-lo na viagem, o que ele bem merecia porque nunca tinha férias e trabalhava muito.
José Pereira suspirou e ficou triste subitamente, aí foi Jeremias que estranhou e perguntou ao amigo o que se passava e escutou atentamente a história que o amigo foi contando.
José Pereira disse-lhe que a filha dele tinha casado com um cabo-verdiano e estava em Cabo Verde neste momento também, mas ele só tinha sabido disso de manhã antes de sair de casa, e foi contando como a filha tinha engravidado de um namorado desconhecido aos quinze anos, como a tinha expulsado de casa num acesso de raiva e vergonha, como ela tinha vindo viver para casa da tia na Amadora e acabado por casar com um rapaz de Cabo Verde mas nunca mais tinha ido à aldeia e ele tinha pena

daquela zanga que o afastava da filha e do neto e queria ter oportunidade de a ver e pedir-lhe perdão.

Jeremias estava abismado com tanta coincidência! Perguntou ao amigo qual o nome da filha e do neto, e quando ele respondeu: A minha filha chama-se Isabel e o meu neto António José, ele tem cinco anos, e eu nem o conheço! O meu único netinho!

Uma lágrima teimosa inundou os olhos daquele homem duro e Jeremias levantou-se para lhe dar um abraço!

E disse para o amigo: - Venha daí amigo Pereira, a sua filha é a mulher do meu sócio Geremias! Venha ao meu casamento com a sua esposa e venha dar um grande abraço na sua filha e no seu neto! O seu genro, você já conhece, homem! – E deu uma risada ao mesmo tempo que comovido deixava também rolar uma lágrima teimosa e dava um grande abraço naquele pai arrependido!

Capítulo XIII

AEROPORTO DA PRAIA

A Marta não sabia se ficava triste ou alegre. Era e é sempre um misto de alegria e tristeza para quem vê um filho ou uma filha emigrar. Mas desta vez o sentimento era diferente. Não tinha aquela sensação desagradável de incerteza e de perigo que sentia quando o Geremias foi. A Mariazinha ia legalmente. Estava tudo dentro da lei. Preto no branco, como se dizia. O passaporte por fim chegou de Dakar com o respectivo visto de emigração para Holanda. A Mariazinha ia encontrar-se com o marido.

Chorava, a Marta chorava, mas via-se que não era de desespero ou de profunda tristeza. Ela chorava de saudades, de saudades que já sentia e que ia continuar a sentir, enquanto durasse a sua curta vida na terra. A Mariazinha ia formar família. Iria telefonar, ela sabia, iria mandar a preciosa ajuda monetária que a fazia melhorar a condição de vida, mas dificilmente voltaria antes de vinte ou trinta anos de emigração, se não se tornasse numa das muitas holandesas nascidas neste pedaço de terra.

Viu o telefone que estava no canto da sala, quedo e mudo, sabia que iria tocar a qualquer momento, mas também sabia que era para a filha Mariazinha. O marido iria telefonar-lhe de certeza para combinarem os detalhes da viagem. Desejou que fosse o Geremias, mas tinha quase a certeza que não era. Há algum tempo que o Geremias não telefonava, porquê não sabia. Aliás ele havia dito que podia não telefonar por algum tempo. Que havia aparecido um trabalho na Espanha e que devia ir para lá trabalhar por algum tempo, se não telefonasse que não se preocupasse. Mas sempre que olhava para o telefone no canto da sala ela pensava no Geremias e esperava que ele, lá onde estivesse, sentisse saudade e ligasse, afinal o telefone estava ali por causa dele.

O Francisco, sempre ausente das outras vezes, desta vez estava presente. Disse ao irmão José que não podia ir. A Mariazinha não o perdoaria se não estivesse ali. Ao lado dela naquele que seria o primeiro de muitos e muitos dias de saudades.
Tentava dar atenção aos muitos vizinhos, amigos e familiares das ribeiras vizinhas e não só, que vieram para despedir-se da Mariazinha e esquecer a separação, mas não conseguia. Sabia que tinha que ser, que ela tinha que seguir o seu destino. Era a lei da vida. Mas a saudade também é a saudade, e sentia muita saudade, mesmo antes da Mariazinha partir, mesmo tendo tido tão pouco contacto físico com a filha. Ninguém consegue entender os sentimentos dos homens.

A Lolita mostrava-se alegre e atarefada. Coube a ela a despesa de anfitriã. Com a mãe a chorar no canto. A irmã Mariazinha no vai-vem do quarto, onde arrumava a mala, para a sala, onde ia cumprimentar uma ou outra pessoa que viera para lhe desejar sorte e boa viagem. Restava ela a Lolita ter a cabeça fria e receber condignamente as pessoas. Dar água aqui, café ali, perguntar pela família para que ninguém se melindrasse. E dava conta do recado.

O telefone tocou, era como se esperava, o António. A Mariazinha foi atender. Falaram um bom bocado. Ele disse-lhe que estaria no "Meeting Point" a esperar, que ela não se preocupasse. "Quando o avião estacionar tu desces tomas um grande corredor, é só seguires os outros passageiros, vais passar a fronteira. Depois vais levantar a bagagem e quando saíres, estarei à tua espera". Falaram mais um pouco. Conversas de sempre, conversas de namorados.

A Mariazinha teve que desligar o telefone. Lá fora a Dina, uma carrinha Toyota semiaberta, buzinou. Era chegada a hora da partida. Tinha que ir. O avião não espera por ninguém. Colocou a mala na carrinha. Despediu-se de todo o mundo. Os pais não quiseram ir para o aeroporto. A Lolita subiu para a carrinha e ela, a Mariazinha, também. Os três sentaram-se na cabine do condutor, as duas irmãs e o condutor. Alguns amigos jovens quiseram acompanhá-la até ao aeroporto, na maioria familiares do António.

A estrada de Degredo aos Picos era péssima, fora aberta à pouco tempo. Nem poder-se-ia dizer que era de terra batida, era apenas um caminho aberto para necessidades básicas. Em contrapartida a estrada a partir dos Picos estava óptima, havia sido alcatroada e inaugurada há dias. Deixara de ser a antiga estrada calcetada com paralelos de basalto, artisticamente feitos. Foram substituídos por alcatrão.

Nem deram pela distância. Conversavam e riam. A Lolita pedia tudo que lhe vinha à cabeça. A Mariazinha prometia que mandava tudo. Os Órgãos, São Domingos, São Filipe ficaram para trás.

Passaram por um supermercado na Praia, onde apanharam algumas latas de atum e algumas garrafas de grogue de São Antão. Não sabia onde pôr mais coisas. Muita gente soube da sua ida e muitos foram os que levaram encomendas para a Holanda. Tomou algumas, mas deixou algumas pessoas chateadas, não podia levar tudo. Não tinha espaço.

Chegou ao aeroporto com vantagem de duas horas, haviam-lhe dito para chegar às 16 horas para fazer o check-in, chegou às 14 horas.

OLHARES DE SAUDADE

A Josefina foi despedir-se da Mariazinha e ficou a falar com a Marta mesmo depois de toda a gente ter partido.
Ficaram a conversar um pouco. A Josefina animava a Mariazinha. Disse à comadre que não se preocupasse, que com telefone em casa, iria falar com a Mariazinha praticamente todos os dias.
A Marta sabia que não era bem assim. O exemplo era o Geremias, há quase um mês que não dava sinal de vida, mas não quis dizer à comadre. Apenas perguntou pelo Jeremias:
- O seu Jeremias, como está comadre?
- Está bem, telefonou ontem!
- Ele viu o meu Geremias?
- Perguntei pelo nosso Geremias – Ela, como madrinha, achava que o Geremias era dela também – mas o telefonou caiu!
Não disse nada à comadre, mas ultimamente acontecia sempre assim, sempre que perguntasse pelo Geremias, o Jeremias desligava o telefone, fingindo que a chamada havia caído.
Quanto terminou a conversa, ainda ajudou a comadre Marta a arrumar um pouco da bagunça em que a casa ficou. Depois despediu – se e encaminhou-se para a Manhanga. Ia sem pressa, sabia que a Sofia dava conta do recado. Iria protestar, porque enquanto fazia trabalhos caseiros, não podia estudar. A Sofia adorava estar sempre com um livro na mão.

O José teve um dia normal, mas muito mais cansativo. Os macacos não tiveram informações da redução do efectivo militar do inimigo para um. Foram todos à luta e o José teve que se desdobrar para dar conta do recado. Voltou a casa noite dentro como de costume, comeu e foi-se deitar. A Josefina já estava a dormir.

OLHARES DE SAUDADE

A Ângela estava tão contente com o trabalho de barro e com a sua querida Jerângela, que nem via o tempo passar. Não foi despedir-se da Mariazinha, cunhada da Guidinha, nem deixou que a Guidinha fosse. Aconselhou-a a despedir por telefone e a dar uma desculpa plausível. Não queria que a amiga passasse por mais uma afronta. Sabia que se a amiga fosse, todo o mundo iria enchê-la de perguntas sobre Geremias. O Geremias que continuava teimosamente desaparecido. Há meses que ele não ligava para a Guidinha.
A Ângela tinha certas dúvidas se a Guidinha devia continuar a esperar pelo seu Geremias. Já havia tentado falar com ela sobre isto, mas sempre que iniciava a conversa, ficava com a sensação que devia parar. Que estava a magoar a sua amiga. E magoar a amiga, era uma coisa que não queria.
Para ajudar a amiga, escolheu o silêncio. Deixou de falar com ela sobre os emigrantes, tanto o Geremias como o Jeremias. Quando a Guidinha perguntava por Jeremias, ela respondia com parcas palavras e mudava de assunto. Tinham um tema comum e inesgotável, a Jerângela. Ela estava a crescer e fazia sempre mais uma coisa diferente.
Quando não tinha mais nada para falar sobre a Jerângela, falavam sobre o trabalho e sobre planos futuros como sócias.
Tinha tanta coisa para dizer à amiga! Os planos de casamento com Jeremias. Embora o Jeremias nunca falasse da possível vinda, ela era esperta e sentia nas conversas que ele estava mais perto do que a distância demonstrava. Mas não podia. Não podia falar do Jeremias sem falar do Geremias.

A Guidinha esforçava-se para mostrar-se como era, mas não conseguia. O seu pensamento há muito que se centrava a 3000 quilómetros de distância. Há muito que vivia na esperança de ouvir o telefone tocar. Mas o telefone não tocava. O telefone tinha perdido a voz há muito para ela.

Ao princípio quando, raramente, o telefone tocava ela corria e atendia. Só depois de saber quem estava no outro lado da linha, tinha a certeza que ainda não havia dado o número ao Geremias. Se era para ela, falava, fazia das tripas coração e dava o ar de estar alegre e contente, coisa que há muito não sentia.

A mãe e o pai, tentavam animá-la, mas pouco conseguiam além de lhe lembrar o que ela já sabia. Havia se comprometido com o Geremias e tinha que se guardar até que ele viesse ou a libertasse.

Naquele dia particular ela estava mais sensível e mais triste. A noite custou a passar. Levantou às três para pilar. Devia levantar às cinco, mas não conseguia dormir.

A mãe ouviu-a a pilar, acordou e foi perguntar-lhe que horas e a aconselhou a deitar-se mais um bocado, mas ela disse que estava sem sono, não conseguia dormir. Com lágrimas nos olhos, a mãe voltou e foi-se deitar. Nada podia fazer pela filha, apenas sofrer e estava a sofrer com ela.

A Guidinha terminou de pilar o milho, viu as horas, era cedo para fazer cuscus. Iria ficar frio, por mais que o abafasse. Ia fazer mais tarde. Guardou a farinha para não ficar muito seca. Não tinha sono, não tinha outra coisa para fazer àquela hora, resolveu pôr milho no pilão e cochir. Quando chegou o momento próprio fez os cuscus e colocou na mesa, onde colocou também o café acabado de ferver.

Quase não comeu. Ainda era cedo, não podia ir à oficina tão cedo e sozinha. Também não queria incomodar a amiga, ir acordá-la não estava nos seus planos. Resolveu ir buscar água.

Foi a oficina na hora habitual. Era no trabalho que depositava as suas lágrimas. Amassava o barro com as lágrimas e fazia os utensílios que mais tarde vendia nas feiras.

OLHARES DE SAUDADE

O novo aeroporto tinha sido inaugurado havia pouco tempo. O aeroporto foi baptizado de Aeroporto da Praia. O Aeroporto Internacional da Praia.

A Mariazinha chegou e fez o check-in. O voo era directo, saía da Praia às 18 Horas. Teve quase 20 quilos de excesso de bagagem, teve que ir pagar quase dez mil escudos. Voltou para tomar o cartão de embarque. Ouviu ruído de um avião que chegava naquele momento. Perguntou à moça que a fez Check-in se era aquele o avião em que ia para a Holanda. A moça disse que não. Aquele vinha de Lisboa e ia para a Fortaleza. O avião que ia para a Holanda chegaria dali a duas horas. Tinham que esperar.

Tomou o cartão de embarque e saiu da zona restrita a passageiros. Foi encontrar-se com a irmã e os amigos. Foram para o bar enquanto esperava a hora de ir para a sala de embarque. Depois chamariam os passageiros, quando chegasse a hora.

A chefe de cabine anunciara: "Senhores passageiros, acabamos de aterrar no Aeroporto da Praia. Queiram por favor, manter-se sentados, até que o avião esteja totalmente parado." Repetiu o mesmo em inglês e francês, pouco antes de o avião estar completamente parado. Os passageiros não esperaram que o avião estivesse totalmente imobilizado. Levantaram-se antes. Era difícil permanecerem sentados depois de três horas e meia de voo.

O Geremias, a sua mulher Isabel, o filho Toninho e o tio da Isabel, Jacinto, eram quatro dos muitos passageiros que estavam no voo. Enquanto a mulher e o sogro tentavam se situar numa terra que se diz lusófona mas em que na verdade se fala crioulo pois o português, a língua oficial serve apenas para escrever e ler, o Geremias admirava como Cabo Verde se tinha desenvolvido. Não era a mesma terra que há bem pouco tempo, quando partiu para Lisboa, teve que ir tomar o avião no Aeroporto Amílcar Cabral na Ilha do Sal.

Desceram do avião. Seguiram uma assistente de terra dos TACV, eram passageiros dos TACV, até à sala da fronteira. Havia duas filas, uma para nacionais e outra para estrangeiros.

O Geremias foi para a fila dos estrangeiros. Tinha a nítida sensação que devia ser assim, já que tinha o passaporte português e estava com mulher, filho e tio, todos portugueses. Além disso sempre achou que Cabo Verde é um país mais acolhedor para os estrangeiros que para os nacionais. Mesmo ele, quando era condutor de Hiace, tratava os estrangeiros muitíssimo melhor que os seus. E quem não gosta de ser bem tratado?

Não demoraram muito tempo na fila. Passaram para a zona da bagagem. Ali ficaram mais tempo pois tinham que esperar as bagagens. Levantadas estas tiveram que passar pela alfândega. Tiveram que abrir as malas, todas, uma a uma, e tudo passado a pente fino. Quiseram que pagassem por umas sapatilhas, mas por fim reconsideraram e deixaram-nos sair.

Uns miúdos quiseram tomar à força os carrinhos de bagagem, mas o Geremias já sabia destes pormenores, tinha sido condutor de Hiace, pôs ordem aos miúdos e perguntou onde era o bar.

Mostraram-lhe o caminho para o bar, bastava virar à direita. Ficava numa espécie de acampamento ao ar livre. Uma bela arquitectura. O arquitecto foi muito feliz na escolha.

Foram tomar um copo.

Chegaram ao bar. A Isabel, o filho e o tio sentaram-se à mesa. O Geremias dirigiu-se ao balcão. No caminho sentiu uma mão a puxá-lo. Era uma mão feminina. Voltou e viu.
Não dava para acreditar, estavam alí as suas duas irmãs. A Mariazinha e a Lolita.

Capítulo XIV

VISITA INESPERADA

O Geremias virou-se e caiu nos braços da Mariazinha. A Lolita também se levantou e abraçou os dois. Ficaram os três abraçados por um longo período.

A Isabelinha via a união de longe e o seu coração sentiu um grande aperto. Imaginou o pior. O Geremias tinha-lhe falado sobre a paixão da sua vida. Ao ver tão terno abraço da Mariazinha ao Geremias, imaginou ver o Geremias nos braços da Guidinha. Quis levantar e ir lutar pelo seu homem. Tinha a certeza que amava o Geremias com todo o coração, mas os pés não receberam ordens da mente. Ficou como que paralisada perante o quadro.

O Jacinto também continuou sentado, alheio a tudo pois continuava a pensar na morte da sua mulher. Viu o quadro e imaginou que estava a abraçar a defunta mulher e seu pensamento vagueou para longe, para Lisboa, para Amadora, onde teve dias felizes ao lado da sua querida Luísa, que Deus a tenha na Paz.

O único que reagiu foi o menino. Não suportou estar longe e ver o pai abraçado a duas estranhas. Levantou-se e foi a correr. A Isabelinha, com seu instinto maternal ainda quis fazê-lo parar, mas era tarde, ele saiu que nem uma flecha e a gritar.

- Papá, papá, papá.

O Geremias pegou no pequeno e disse:

- Vem meu pequeno, vem Toninho, cumprimenta tuas tias.

E voltando-se para as irmãs, disse, indicando a mesa onde a Isabelinha e Jacinto estavam sentados:

-Olha aí, é a minha mulher e aquele é tio dela, mas é como se fosse o pai dela. Vamos lá cumprimentá-los.

Depois de cumprimentar os rapazes que estavam a acompanhar as irmãs, levou-as até a mesa que indicava. A Isabelinha não se conteve, a chorar levantou-se. Abraçou as duas irmãs do Geremias. Foi tão grande o abraço que parecia terem-se fundido em uma única pessoa. Tão grande era o seu alívio.

O Geremias sempre lhe disse que amava a Guidinha. Que o casamento era pouco mais que um contrato. Ela lhe dava a possibilidade de se legalizar e ele a protegia, a ela e ao filho, mas o divórcio era a palavra que não faltava no dicionário do casal. Era inevitável. Assim que o prazo legal da união expirasse lá vinha o divórcio e o casamento de sonho do Geremias.

As irmãs, por sinais, informaram os acompanhantes que iriam em breve e sentaram-se na mesa da Isabelinha. O Geremias em vez de ir ao balcão fez sinal à empregada que viesse até a mesa receber o pedido. Depois perguntou às irmãs:

- Como souberam que eu viria, não disse a ninguém, será que...

Não terminou a frase, a Mariazinha não o deixou acabar. Ela estava ansiosa também para lhe dar a notícia, ele sabia que ela tinha casado com um emigrante, mas não sabia que o visto já tinha saído e que estava ali para embarcar:

- Não sabíamos de nada – disse – estamos cá porque vou embarcar. Vou acompanhar o meu marido, o meu voo deve sair daqui a uma hora. Vou para Holanda!

- E a mãe? Como é que ela vai ficar?

- A Lolita não vai comigo! Ela tomará conta da mãe.

Falaram sobre muitas coisas. Tinham tanta saudade... A Isabelinha tentava perceber alguma coisa, mas a maioria não entendia. Falavam em crioulo, a língua materna, a língua que os unia. Esqueceram-se que na mesa estavam pessoas que não entendiam crioulo.

OLHARES DE SAUDADE

O tempo passou sem darem por ele. A Mariazinha quase nem acreditava que era o voo dela que estava prestes a sair. O anúncio "A TACV - Cabo Verde Airlines pede aos senhores passageiros do voo VR624 com destino a Holanda que se apresentem à sala do embarque.." Chegou inesperadamente. Quase quis que houvesse mais algum atraso. Mas não teve, o avião saiu na hora.

A Lolita chorou um pouco, não se conteve. Mas assim que a Mariazinha desapareceu completamente pela porta dos serviços fronteiriços, voltou-se para o Geremias, seu irmão que não via há cerca de cinco anos.

À saída, tiveram que se desembrulhar dos taxistas, estavam com as bagagens nos carrinhos, e como eram os últimos passageiros a abandonarem o aeroporto, o enxame de taxistas caiu sobre eles, todos na tentativa de conseguir o ultimo frete.

Foram para o parque dos automóveis e entraram na Toyota Dina semi-aberta. O Geremias e o Jacinto acomodaram-se ao lado do condutor. A Isabelinha, o Toninho e a Lolita atrás. Os outros acompanhantes foram para o espaço de carga, junto com as malas. Partiram rumo ao Degredo.

O Geremias pensava na Guidinha. Tinha saudades dela. Não lhe telefonava há muito tempo porque não sentia coragem de lhe dizer que afinal, embora o casamento fosse apenas um negócio a cama entrou nele como bónus. Esperou para saber a melhor maneira de lhe dizer e os dias foram passando sem que encontrasse a brilhante ideia. Bem, também cara a cara seria mais fácil encarar a situação. Tinha que convencer a Guidinha a esperá-lo mais dois anos. O tempo para pedir divórcio estava quase a chegar, dentro de seis meses podia meter os papéis de divórcio. E depois era a burocracia. Era o tempo de espera para que saísse. Ela já havia esperado tanto tempo, esperaria mais um pouco.

Havia um outro problema, o Toninho, sempre que pensava em separar-se, vinha o Toninho colocar-se no meio. Ele lhe havia roubado o coração. Gostava dele como filho. Até pensou propor a Isabelinha que o deixasse com o Toninho no momento da separação, mas achou que não devia, pois a resposta seria inevitavelmente um não.

A Isabelinha continuava a falar com a Lolita. Num exercício difícil de se entenderem. A Lolita percebia tudo que a Isabelinha dizia, mas respondia em crioulo, aí a Isabelinha não entendia nada. - Como? – Dizia, a Lolita repetia, mas em crioulo. A Isabelinha quis pedir auxílio ao Geremias, mas achou que não valia a pena. Até porque o barulho da música não permitia. Fingiu entender e continuaram a "conversar" uma em português e outra em crioulo. Algumas palavras começaram a ser entendidas, afinal era questão de tempo.

O Toninho dormia nos braços da Isabelinha enquanto Jacinto ia admirando as paisagens e embora fosse noite, dava para perceber a beleza lunar das paisagens. Aqui e ali interrompia os pensamentos do Geremias com uma ou outra pergunta.

O trabalho na oficina não avançava, ia lentamente como a hora que teimava em não passar. Estava sozinha. Não chamou a Ângela. Queria ficar sozinha. Amassava o barro para que todo o ar saísse e a massa ficasse homogénea. Estava a ser difícil naquele dia. Não conseguia entender porque o barro, sua matéria-prima, que desde muito cedo aprendeu a moldar negava dar forma ao comando dos seus dedos. O seu pensamento estava no Geremias. Também não entendia porque o Geremias deixou de ligar para ela. Sempre teve tanta confiança nele e continuava a ter.

Pensou na futura cunhada, a Mariazinha que viajava naquele dia. Nunca havia pensado antes na emigração, mas com a viagem da Mariazinha para a Holanda, achou que a ideia não era má, até imaginou-se em Portugal, casada com Geremias e gostou da ideia. O barro, este continuava rebelde como se tivesse vida própria.

A Marta foi deitar-se cedo. Era o hábito, ela levantava sempre com as galinhas e com estas dormia. Estava triste. A Mariazinha tinha acabado de sair para ir viajar. Pensou no Geremias também emigrado. Agora só tinha a Lolita. Mas não seria por muito tempo. Sabia que a Lolita estava solteira, não por falta de pretendentes, mas porque ela ainda não queria nenhum compromisso. Em breve estaria sozinha. Era a lei da vida. Começou-a sozinha e iria acabá-la sozinha.

Deitou-se mas não conseguia dormir. Sentiu movimento na sala, era o Francisco. Normalmente ainda estaria a trabalhar, mas naquele dia não tinha ido. Estava a pilar tabaco num pilãozinho de temperos que comprou apenas para o tabaco. Ele cheirava rapé. Imaginou os dois sozinhos. A casa pareceu tão vazia.

O Francisco foi à cozinha, desenrolou o tabaco e espetou aos pedaços num espeto de aço. Levou ao lume para torrar. No ponto certo tirou e colocou no pilãozinho. Veio até à sala onde pilou o tabaco. Não estava habituado a estar em casa àquela hora. Imaginou-se em Manhanga a espantar macacos para não estragar a sua plantação. Viu-se junto do irmão naquela missão difícil. Cheirou tabaco, uma, duas vezes. Resmungou uma música triste de finação. Depois silenciosamente foi ocupar o seu espaço na cama. Ficou acordado a pensar. Não falou com a Marta, pensou que ela já estava a dormir e não quis incomodá-lo.

 A Marta e o Francisco ouviram o ruído do carro. Imaginaram que era a Lolita que havia regressado do aeroporto. A Marta não quis acordar o Francisco e fingiu que estava a dormir. O Francisco, também ele, não quis acordar a Marta e fingiu que estava a dormir.
Ouviram vozes na rua. Alguns vizinhos falavam alto e era ambiente de festa. Pensaram que afinal não era a Lolita, mas sim alguma visita que havia chegado. Sempre chegava um ou outro emigrante. Quase todas as casas de Degredo tinham um emigrante. Continuaram deitados, fingindo dormir. Ouviram alguém gritar "Geremias" pensaram que estavam a sonhar acordados. A Marta não resistiu e chamou o Francisco.
- Francisco, Francisco, ouviste?
- Tu também ouviste?
- Sim, mas não pode ser, não é o nosso Geremias!
Levantaram-se e foram abrir a porta. O Geremias caiu nos braços da mãe, que quase tinha um ataque de coração.
Houve festa rija. A Isabelinha foi apresentada, assim como o sogro e o Toninho, este no sono. Ninguém dormiu naquela noite, principalmente o Geremias.

O condutor quis se despedir para se ir embora, mas o Geremias pediu-lhe um favor, se podia emprestar-lhe o carro por alguns momentos. O condutor continuou na festa da recepção enquanto o Geremias saía por alguns momentos.
A Isabelinha soube para onde ia o Geremias. Ele lhe disse e também disse ao sogro de Isabelinha que ia a Fonte Lima, mas

que voltava já. O sogro disse que gostaria de conhecer a tão falada oficina. O Geremias prometeu levá-lo lá de dia, muito provavelmente no dia seguinte. A Isabelinha quase chorava, seu coração quase parava de bater. Amava muito aquele homem, mas nada podia fazer. Eram as regras do jogo. De um jogo perigoso de amor em que se metera. Estava disposta a jogar todos os trunfos, mas aquele momento era o momento de cedência. Também fazia parte do jogo.

Foi, tinha que ir e sozinho, tinha que ver o seu amor. Não telefonava à Guidinha há meses, mas sabia que ela o esperava. Sabia porque sempre que podia perguntava por ela e tinha notícias que ela estava esperando. Sabia que a virgem estava com a sua lâmpada acesa à sua espera fosse a que hora fosse.
O estranho é que também estava a pensar na Isabelinha. No rosto triste e angustiado que deixou para trás. E sentiu-se dividido pela primeira vez. Agora que estava a 15 ou 20 minutos de distância da Guidinha começava a sentir-se mais longe dela que nunca. Pela primeira vez, depois de viver ao lado da Isabelinha quase quatro anos, sentia que tinha um sentimento muito maior que amizade por aquela branca. A branca que o destino colocou no seu caminho, nas escadas de um prédio em Amadora.

A Ângela e a Jerângela chegaram tarde à oficina. A Jerângela estava um pouco gripada e a Ângela não quis expô-la a geada matinal. Mesmo nas terras secas de Cabo Verde se resguarda da geada sempre que se está doente.
Entrou e viu a Guidinha como sempre triste e melancólica. Colocou a Jerângela nos braços da Guidinha e contou uma anedota. Normalmente a Guidinha ria das anedotas. Mas naquele dia ela não se riu e continuou triste. Colocou a Jerângela

no chão e continuou a amassar o barro. A Ângela foi fazer o seu trabalho. Reparou que a amiga ainda não havia feito nada durante a manhã. Largou o que estava a fazer e foi falar com a Guidinha. Perguntou o que se passava.

A Guidinha disse que se levantou mal disposta e contou tudo à amiga. Que naquele dia estava mais de que nunca com pensamento no Geremias e que eram pensamentos nada animadores. Sentia como se estivesse a perdê-lo.

A Ângela quis dizer a amiga que não era naquele dia, que já perdera o Geremias há meses, mas sabia que iria ferir a amiga. Bem queria alertá-la, mas não tinha coragem de vê-la sofrer.

A Guidinha chorou, a Ângela deixou-a chorar um pouco e depois a animou. Foram trabalhar. A Ângela, mais alegre do que o normal, para animar a amiga, esta sempre calada. Mas com o decorrer da hora a Guidinha foi melhorando.

Trabalharam até bem tarde. Aproveitaram o lume dos fornos para fazerem de comer. Já era noite quando a Ângela e a Guidinha se despediram e cada uma foi para sua casa tentar descansar.

A Guidinha viu o telefone mudo na sala. Pensou mandar desligá-lo. Não precisava dele. Mas lembrou que às vezes servia para dar notícias. Tinha a avó, coitada velhinha e doente. Morava no Gil Bispo. Da última vez que teve um ataque, graças ao telefone souberam e chegaram a tempo de a socorrer. Suspirou fundo na ânsia de conseguir com o suspiro fazer o telefone tocar e foi deitar-se depois de dizer boa noite à mãe e ao pai, já deitados.

Ainda estava acordada quando bateram à porta. Levantou-se e foi abrir. Pensou em todos menos na pessoa que viu à sua frente.

O Geremias chegou a Fonte Lima, conhecia bem a casa. Lembrou o dia em que foi despedir-se da Guidinha e do dia em

que a pediu em casamento. Parou o carro bem perto da casa. Desceu e foi até à porta, onde bateu.
Viu a porta abrir-se lentamente. Não perguntaram quem era, lembrou-se então que estava em Cabo Verde, em Fonte Lima onde os vizinhos não batem à porta e os desconhecidos não chegam à noite e se chegarem são de boa vontade. Imaginou que era a Guidinha que estava a abrir a porta e não se enganou.

Ela e o Geremias abraçaram-se e beijaram-se. Não foi o que esperava do encontro. Foi bom, mais não como imaginara que seria. O Geremias também teve a mesma sensação.

Foi um encontro rápido. Ele tinha de voltar. Estavam à espera dele em Degredo. Prometeu voltar no dia seguinte. Ela entrou e voltou a fechar a porta. Teve a impressão que os seus pais nem deram conta do ocorrido.

ARLETE PIEDADE LOURO
JOÃO PEREIRA FURTADO

Capítulo XV

NA OFICINA

O Geremias voltou a casa um pouco desiludido.
Nunca a estrada entre Fonte Lima e Degredo foi tão longa. Até Picos ainda pode acelerar mas depois a estrada feita à pressa para Degredo não permitia muito mais de cinco quilómetros a hora, foi ali que mais se desesperou. Queria ver a Isabelinha, era como se quisesse comparar os sentimentos que tinha pelas duas mulheres. A loira portuguesa e a morena cabo-verdiana. Também pensou no Toninho, o menino que criou como seu filho. Devia estar a dormir calmamente, apesar do barulho da festa que sabia, iria continuar noite fora. O Jacinto devia estar animado. Gostava de músicas cabo-verdianas.
Chegou. Foi a correr ver a Isabelinha. O coração começou a bater com mais força. Nunca tinha sentido assim junto da Isabelinha, mas pensou que devia ser da viagem. Estava cansado.
A Isabelinha viu-o aproximar-se e sorriu. Ele chegou e abraçou-a, ela o abraçou e não disse nada. Não lhe perguntou nada, mas viu nos seus olhos que algo havia mudado e para o bem dos dois.

A Marta esqueceu a dor da separação que a Mariazinha tornou a abrir com a sua viagem. Recebeu a nova família de Geremias com pompa e circunstância. Não obstante a hora avançada, mandou matar e preparar um porco. Os vizinhos apareceram em grande número, ninguém quis perder a festa. Se horas atrás juntaram para chorarem a saudade de partida, agora apareceram em massa para cantarem e dançarem a alegria de regresso.

OLHARES DE SAUDADE

Marta deu o seu quarto ao Geremias, Isabelinha e Toninho. Disse à Lolita que iria dormir na casa da vizinha mais próxima. Nem pediu à vizinha, sabia que eram assim as leis transmitidas verbalmente de geração em geração. As casas dos vizinhos são nossas também, sempre que precisarmos. Ela e o marido iriam para o quarto da Mariazinha, que ficava depois do quintal e o Jacinto iria dormir no quarto da Lolita. Mas pelo andar dos acontecimentos dormir seria no dia seguinte.
O Francisco queria muito falar com o Geremias. Não esqueceu em nenhum minuto a palavra empenhada no pedido de noivado do Geremias com a Guidinha, mas o Geremias havia saído mal chegara. Depois veio a inevitável festa e com o barulho nada podia fazer naquela noite. Para além disso o Geremias havia saído no carro. Resolveu ir deitar-se. O barulho da festa não o impediu de dormir até de madrugada, hora que devia ir cuidar da horta e dos macacos.

Acordaram tarde. O sol já estava bem alto. Não se podia dizer que estava calor, mas comparativamente a temperatura estava muito acima da imaginada pela Isabelinha e Jacinto. O Geremias dissera-lhes que em Dezembro fazia frio nos Picos, mas para eles isto era calor. Deixaram Lisboa com um frio de rachar e sentir calor em pleno Dezembro era novidade.
O Jacinto levantou-se e foi à sala. A Marta já tinha-se levantado havia muito tempo. Estava a tentar comunicar com o Toninho que também se levantou cedo e o Geremias pediu-lhe para tomar conta dele. A Lolita já tinha regressado da casa da vizinha e já estava na lojinha a vender. A mesa do café estava posta. Do quarto da Isabelinha e do Geremias ouvia-se a conversa. Deu bom dia a Marta e perguntou pelo Francisco. Ele já havia levantado e havia muito que já tinha rumado à Manhanga. Não podia deixar o irmão com todo o trabalho por mais um dia.

OLHARES DE SAUDADE

Voltaria ao fim do dia. Perguntou onde podia lavar-se e a Marta mostrou-lhe a casa de banho improvisada no quintal.

Na mesa tinha café, leite fresco, acabado de ser ordenhado, pão, manteiga de terra e ovos estrelados. Não era muito, mas o suficiente para começar o dia. O Jacinto ia a terminar o seu café quando a Isabelinha e o Geremias entraram na sala. Foram lavar-se no quintal e regressaram para tomar o pequeno-almoço.
A Marta e o Toninho já se entendiam minimamente, este já dizia as primeiras palavras em crioulo, já respondia à Marta com "n'kre" e "n'ka kre". A Isabelinha admirou a rapidez com que o Toninho aprendia o crioulo. O Geremias aconselhou-a a seguir o exemplo porque em Cabo Verde todos entendem português mas ninguém o fala no dia a dia.
Sentaram-se para comer. O Geremias até perguntou por cachupa refogada, que a Marta foi fazer e trazer de pronto. A Isabelinha, ao contrário do grande apetite do Geremias, sentiu-se enjoada e sem apetite. Forçosamente tentou comer um pequeno pão com manteiga. Mas correu logo para a improvisada casa de banho, onde vomitou tudo. O Geremias disse que devia ser do sabor da manteiga. Pediu a mãe que fosse à lojinha buscar um pacote de margarina.
Mas a Isabelinha preferiu não comer nada, com medo de tornar a vomitar. Além de achar que não deveria ser pelo sabor, ela era de aldeia e a manteiga que costumava comer na aldeia era igualzinha à que estava na mesa. Contudo atribuiu o enjoou ao cansaço da viagem.
A Isabelinha pegou no filho e foram à lojinha acompanhar a Lolita no trabalho. Gostou muito da cunhada e achou bem ir para a lojinha.

OLHARES DE SAUDADE

O Jacinto queria ir a Fonte Lima. Assim que o Geremias terminou o café, onde incluiu um bom prato de cachupa refogada, com ovos estrelados, pediu para o levar. Geremias não tinha coragem de lá voltar. Desculpou-se com a necessidade de ficar em casa. Havia trazido muitas encomendas, pequenos embrulhos e dinheiro, muita gente iria ali buscar. Ele tinha que estar em casa. Iam no dia seguinte. Mas o Jacinto não se deu por rendido. Queria conhecer Fonte Lima. Gostava de artesanato e o Geremias lhe havia dito que era aí que se fazia os bindes, as canecas de barro, os potes e outros utensílios caseiros e decorativos. A Marta e a Lolita podiam entregar os embrulhos. A Isabelinha podia muito bem entregar o dinheiro. Era certa a aversão da Isabelinha por Fonte Lima, ela não quereria ir de certeza. O Geremias teve que fazer vontade ao sogro da mulher e lá foram.

A Guidinha levantou-se cedo como de costume. Fez todo o trabalho de casa habitual e foi para a Oficina. Pouco depois chegou a Ângela e a Jerângela. A Jerângela foi brincar com alguns objectos de barro que por defeito da construção foram excluídos da venda. A Ângela reparou que a Guidinha estava diferente. Não estava triste como habitualmente, nem contente. Estava indiferente. Estava fria e indiferente. Parou o trabalho que estava a fazer e veio falar com ela.
- Guidinha, minha comadre, diga lá o que se está a passar!
- Nada, amiga, não está a passar-se nada.
- Não venhas – continuou Ângela, com ares de brincadeira – te conheço bem comadre, o que está a passar-se?
- Bem…, vais saber de qualquer maneira, o Geremias esteve cá ontem!
- E dizes isto assim tão friamente?

- E digo mais comadre – Agora era a Guidinha a tomar ares de brincadeira – parece-me que andei a perder tempo esperando por ele.
- Já não o amas?
- Não sei, amiga, mas não sei se vou esperar mais dois ou três anos até ele se divorciar da Tuga cor de leite. Mas deixa para lá. Vamos trabalhar, que precisamos comer!
Voltaram ao trabalho. O dia prometia. Até iam esquecendo do almoço, se não fosse a Jerângela a pedir, ela que raramente pedia comida. Depois de almoço continuaram a trabalhar. Tinham a porta aberta. Sentiram aproximação de pessoas. Nem voltaram para verem quem eram, de certeza eram dois dos muitos turistas a visitarem a oficina o que era normal.
- Ângela, Guidinha!
As amigas reconheceram a voz do Geremias e voltaram-se. O Geremias estava acompanhado de um homem. Parecia um homem já duma certa idade. 45, 50 anos de idade. Branco, com bigode. Parecia simpático. A Ângela virou-se e cumprimentou os dois. A Guidinha olhava para o branco e analisava-o com os olhos de cima a baixo. Sentiu uma atracção pelo branco. Ele era muito mais velho que ela. Achou ridículo estar a pensar na idade do branco, até porque não o conhecia.

O telefone tocou, a Marta correu para atender. Achou que devia ser da Mariazinha e não se enganou. Era ela. A viagem havia corrido bem. Ela chegou à noite na Holanda, no aeroporto de Schipohl, Amsterdan. O marido estava a espera com o carro. Tiveram que andar de carro quase uma hora até Rotterdan. Viu muitas coisas bonitas que nem sabia como contar. O que nunca mais iria esquecer era uma casa de forma geométrica estranha que a estrada passava por baixo. Estava cansada, ligou apenas para dizer que estava bem e que telefonaria depois com mais calma.

A Marta terminou de atender e colocou o auscultador do telefone no descanso. O telefone tornou a tocar. Levantou e atendeu. Era o Jeremias e queria falar com o Geremias. Passou o telefone ao filho e foi trabalhar no quintal.

- Alô!

- Oi Geremias, a viagem foi boa?

- Sim, Jeremias foi óptima. E por aí?

- Olha estou a pensar dar um salto aí!

- Como? Quando é que decidiste? Ainda ontem estávamos juntos e não me disseste nada…

- Olha estou com a ideia de trazer a Ângela para cá. Estou farto da vida que levo. Como estás lá, até podes ser meu padrinho.

- Que bom. Estou indo agora mesmo para Fonte Lima, aproveito para dizer à Ângela.

- Não lhe digas nada, quero chegar de surpresa!

- Está bem. Quem vai ficar a tomar conta do negócio?

- Ainda não sei, tenho alguns nomes na cabeça, mas depois te digo.

- Força mano.

- Força mano. – Respondeu o Jeremias, era assim que sempre terminavam a conversa no telefone.

O Geremias disse ao Jacinto que ia até Manhanga. Não demoraria e que depois iam para a Fonte Lima. Fez uma reticência e perguntou "…ou queres ir comigo?".

O Jacinto era um homem aparentemente calmo, mas muito agitado por dentro. Preferia passear que estar parado. Além disso veio a Cabo Verde para passear. Estava farto de sofá e televisão. Sim, ia com ele.

Perguntou a Isabel se queria ir, mas a Isabelinha preferiu ficar a falar com a Lolita que já se entendiam. O Geremias disse-lhe que voltaria dentro de uma hora, mas se acaso demorasse que podia almoçar. Era hábito ter que comer em toda a casa que passasse e podia se atrasar.

Saíram, o Geremias e o Jacinto, foram a Manhanga, passaram por várias casas. Comeram e beberam. Principalmente na casa da Josefina, tia e madrinha de Geremias. Tiveram que passar várias horas a falar sobre o Jeremias. Como estava, porque ficou por lá, etc...etc, com mais ou menos dificuldade, o Geremias conseguiu responder a todo o inquerido sem tropeçar e por em risco a notícia acabada de receber.

Resolveram ir logo à Fonte Lima de lá, dada a hora avançada que já era.

Tomaram um Hiace nos Picos e desceram perto do desvio que vai a Fonte Lima, onde apanharam um Dina que ia a Chã de Tanque. Desceram na porta da oficina de Ângela e Guidinha. Não precisaram bater, a porta estava aberta e entraram.

A Ângela, ao ouvir seu nome, pensou que era o Jeremias, o seu Jeremias. Sabia que era o outro, era o Geremias de Guidinha. A Guidinha já lhe tinha dito que o Geremias estava em Cabo Verde. Mas mesmo assim julgou ser o seu Jeremias.

Cumprimentou o Geremias e perguntou por Jeremias. Falaram algum tempo. A Ângela queria saber sobre o Jeremias e o Geremias encontrava-se dividido entre a Isabelinha e a Guidinha, aproveitou para fugir de uma conversa séria com esta. Sabia que estava a prolongar uma inevitável conversa, mas não tinha coragem ainda para encarar a realidade. Ele ainda não sabia para que lado o seu amor iria a pender.

O Jacinto aproveitou para falar com a Guidinha. Perguntou tudo sobre a olaria em Cabo Verde. Soube que estavam em franco crescimento. Ela e a Ângela preferiram ficar apenas as duas. Tinham aquela oficina e como amigas e parceiras estavam satisfeitas. Mas existiam duas cooperativas que associaram mulheres de Fonte Lima. Em associação as mulheres conseguiram fornos eléctricos e os trabalhos eram mais produtivos.

A Guidinha gostava de falar sobre seu o trabalho e encontrou o Jacinto que queria perguntar. Ela recebia muitos turistas entre eles portugueses. Entendia o português muito bem, mas falar, falar mesmo era mais difícil, mas usando sempre o verbo no imperfeito lá ia explicando ao Jacinto:

-Eu ir apanhar barro. Vir com barro. Pilar e cirandar o barro. Molhar com água e amassar, amassar até todo ar sair. Depois poder usar torno para fazer potes, bindes, jarros ou molde para fazer cão ou gato. Depois deixar secar. Quando secar colocar no forno a 800 ou 1000 graus para ficar cozido e bonito. Também ser necessário pintar alguns para ficar mais bonito.

As palavras pareciam cómicas ao serem ouvidas, mas o Jacinto sério a escutava e perguntava com calma e respeito.

Quem estava agradecido era o Geremias que assim adiava para depois a conversa que teria que ter com a Guidinha. Viu a menina a brincar com os objectos de barro. Perguntou à Ângela de quem era:

- É minha filha, estou a criar ela desde o dia em que nasceu. A Margarete, mãe da criança é uma louca, teve a criança aqui na oficina e deixou comigo.

- Então é esta a Jerângela? O Jeremias já me havia falado sobre ela. Diz que para ele é como se fosse uma filha, embora não a conheça. Também tenho um filho. De criação lógico, e o nome dele é Toninho, António José Pereira de Almeida.

A Guidinha também se sentia dividida e deu graças a Deus à Ângela por prender o Geremias e não lhe dar tempo para falar.

Passaram por casa da Guidinha, mas o Geremias mal cumprimentou os pais da Guidinha, despediu-se. Alegou que tinha chegado na véspera e que deviam estar esperando por ele em Degredo.
A Ângela, a Jerângela e a Guidinha acompanharam-nos à estrada até aparecer um Dina que vinha de Chã de Tanque. O Jacinto e o Geremias tomaram o "Dina" e regressaram ao Degredo. A conversa entre a Guidinha e o Geremias ficou adiada para um outro dia.

Capítulo XVI

A ISABELINHA ESTÁ GRÁVIDA

A Isabelinha continuou enjoada durante a manhã. Esteve na lojinha com a Lolita a conversarem. Já entendia um pouco melhor o crioulo. Se tivesse imaginado que iria precisar tanto do crioulo teria iniciado a aprendizagem em Lisboa. - Pensou. Várias foram as vezes que interrompeu a conversa entre Geremias e os amigos dizendo:
- Está aqui uma pessoa que não entende nada!
Obrigando as pessoas a falar português, achava que assim ajudava o Geremias a falar cada vez melhor. Agora era ela que tinha que se esforçar para aprender o crioulo. A Lolita entendia tudo que ela falava, mas respondia tudo em crioulo. Era como se a Lolita estivesse a ouvi-la em crioulo.
Onde estaria o Geremias naquele momento? Porque não quis ir com ele? Será que ele estava onde disse que ia? Saiu com Jacinto e o padrinho dela gostava de conhecer coisas novas. Falava muito e gostava de ouvir. Era alegre e bom companheiro. Facilmente se esquecia das horas. Será que o Geremias iria demorar? Mais do que nunca, sentiu-se sozinha. O amor que havia começado com o amparo e a amizade recebida por parte de Geremias estava a crescer cada dia mais. Quanto mais crescia, mas angustiada ela ficava. Sabia que o Geremias amava outra e isto era angustiante. Sem querer sentiu uma lágrima a correr pela face. Porque ousou entrar numa viagem a Cabo Verde? Sabendo que a única coisa que conseguiria era a desolação? Devia estar neste momento em sua casa na Amadora. Ela e o filho, o único bem que tinha, pensou.

OLHARES DE SAUDADE

O Toninho entrou, todo sujo e alegre. Com ele vinham mais 4 ou 5 rapazitos de mais ou menos a mesma idade. Disse à mãe, numa mistura de português e crioulo que estavam a jogar a bola e que haviam ganho. A mãe pôs-se a rir. Viu o filho totalmente sujo de barro e suor, mas alegre. Sentiu-se contagiada com a alegria do filho. Pelo menos existia uma coisa alegre na sua vida, o seu filho.
A Lolita disse-lhe para irem almoçar pois o almoço já devia estar pronto. Era um prato especial em que a mãe havia caprichado. Era massa com galinha. Fecharam a Lojinha e foram almoçar.

A Marta efectivamente caprichou. Matou o melhor frango que tinha, preparou a farinha. Fez uma massa de galinha de primeira. Foi buscar a melhor louça na vitrina e o melhor talher, colocou tudo na mesa e sentou-se à espera que a Lolita, a Isabelinha e o Toninho chegassem. Sabia que o Geremias não devia regressar muito cedo. Conhecia as tradições simpáticas de recepção Caboverdiana. O Geremias tinha ido a casa da madrinha e tia dele, que não o deixaria vir tão cedo.

A Lolita ajudou a Isabel a dar banho no quintal ao Toninho e a trocar-lhe de roupa. Todo limpo foram comer. O Toninho gostou e comeu bem mas a Isabelinha nem tocou na colher. Bastou o cheiro para se enjoar e correr para o quintal a vomitar. A Marta ficou muito preocupada e pediu a Lolita para telefonar para a casa da Josefina dizendo ao Geremias que devia vir a correr ver a mulher dele. Não foi possível falar com Geremias, ele já tinha saído. Ele e o Jacinto foram a pé para Achada Leitão para tomarem carro e irem para Fonte Lima.

A Lolita apenas disse que ele já não estava lá. Levantou-se e foi preparar um chá de arruda e deu à Isabelinha. Ela bebeu e agradeceu. O açúcar ajudou-a a sentir-se melhor. Devia ser da comida, não estava habituada a comer aqueles pratos. Disse que ia fazer esparguete com ovos para ela. Mas só de ouvir falar em ovos a Isabelinha saiu a correr para o quintal.

A Josefina falou com a Lolita ao telefone. Saiu e ainda viu o Geremias a subir no perigoso caminho em forma de serpente, cheio de pedras e terra. Um caminho muito acidentado. Reparou na dificuldade que o branco que acompanhava Geremias estava a ter. Rezou para que nada lhes acontecesse. Ela ainda recordava o dia em que o José, não obstante conhecer muito bem aquele caminho, caiu e partiu uma perna. Passou dias deitado com o pé engessado. Graças a Deus o Francisco, seu cunhado e pai de Geremias garantiu que os macacos não dessem cabo da horta.
Entrou de novo na casa. Não conseguia chamar o Geremias e achava desnecessário. Chamou a Sofia e disse à filha para irem ver a branca do Geremias que estava a sentir-se mal. Arrumaram e foram ao Degredo para ajudarem e matarem a curiosidade.
Será que o Jeremias também tinha a sua branca e a Ângela estava a espera de um homem que depois chegaria casado? Aprendeu a gostar da Ângela e da filha adoptiva Jerângela. Muitos eram os fins-de-semana em que recebia a visita da Ângela e da filha. Eram ambas simpáticas e a Ângela muito prestativa. Adoraria tê-la como nora.

A Isabelinha foi deitar-se. Estava mal disposta e com náuseas. A Lolita voltou para a lojinha, tinha que trabalhar. O Toninho foi brincar. De vez em quando aparecia com queixas que uma ou outra criança lhe havia batido. Queria ir acordar a mãe, mas a

Marta não deixou. Ele estava com mimo demais, precisava saber brincar e defender-se. Acalmava-o um bocado e pouco depois, a seu pedido, deixava-o sair e ir brincar de novo.
A Josefina e a Sofia chegaram e quiserem ver a Isabelinha. A Marta não sabia se devia deixar ou não. Sentaram-se e falaram um pouco. Fazia-se tarde, quiseram despedir e regressar a Manhanga, então a Marta achou melhor chamar a Isabelinha. Não podia deixar que a comadre regressasse sem a ver. Foi chamá-la e encontrou-a acordada. Disse-lhe que tinha visitas e ela se admirou pois não conhecia ninguém em Cabo Verde. Quis perguntar quem era, mas não estava com disposição de fazer a Marta compreendê-la. Era com a Marta que tinha maior dificuldade de comunicação pois ela mal entendia português e falava muito menos, apenas crioulo. Levantou-se e foi atender.
A Isabelinha cumprimentou a Josefina em silêncio, vendo-a com olhos inquiridores. Não sabia se ia ser compreendida e nem se arriscou. Voltou-se para a Sofia, para a cumprimentar também em silêncio, mas a Sofia tomou a iniciativa e disse enquanto a beijava:
- Boa tarde, Isabelinha, já sei que se chama Isabelinha. Sou irmã do Jeremias, o amigo, primo e sócio do teu marido. Bem vinda a Cabo Verde. Espero que goste da nossa pobreza. Eu chamo-me Sofia.
- Boa tarde Sofia, prazer em conhecer-te!
Disse do fundo do coração. Afinal existia alguém que sabia falar o português nos Picos. Desde ontem, que não falava com a liberdade e desenvoltura que desejava. Com a Lolita falava mas tinha dificuldades de a entender, por isso limitava ao mínimo a conversa.
Ia dizer mais alguma coisa, mas sentiu náuseas de novo e saiu correndo para o quintal.

A Marta voltou-se para a Josefina e disse.

- É assim que ela tem passado. Não sei o que comeu que não lhe ficou bem.

- Comadre Marta, você parece uma criança, não vê que a sua nora esta grávida? Até um cego já teria visto. Está na cara!

- Comadre, não é que a comadre tem mesmo razão? Agora está tudo claro. Tudo que ela come, vomita.

- Comadre tenho que ir, está se fazendo noite! – Voltando para a Sofia, continuou – Vamos embora Sofia!

- Mãe, posso ficar? Estamos de férias. A Isabelinha pode precisar de ajuda. Irei amanhã bem cedo.

- Comadre Josefina, deixa a menina, ela pode ficar alguns dias por cá? Daria um jeitão.

- Está bem comadre, a Sofia pode ficar. Bem, eu tenho mesmo que ir, vou fazer o jantar.

Enquanto a Josefina regressava a Manhanga, a Sofia ia ao quintal ver a Isabelinha.

A Sofia encontrou a Isabelinha a tentar vomitar, mas como não havia comido nada, nada tinha para vomitar, senão a própria vontade de o fazer. Ajudou-a no que podia e assim que a Isabelinha melhorou um pouco, disse-lhe:.

- Isabelinha, a minha mãe pensa que estás grávida, para te dizer a verdade, também acho. Se quiseres podemos ir amanhã a Assomada. Vamos à farmácia e tu compras o teste ou podes mandar fazer, depende do teu gosto.

- Está bem Sofia, iremos a Assomada amanhã. Gostaria de ter a certeza antes de dizer ao Geremias, Deus queira que eu esteja grávida e que seja uma menina.

- Está bem, iremos amanhã cedinho.

- Mas não diz nada ao Geremias. Tenta convencer a mãe a não lhe dizer.

- Não te preocupes. Ela não irá dizer. Ela sabe como são estas coisas. É um direito que cabe a ti. Ninguém irá tomar esta incumbência. No máximo ela te alertará que estás grávida.
- Muito obrigado amiga. Como farei para ir amanhã a Assomada sem que o Geremias vá comigo?
- Deixa isto comigo.

A Sofia levou a Isabelinha para o quarto e voltou de novo à sala. Pediu a Marta para usar o telefone. Ligou para Gil Bispo. A avó dela e do Geremias vivia em Gil Bispo na casa de Cristina, única irmã ainda viva do pai, José e do pai de Geremias, Francisco. A avó chamava-se Luzia, era velhinha. Estava quase sempre doente. Perguntou da saúde e disse que o Geremias havia regressado e que iria lá amanha visitar-lhe. Uma parte já estava feita. Faltava outra parte. Faltava convencer o Geremias a ir ao Gil Bispo. Teria que ser a Lolita a ajudá-la. Saiu e foi à lojinha.
A Lolita estava sozinha. O último cliente havia acabado de sair com uma garrafa de gás à cabeça. Era uma boa altura. A Sofia chegou e cumprimentou a prima:
- Lolita, tudo fixe?
- Sim, Sofia, tudo fixe, o que é desta vez? – Ela conhecia a prima, sempre que ia a lojinha era porque queria alguma coisa.
- Quero o teu apoio. Juras guardar segredo?
- Sim diz!
- Jura primeiro, jura Lolita!
- Está bem Sofia, juro por Deus guardar segredo!
- Sabe, acho que a Isabelinha esta grávida, ela também está a desconfiar. Precisa ir amanhã fazer o teste na farmácia. Temos que ir à Assomada amanhã.
- E....

- Tens que ocupar o Geremias, ele não pode saber da nossa ida.
- Sim, mas como?
- Liguei à tia Cristina e disse que o Geremias iria lá amanhã ver a vovó Luzia. Que tal você o convencer a ir contigo ver a vovó. Ele não sabe te dizer não.
- E se ele quiser levar a Isabelinha?
- Isto deixa comigo e com a Isabelinha. Tua missão é apenas levar o Geremias contigo. Também podem levar o rapazito convosco. Assim a Marta fica mais livre.
- E a lojinha? Queres que eu feche a lojinha amanhã?
- Porque não? Amanhã é dia de feira na Assomada. Vais vender para as moscas? Quase toda a gente vai comprar ou vender à Assomada!
- Está bem, podes contar comigo.
Conversaram mais um bocado sobre outros assuntos. Como já se fazia noite regressaram as duas a casa onde se juntaram à Isabelinha. As três ainda falavam quando o Geremias e o Jacinto chegaram.

O Geremias e o Jacinto chegaram tarde. O jantar foi para a mesa mas quase ninguém tinha fome. O Geremias e o Jacinto haviam parado na estrada e comido torresmo enquanto bebiam um groguinho. Estavam uns rapazes colegas de infância do Geremias no local. Fizeram questão de pagar mais um e mais um grogue, que se não tivessem cuidado estariam bêbados naquele momento. A Isabelinha estava com náuseas, quase não tocou na comida por medo de tornar a vomitar. O Francisco ainda não tinha chegado. Chegava sempre tarde. Ele comia sempre sozinho. A Marta comeu na cozinha, não estava habituada a comer na mesa. Só a Lolita e a Sofia é que comeram melhor.

OLHARES DE SAUDADE

O Geremias preparava-se para abandonar a mesa quando a Lolita disse que queria falar com ele. Ele perguntou o que era e ela disse:
- Olha amanhã vou ver a vovó Luzia, ela não está a se sentir bem. Quero que venhas comigo.
- Amanhã queria ir a Praia, com Isabelinha, Jacinto e Toninho!
- Vão a Praia num outro dia, amanhã tens que ir ver a vovó, a tia Cristina já está a nossa espera. Vai ficar feio se não fores, levaremos o Toninho.
- Então a Isabelinha...
- A Isabelinha vai comigo a Assomada – intrometeu-se na conversa a Sofia – Ela está a sentir problemas de estômago, vamos a uma farmácia ver se lhe arranjam algum medicamento.
- Passaremos pela farmácia e depois iremos! – Disse o Geremias.
- Geremias, não me digas que estas com ciúmes da Isabelinha? – Respondeu a Sofia com ar de troça. Era novinha mas já conhecia os homens sabia como os manobrar. Não era por acaso que tinha uma fila atrás dela sem que nenhum conseguisse afirmar com verdade ter-lhe roubado um beijo sequer.
- Ciúmes? Eu? – Disse o Geremias também a rir. – Esta bem. Vamos só nós. Mas levamos o Jacinto.
- Não, não. Eu vou a Assomada. Ouvi dizer que amanhã é dia de feira lá e quero ver como é! – O Jacinto interpôs-se com firmeza. A Guidinha lhe havia dito que iria vender no dia seguinte. Queria vê-la de novo. Simpatizou com ela. Além de gostar muito de olaria. A olaria levava-o a sua infância e juventude. Nasceu e cresceu numa aldeia onde a cerâmica era um dos meios de vida. Até trabalhou na cerâmica por algum tempo antes de emigrar para Lisboa.

Levantaram-se cedo e saíram juntos. Tiveram que andar a pé até Picos. Não quiseram esperar o único "Dina" que fazia ligação entre Degredo e a estrada. Foram a conversar. Estava fresco e dava para ir passeando. Tomaram o mesmo Hiace para Assomada.

O Geremias, a Lolita e o Toninho desceram a entrada da cidade de Assomada e apanharam um "Dina" que os levariam ao Gil Bispo. A Sofia, o Jacinto e a Isabelinha seguiram no mesmo Hiace até o mercado de Assomada, onde desceram.

O Jacinto pediu a Sofia que lhe mostrasse onde vendiam utensílios de barro. A Sofia que queria ficar a sós com a Isabel, propôs-lhe deixá-lo na banca da Guidinha e da Ângela, o que foi de imediato aceite. Afinal era isto que ele queria.

A Sofia e a Isabelinha foram à Farmácia onde a Isabelinha comprou o produto. Estava tão ansiosa que pediu para usar a casa de banho. Entrou e aproveitou para fazer o teste. Deu positivo. Saiu alegre e contente, abraçou a amiga e saíram da farmácia.

Foram ver o Jacinto e encontraram-no a falar descontraidamente com a Guidinha. A Ângela dava atenção aos clientes e à Jerângela que brincava no chão. Aproximaram-se deles e a Sofia apresentou:

- Isabelinha, esta é a Guidinha. Guidinha esta é a Isabelinha, mulher do Geremias.

A Guidinha perguntou a Isabelinha como estava e esta respondeu:

- Bem, muito bem, acabo de confirmar, estou grávida. Espero que seja uma menina, o Geremias iria adorar!

A Guidinha não respondeu. Não podia responder. Teve uma queda brusca de pressão e caiu. Caiu nos braços de Jacinto que a amparou com todo o cuidado.

Capitulo XVII

CASAL DE BARRO

A Guidinha havia-se levantado cedo. Era quarta-feira, dia de feira na Assomada. Normalmente iam às feiras de Sábado, mas a amiga, a Ângela, havia lhe dito para irem na quarta porque já tinham produto suficiente e além do mais ela pensava ir ver a Josefina no sábado. Fazia quase um mês que não ia com a Jerângela à Manhanga. Não queria que a filha se distanciasse muito da avó paterna. Ela foi chamar a Ângela que estava acordada e mal sentiu o bater na porta levantou-se e foi abrir. Pegou na Jerângela e foram para a oficina, tomaram tudo que havia para ser vendido e foram para a Assomada.

O Jacinto caminhou entre as pessoas e coisas que estavam espalhadas pela rua fora. O seu pensamento estava na Guidinha. Mal a viu no dia anterior que simpatizou com ela. As roupas, as mobílias, os produtos agrícolas, as louças, os animais vivos, tudo que estava à venda não lhe dizia coisa alguma. Queria era falar com a Guidinha. Quando não havia possibilidades dele se perder entre a multidão, a Sofia despediu-se, dizendo que voltaria logo e deixou-o ficar junto da banca da Guidinha e Ângela.

Ângela e Guidinha estavam na banca que armaram à espera dos clientes. Vendiam sempre. Tinham utensílios necessários ao dia a dia da vida. Toda a casa precisa dum binde ou dum pote. E estes utensílios estavam sempre a quebrar por mais cuidado que o dono tivesse com eles.

OLHARES DE SAUDADE

Mas a venda não estava muita boa pois havia pouca procura. Já era sabido que quarta-feira tinha sempre menos procura que sábado. Mais tarde apareceria sempre alguém que quisesse comprar alguma coisa. Brincavam com a Jerângela enquanto esperavam. Foi com agrado que viram chegar o Jacinto pois pelo menos tinham com quem falar. O Jacinto aproximou-se, cumprimentou a Jerângela, a Ângela e foi falar com a Guidinha. A Ângela achou normal. A Guidinha falava português melhor que ela.
Viram a Sofia aproximar-se de longe com uma branca. Não tiveram tempo de falar, mas ambas previram quem seria a branca, só podia ser a …

O Jacinto pegou na Guidinha desmaiada e colocou com todo o cuidado no chão. Um grupo fez um círculo à volta dela. Reparou que o círculo era cada vez mais compacto. Levantou-se e pediu que fossem embora, que a moça necessitava era do ar para respirar. Com esforço fez com que se afastassem. Esquecendo que não conhecia Cabo Verde, pediu à Sofia que levasse a Isabelinha para a casa, em Degredo. Ficou com a Guidinha.
Aos poucos a Guidinha voltava ao normal. A pressão se restabelecia e ela começava a respirar normalmente. E logo quis regressar a casa. A Ângela começou a arrumar os produtos para irem embora. Mas a Guidinha quis ir sozinha e o Jacinto se ofereceu para a acompanhar.
Tomaram um "Dina" para Chã de Tanque. Durante a viagem, que era perto, falaram da vida da Guidinha. A Guidinha contou-lhe toda a pouca história da sua vida. Uma vida vivida em função do Geremias. Começaram a namorar ela tinha pouco mais de 12 anos. Um namoro de criança. De esconde, esconde. Com medo de ser apanhada, quase não o via. Sonhava com ele. Desde sempre que sonhara com um casamento que agora sentia

a esfumar-se ao sabor da Isabelinha. Não podia continuar a sonhar com o Geremias.

Não se importou que os outros passageiros a ouvissem falar da sua vida. Falou e chorou. Chorou nos braços de uma pessoa que conhecera no dia anterior e que lhe merecia muito mais confiança que o Geremias, seu amor eterno até minutos atrás.

Se bem que não sentisse o mesmo amor que sempre tivera pelo Geremias no seu regresso, estava disposta, mesmo assim, a esperar por ele. A cumprir a palavra dada e a respeitar o casamento que sempre desejou. Mas agora tudo tinha acabado. Não podia ter mais esperanças. O mundo começa e termina numa fracção de tempo. O mundo dela e do Geremias havia terminado com a gravidez de Isabelinha. Um novo mundo podia começar para ela a qualquer momento ou nunca mais começar.

A trepidação do carro na estrada de terra batida e cheia de buracos a obrigou a encostar-se no Jacinto. Sentiu-se protegida. Podiam ser vistos como um pai e uma filha, ou como um irmão mais velho e a irmã sedenta de carinho. Mas o calor que a Guidinha sentiu foi diferente, foi um calor que uma mulher sente junto ao homem que a deseja. Pensou e estremeceu. Estavam quase a chegar à oficina de olearia em Fonte Lima.

O Geremias, a Lolita e o Toninho chegaram a Gil Bispo. Foram recebidos com a Morabeza natural dos Caboverdianos com cuscus e mel, com café e camoca. A Cristina há muito que não via o sobrinho Geremias, abraçou-o e apertou-o no peito por muito tempo. Depois apertou o Toninho, filho da Isabelinha. Gostou dele e chamou-o de sobrinho.

A Cristina tinha cerca de 45 anos. Baixa e de ancas redondas, escura e alegre, tinha olhos castanhos-claros a fazerem contraste com a cor escura da pele. Casou com o Joaquim ainda nova, tinha na altura 17 anos e foi morar com ele em Gil Bispo.

Tiveram dois filhos, ambos de sexo masculino. O Adriano e o Jocelino. O Adriano, mais conhecido por Ady era professor primário e estava colocado no Tarrafal, mais precisamente na escola primária de Chão-Bom, vinha apenas aos fins-de-semana. O Jocelino, irmão mais novo, estava a estudar no Liceu da Praia. Vivia na casa de uns familiares em Tira-Chapéu, também ia a casa apenas aos fins-de-semana. O Joaquim trabalhava como servente na escola primária de Nhagar, na Assomada. Ia de manhã e regressava a tarde. Durante o dia a Cristina ficava praticamente sozinha, ela e a mãe, Luzia. A avó do Geremias e da Lolita.

A avozinha estava deitada. Coitada estava muito fraca, nem conheceu o Geremias. Este sentiu dois fios de água a descer nos olhos. Abraçou a avó bem forte e chorou. Teve a certeza que naquele momento a sua avó o reconheceu. Reconheceu-o no calor dos seus braços. Na dor de a ver sofrer a inevitável velhice. E deu graças a Deus de a avó estar protegida pelo carinho da filha, a tia Cristina. Quis mais do que nunca ter uma filha também.

A Lolita também chorou. Embora não pudesse ver a avó com muita frequência, adorava-a. E ver que há poucos anos ainda semeava de sol a sol. Apanhava feijão e abóboras. Mondava e tirava palha para os animais. Assim sem poder se mover entregue à paciência e amor da filha, sua tia Cristina... chorou. Afastou-se e foi se acalmar um pouco.

O Toninho também chorou. Não sabia o que estava a chorar. Viu o pai e a Lolita a chorar, sensibilizou-se e chorou. Foi um quadro de tristeza contagiante que até a Cristina, já habituada com a dor da mãe, se desfez em lágrimas. A Cristina adicionou a saudade que sentia de todos e chorou.

OLHARES DE SAUDADE

A Marta sentiu-se pela primeira vez sozinha. Sentiu-se assim há muitos anos. Foi quando se casou e antes do nascimento do Geremias. Depois deste nascer, sempre teve a companhia de um dos filhos. Sentiu saudades dos filhos que foram a Gil Bispo. Sentiu saudades da irmã Cristina, da mãe, sua querida Luzia. No canto da sala viu o telefone que não tocava e sentiu saudades da Mariazinha. Da Mariazinha que embarcou havia três dias para Holanda e só telefonou uma vez para dizer que chegara bem. Sabia que ela não poderia ligar todos os dias, mas sentiu saudades. Sentiu saudades do Francisco, seu marido. Casados há quase trinta anos. Há quase trinta anos que o vê só à noite. Sentiu raiva e ciúmes dos macacos. Eram eles a causa desta precoce separação diária. Chorou, chorou de saudades que sentia da sua família.

A Sofia quis levar a Isabelinha para o Degredo, mas esta pediu para ir a Gil Bispo.
-Sofia, por favor leva-me para Gil Bispo.
-Isabelinha, a Cristina minha tia mora num lugar de difícil acesso. Se tiveres algum percalço jamais me perdoarei.
-Quero dar a notícia ao Geremias o mais rápido possível. Vamos, te peço.
-Está bem. Então vamos fazer alguma compra para levar.
-Como? Lá não tem loja?
-Não é isto. É uma tradição da Ilha. Aqui não se vai a casa de ninguém sem levar umas coisas. Chama-se a isso levar "gasalho", é obrigatório.
-Está bem então vamos comprar.
Fizeram as compras que a Sofia achou necessárias e depois tomaram um "Dina" e seguiram para Gil Bispo.

OLHARES DE SAUDADE

Ângela ficou sozinha. Ela e Jerângela. Vendeu mais um pouco.
Mas ficou preocupada com a amiga. Não podia estar muito
tempo longe da Guidinha, sabendo que ela sentiu um desmaio.
Arrumou tudo à pressa e apanhou o primeiro "Dina" de Chã de
Tanque. O "Dina" deu as voltas necessárias, contra a vontade e
os nervos de Ângela, já cheio rumou para o Chã de Tanque.

Mais calmos, o Geremias, a Lolita e a Cristina regressaram a
sala. O Toninho ainda soluçava. Sentaram-se e conversaram
animadamente. A Cristina quis saber como o Geremias tinha
passado durante estes anos todos em Portugal. O Geremias
contava o que podia e o que conseguia. Disse que agora era
sócio do Jeremias o seu primo do lado paterno. A Cristina
conhecia o Jeremias, embora tivesse ido para Lisboa
praticamente criança, com 14 anos e antes da independência de
Cabo Verde. Ficou feliz por saber que o sobrinho estava a ter
sucesso. E disse a brincar:
- Em breve, terás carros e loja.
- Deus te oiça tia, Deus te oiça. – Respondeu o Geremias, é que
a expressão ter "carro e loja" significa ser-se rico. A Lolita
completou com outro dizer que também significa poder na ilha
de Santiago.
- Bem, pelo menos filho e mulher branca, ele já tem, daqui a
pouco ele será branco.
O Geremias riu para a irmã e deu-lhe um tabefe carinhoso.
Levantou-se e saiu para ver a paisagem desértica que circundava
a casa, com uma casa aqui e outra ali entre terrenos despidos de
vegetações. Um ou outro arbusto espinhoso vergado pelo vento
e mais nada. Era e é este o cenário desta terra que ironicamente
é Cabo Verde.
Virou-se para a ladeira acima e olhou para o outro lado. A
Assomada aparecia ao longe. Gostou de ver que estava muito

diferente. Diferente para melhor. A última vez que estivera em Gil Bispo via apenas algumas casas e terrenos baldios à volta. Hoje via ao longe uma pequena cidade. Os políticos que elevaram Assomada a cidade estavam com razão. A Assomada era uma cidade. Baixou os olhos e viu mais perto. Dois vultos se aproximavam: A Sofia e a Isabelinha. Sentiu que o coração batia com mais força. Era um sentimento novo e gostoso. Nunca imaginara sentir algo parecido por Isabelinha.
Pensou na Guidinha. Sentiu ternura e paz. Sentiu um amor calmo, uma amizade profunda. Muito diferente do que começou a sentir repentinamente por Isabelinha, mas estava confuso.

A Sofia e a Isabelinha subiam a ladeira para irem a casa da tia Cristina. A Sofia subia sem dificuldades nenhumas. Dava um, dois passos e parava esperando por Isabelinha. Esta não estava habituada. Estava cansada, muito cansada. A Sofia para a animar indicava-a com dedo e dizia:
- Olha, ali está a casa. Falta pouco! – Para pouco depois repetir a mesma coisa. A Isabelinha não respondia, estava a respirar com dificuldade própria dum principiante naquelas caminhadas. Tropeçando aqui e ali iam aos poucos.
Viram o Geremias a descer. Vinha ao encontro delas. Chegou e pegou a Isabelinha e pôs no colo. Levou-a até a casa da Cristina.
A Isabelinha sentou-se numa cadeira na rua. Precisava de ar. Mal pode falar, chamou o Geremias, este veio responder. Ela disse:
- Querido Papá, porque não dás um beijo à mamã feliz?
- Como?
- Estou grávida. Agora és papá de verdade!
Um fio de lágrimas de alegria correu dos olhos de Geremias. Por momento esqueceu tudo, esqueceu a Guidinha e o noivado eterno e abraçou a Isabelinha.

ARLETE PIEDADE LOURO   169
JOÃO PEREIRA FURTADO

OLHARES DE SAUDADE

- Deus queira que seja uma menina, Deus queira que seja uma menina…-Repetia vezes sem conta. A Lolita, a Sofia e a tia Cristina associaram-se ás festas, abraçando o casal.

Desceram, o Jacinto e a Guidinha. Ele perguntou se ela não queria ir para casa. Ela disse que não, que não estava em condições de enfrentar a mãe naquele momento, que queria ir para a oficina. O Jacinto levou-a para lá e ela sentou-se numa cadeira. Ele ficou perto e olhou-a nos olhos. Reparou nos belos olhos negros que ela tinha e na sua cor negra e profunda, que contrastava com a sua cor morena. Os cabelos não eram longos, mas também não se podia dizer que fossem muito curtos. Seu nariz pequeno e ligeiramente achatado e seus grossos lábios, discretamente pintados.
Tudo pareceu divino aos olhos de Jacinto. Até reparou nos brincos que ela levava, eram bijutaria, mas de bom gosto. Seus seios não eram grandes. Pareciam que foram medidos e colocados para que a escultura fosse perfeita.
Sentada como estava pareceu-lhe tão, tão frágil, que teve vontade de a proteger dos males do mundo. Aproximou-se e tomou-a nos braços.
A Guidinha entregou-se. Recebeu os carinhos dele. Não resistiu, nem negou. Primeiro foram carícias no negro cabelo. Depois no rosto. Não resistindo o Jacinto aproximou a boca da boca da Guidinha. Beijaram-se sentados no chão. Entrelaçaram-se, esqueceram da enorme quantidade de barro miúdo que estava no chão. Rebolaram sobre o barro. Uma lata grande cheia de água, que estava próxima caiu. O chão tornou-se lamacento e os dois corpos amaram-se rebolando na lama.

A Ângela queria chegar o mais rápido possível. Pensou no Jeremias, seu amor que estava em Lisboa. Até quando teria que esperar por ele? Até quando teria que continuar a esconder aos homens que Jerângela era filha dela? Voltou o seu pensamento para a amiga. Sabia a razão do desmaio. Esperar anos e anos por um amor e no fim saber que está apenas a perder tempo…deixaria qualquer uma maluca.

O carro parou na porta da oficina. Ela estava tão concentrada no próprio pensamento que se não fosse porque o condutor já soubesse onde ela sempre parava teria ido até Chã de Tanque. Foi preciso o condutor perguntar-lhe se não queria descer.

Desceu, colocou todo o produto no chão e pagou ao condutor. Colocou a Jerângela no chão também ao lado da carga. Pegou num dos cestos a entrou na oficina. A porta estava aberta pelo que não precisou bater, até porque jamais imaginaria que iria ver a sua amiga e o Jacinto se amando no chão num lamaçal impressionante. Saiu como entrou, pegou na Jerângela e foram para casa. Mais tarde, a Ângela, viria a fazer uma escultura de um casal amando-se no chão. Todo da cor do barro com que modelou o casal e deu á escultura o nome de "Casal de Barro".

Capítulo XVIII

A QUEDA

A Isabelinha não comeu. Sentia náuseas. A Cristina fez um chá especial para ela que lhe deu acompanhado de bolachas de Cabo Verde. Todos acharam normais as náuseas e os vómitos, são sintomas da gravidez confirmada. Com o tempo iria melhorando, disse a Cristina. Os outros convivas comeram, para desespero da Isabelinha a quem tudo o que cheirava a tempero dava náuseas. Não se podia dizer que era o jantar, porque ainda era cedo. Nem que era o almoço, porque já era tarde. Lanche também não era porque era feijão pedra com xerem, feito com carne de porco.
Depois de comerem, quiseram regressar ao Degredo, mas a Cristina disse como demoraria, que esperassem um pouco mais. O ambiente estava tão bom que não tiveram coragem de ser indelicados. Ficaram à espera do marido da tia enquanto falavam. Não deram pelo tempo que ia passando.

O Jacinto e a Guidinha por fim se levantaram. Estavam pasmados com eles mesmos. Não acreditavam no que tinha acontecido. Estavam felizes e incrédulos. O Jacinto não sabia o que dizer. Tentou dizer alguma coisa, abriu a boca várias vezes, para tornar a fechá-la sem nada dizer. A Guidinha olhou o Jacinto de cima a baixo. Não se conteve, riu, riu com alma e coração. O Jacinto parecia vindo de outro planeta qualquer que não a Terra. Estava uniformemente cheio de barro. Da cabeça aos pés. O riso da Guidinha também contagiou o Jacinto, que riu também e de que maneira! E disse:
- E, agora...

- E, agora... - Respondeu a Guidinha, como se as palavras do Jacinto tivessem batido na rocha onde a oficina estava encostada.
- O que vamos fazer?
- Nada – disse a Guidinha – Esperemos que a Ângela venha, para ir buscar alguma roupa, que estas não servirão para mais nada.
- Estou a falar de nós.
- Ah, não sei, sinceramente que não sei!
- Olha o pouco que já vivi contigo, não tenho dúvidas, quero ficar ao teu lado para sempre. - Jacinto parecia ter 13 ou 14 anos e estar perante o seu primeiro amor. – Abraçou a Guidinha de novo e beijou-a longamente.

A Ângela foi para casa. Deu banho à Jerângela e em seguida deu-lhe o jantar e deitou-a. Deixou passar um bom tempo e por fim disse à sua mãe, Dina para tomar conta da menina que ela tinha que ir de novo à oficina. Encontrou a porta ainda aberta. Com cuidado fechou-a, deixou passar algum tempo e bateu.

Estava a fazer-se noite. O Joaquim, marido da Cristina, não chegava. Estavam tão animados que não davam pelo tempo. Falaram de Cabo Verde e dos tempos mais difíceis. A Sofia ajudava a Isabelinha a compreender coisas que ela não entendia. Ajudava cada vez menos, pois que crioulo tem como origem o português. Depois da estranheza inicial, que é normal, os nossos ouvidos começam a reconhecer as semelhanças e as diferenças. A Isabelinha entendia cada vez mais, e como podia falar português, desde que fosse devagar ... lá se iam entendendo.
Chegou a vez da Isabelinha falar da aldeia. A aldeia onde ela havia nascido e crescido. Da vida simples e humilde que levavam. As pessoas viram que havia muito mais semelhanças

que diferenças entre eles. Afinal era a vida das pessoas humildes, era a vida simples do outro lado do mundo.

Por fim o Joaquim chegou. Ele e Geremias abraçaram-se e foram conversar e tomar um grogue para o quintal. O Geremias contou-lhe que havia vindo de Lisboa, ele, a mulher, o Toninho e um amigo, o tio de sua mulher, Jacinto.

-Onde está o Jacinto? – O Joaquim perguntou ao Geremias.

-É verdade, sabe que me esqueci completamente dele? Deixa-me perguntar à Sofia!

 Esta contou que o Jacinto acompanhara Guidinha, que entretanto havia se sentido mal, a Fonte Lima. Mais calmo resolveu ir continuar o seu groguinho. Sabia que em Fonte Lima o Jacinto estaria em boas mãos. Mas nunca imaginou que estaria em tão boas mãos como estava.

Tanto a Guidinha como o Jacinto sabiam que não deviam deixar que a lama secasse. A pele precisava de respirar. Lavaram-se e sentaram-se a falar. A falar de um futuro que não sabiam como ia continuar. Sabiam só do começo, cheio de amor e lama juntos. Queriam que continuasse com mais amor e menos lama.

A Guidinha e o Jacinto estavam sentados num dos bancos de trabalho. Ambos não se arrependiam de nada. Embora o Jacinto fosse um homem livre ainda não tinha mentalizado completamente a sua situação e sentiu-se como se traísse a sua defunta esposa.

A Guidinha também se achava ligada ao Geremias por laços de palavra dada que não podia ser quebradas por ela, a mulher. Só o Geremias a podia libertar. Sentia-se culpada com o acto que a sociedade em que vivia, reprovava. Tinha que se libertar do Geremias o mais rápido possível. Ela tinha esperado o Geremias até aquele momento e estava disposta a casar com ele, mesmo sabendo que já não o amava. Mas tudo havia acabado. Não podia continuar a pensar em casar com ele. Ele estava com uma mulher grávida. Mesmo se ele quisesse, ela não podia imaginar-se a tomar um homem de uma mulher grávida. O futuro de Geremias tinha que ser ao lado da Isabelinha. Mesmo porque agora o seu coração estava entregue ao Jacinto. Pensava ela quando ouviram bater na porta.

Só podia ser uma pessoa, a Ângela. A porta antes estava aberta e só a Ângela a poderia fechar e depois bater, como se quisesse dizer que já sabia de tudo, mas que respeitava com silêncio o segredo da amiga.

- Entra! – A Guidinha disse, sabia que a amiga tinha a chave e não queria se aproximar da porta.

A Ângela entrou. A Guidinha pediu-lhe para ir procurar alguma coisa para ela e o Jacinto vestirem. A Ângela foi e regressou com um par de calças e uma camisa do pai dela e um vestido dela. Ela e a Guidinha eram tão amigas que várias vezes trocaram de roupas na oficina. Não iria ser novidade nenhuma. O Jacinto lavou-se numa pequena dispensa/cozinha onde as amigas coziam no forno as peças e armazenavam no canto. Trocou de roupa e deu lugar à Guidinha que fez o mesmo. Todos limpos, havia apenas um problema. Como iria o Jacinto ao Degredo? A Ângela achou por bem que ele dormisse na casa da Guidinha, no quarto da mesma, enquanto a Guidinha iria dormir com ela e Jerângela.

No dia seguinte depois de uma longa jura de amor e fidelidade, o Jacinto despediu-se de Guidinha e foi com a Ângela para o Degredo. A Ângela, ao levar o Jacinto aproveitaria para ir visitar a Josefina.

O Geremias, a Isabelinha, o Toninho, a Lolita e a Sofia também tiveram que dormir em Gil Bispo, porque quando deram pelo tempo, estava tão tarde que não valia a pena se arriscarem a regressar, pois podiam não encontrar nenhum carro em Assomada que os levasse aos Picos. O mais difícil mesmo era encontrar um "Dina" nos Picos para os colocar no Degredo. Tiveram que desenrascar. As mulheres estenderam-se no chão da sala, onde a Cristina colocou várias esteiras que cobriu com vários lençóis. O Geremias e o Toninho foram para o quarto e dormiram com o Joaquim. Telefonaram a Marta e informaram que iriam passar a noite em Gil Bispo e que voltariam no outro dia de manhã. Souberam que o Jacinto também passaria a noite em Gil Bispo.

A Ângela disse ao Jacinto para tomar noção do caminho, que era fácil. Para sair de Fonte Lima ao Degredo bastava tomar um "Dina" que vinha de Chã de Tanque. Não precisava perguntar, todos vinham de lá. Descer na estrada principal, tomar um Hiace até os Picos. Descer antes de entrar na povoação, perto do polivalente e esperar outro "Dina", dizer ao condutor para parar em Degredo. O regresso ou seja de Degredo á Fonte Lima era a mesmíssima coisa, só que o inverso. Jacinto passou a ir diariamente á oficina. Ele e a Guidinha iam se conhecendo cada vez melhor. A Ângela apoiava aquele amor que parecia cada vez mais bonito.

A Isabelinha e a Sofia ficaram amicíssimas. A Lolita passava o dia na lojinha. O Geremias saía com frequência. Tinha medo de levar a Isabelinha, o caminho era quase sempre acidentado e feito à força do caminhar dos utentes. Qualquer descuido, ela podia cair. Ela, por várias vezes quis fazê-lo desistir das saídas, mas ele alegava que se não visitasse os parentes e amigos, um por um, eles levariam a mal. Na verdade, depois de ir a uma casa, no dia seguinte, a visita era retribuída, queria conhecer e mostrar a Isabelinha toda a morabeza caboverdiana

OLHARES DE SAUDADE

O Jeremias, o José Pereira e a Alzira foram dos últimos a entrar na sala de embarque que da acesso à porta 23. Tiveram excesso de bagagem que o Jeremias, à boa maneira caboverdiana, pediu para ver se conseguia levar sem pagar. O José Pereira e a Alzira tinham pouca bagagem, em contrapartida, mas a do Jeremias cobria os espaços deles e ainda teve que pagar. Esperou um bom tempo para ver se aparecia mais alguém com pouca bagagem, mas teve mesmo que pagar.

O Jeremias também passou muito tempo no "Free Shop" a comprar. Apanhar uma coisa aqui, outra ali, mais outra acolá os atrasou, mas ele tinha que levar presentes para todos os parentes e amigos.

Saíram do "Free Shop" e ainda foram para o bar. Tomaram umas cervejas, ele e o José, a Alzira tomou um sumo de laranja. Cheios de bolsas foram a correr quando foi anunciada a última chamada. Tiveram que passar pela frente de uma enorme fila. Um polícia estava a perguntar quem eram os passageiros para Cabo Verde, para avançarem, pois o avião já estava a atrasar-se. Levantaram as mãos e tiveram direito privilegiado de fazer a fronteira personalizado. Até foram ajudados a preencher os papéis de saída por uma linda polícia.

A sala estava vazia. Todos os passageiros já tinham ido para o avião. Indicaram-lhes uma porta que dava acesso a uma escada que os levava ao piso inferior. Desceram as escadas. Estava à porta um autocarro a espera, no qual entraram. Eram apenas eles os três passageiros atrasados. A Assistente de terra mandou que o autocarro partisse. Deram uma grande curva e foram em direcção, onde estava estacionado ao avião para Cabo Verde. Um avião com as cores e a bandeira de Cabo Verde.

Subiram por uma escada enorme, suportada por um carro, Jeremias e os seus convidados. Entraram. Estava à porta uma assistente de bordo que lhes pediu o cartão de embarque e indicou os lugares onde se deviam acomodar. Tiveram dificuldade de encontrar espaço para colocarem toda a bagagem de mão pelo que entregaram uma parte à assistente. Acontecia sempre aos últimos. Pouco depois estavam a caminho de Cabo Verde a ouvirem as boas vindas e as instruções obrigatórias de segurança nas várias línguas.

A Josefina estava cansada. Desde manhã que trabalhava sem parar. A Sofia dava uma ajuda enorme, só que estava em Degredo havia quase uma semana. Foi fazer companhia á Isabelinha e não queria voltar. Sempre que telefonava para saber notícias da mãe, dizia que voltaria no dia seguinte, mas continuava lá. Dava desculpas que estava a melhorar o seu português. Não sabia se iria continuar os estudos em Portugal. Ouvir e falar com uma verdadeira portuguesa podia melhorar o seu vocabulário. A mãe tinha que aceitar, sabia que a Sofia era estudiosa e boa menina.
Naquele dia estava mesmo muito cansada. Nem conseguia mexer nos cestos que normalmente fazia aos fins do dia. Sentou na rua a olhar para o nada, esperando o José. Ele deveria estar quase a vir. Já era noite. Os macacos dão tréguas assim que a noite se torna totalmente escura. Ouviu o ruído de um "Dina" que se aproximava, muito longe, sem imaginar que na "Dina" vinha o seu Jeremias.

Não estava ninguém a espera do Jeremias no Aeroporto da Praia. Chegaram e pegaram um táxi para os levar até Picos. O Jeremias ainda tentou oferecer uma pequena fortuna para que o taxista o levasse até Manhanga, mas a tentativa foi inglória. Nenhum táxi conseguia lá chegar e voltar. O caminho a partir dos Picos era péssimo, só um "Dina" os podia levar. Nos Picos podiam recorrer a um "Dina" existiam muitos. Foi o que aconteceu. A Alzira até achou engraçado ver a tira escrita que o "Dina" levava no pára-brisas "NHOR DEUZ KI DAN" e pediu ao Jeremias que lesse e traduzisse. Efectivamente era uma grande frase "FOI O SENHOR MEU DEUS QUE ME DEU". Chegaram a Manhanga ao cair da noite.

A Josefina admirou-se que o "Dina" parasse à sua porta. Pensou que devia ser a Sofia, ela podia ter conseguido boleia num "Dina" e resolvido ir para casa, Graças a Deus. Assim amanhã ela podia descansar um pouco e quem sabe fazer algum cesto. Tomou atenção, não, não era a Sofia. Viu descer um casal de brancos de idade avançada. Admirada pensou o que iriam um casal de brancos fazer à sua casa aquela hora? Depois viu descer o Jeremias. Não teve duvida, era ele, o seu Jeremias! Desceu os três degraus de escadas de pedra e caiu nos braços do Jeremias.

O telefone tocou, era para a Sofia. Ela estava na sala a falar com a Isabelinha. Levantou-se e atendeu.
-Como? Não acredito! O meu irmão chegou? Mas como?
A Sofia nem sabia como falar de tão radiante que estava. Prometeu ir imediatamente ver o Jeremias. A mãe ainda disse para esperar até o dia seguinte, mas não quis, e ficou ainda com maior vontade de ir quando soube que o Jeremias também viera com visita e que parecia que a Isabelinha os conhecia. Esta também quis ir ver os visitantes.
-É perigoso, deves esperar o teu marido, já deve estar a chegar. Amanhã vocês irão a Manhanga.
-Nem pensar. Vou agora contigo. Amanhã, ele poderá arranjar alguma desculpa. Não vim para ficar dentro de casa.
Ninguém conseguiu convencer a Isabelinha. Saíram as duas, foram por um caminho feito pelos pés. Não se via nada. Mas a

Sofia conhecia bem o cominho e pediu para a Isabelinha a seguir com cuidado. Já estava perto. A Sofia deixou a Isabelinha passar para frente e mostrou-lhe:
-Olha ali, é a minha casa! Estás a ver? A que está com a luz acesa.
A Isabelinha tentava ver enquanto dava mais um passo, foi fatal. Caiu e rebolou na escuridão da noite. Só parou no quintal da casa dos pais da Sofia.

Capítulo XIX

NO HOSPITAL

O grito de desespero e pedido de auxílio da Sofia se confundiu com o grito de dor e de temor da Isabelinha. O Jeremias, a Josefina, o José e os pais da Isabelinha saíram ao mesmo tempo em socorro. Viram um corpo que rebolava e que se estatelava no chão aos seus pés. Não tiveram dificuldades em reconhecer a Isabelinha. Todos quiseram pegar nela ao mesmo tempo. Depois de uma certa confusão, Jeremias, o mais calmo de todos, conseguiu pegar nela e levá-la para dentro da casa. Acalmou a Sofia e pediu-lhe para telefonar e informar ao Geremias da situação em que a Isabelinha se encontrava.

O Geremias tinha acabado de chegar. Perguntou por Isabelinha. A Marta o informou que ela havia ido a Manhanga com a Sofia. Não imaginou que tivessem ido pelo campo. Também soube da chegada do primo e amigo, disse que ia dormir, estava cansado, ia ver o primo e buscar a mulher no dia seguinte. Não havia necessidade de sair aquela hora da noite. Já ia a entrar no quarto quando o telefone tocou. Voltou e atendeu:
- Alô!
- Sou Sofia, Geremias podes vir cá?
- Vou amanhã cedo e…
- Não. Vem agora!
- Que aconteceu?
- É a Isabelinha…
- Que aconteceu com ela?
- Bem… Ela
- Diz rápido, desembucha Sofia, diz…
- Ela caiu…

OLHARES DE SAUDADE

- Como?
- Ela... - Não continuou. Ouviu o "clique" próprio do desligar do telefone. O Geremias poisou o auscultador e saiu a correr para Manhanga. Não falou com ninguém. Saiu que nem uma bala. Nunca relógio algum do mundo contou tão longos seis ou sete minutos. Foram os maiores minutos da sua vida. Manhanga parecia estar no fim do mundo. Por mais que ele corresse nunca mais chegava. Seu coração estava em pânico. Não sabia nada da queda da Isabelinha e estava com o coração na mão. No seu pensamento veio o filme da sua vivência com a Isabelinha, desde o encontro no prédio em Amadora até o momento em que lhe disse para ficar em casa naquela manhã pela segurança da sua gravidez. Se soubesse a teria levado com ele. Se a tivesse levado, muito provavelmente estavam deitados na paz de Cristo...

A Isabelinha foi colocada no quarto. A Josefina e a Sofia pediram para os homens saírem. A mãe da Isabelinha também saiu. Não conseguia ver a filha toda suja de barro e restos de palha seca e detritos de animais. A Josefina pediu à Sofia que fosse buscar um balde com água e sabão. Elas limparam a Isabelinha que se queixava de algumas dores, principalmente na perna esquerda, onde doía muito.
Na sala os pais de Isabelinha estavam preocupadíssimos com a filha. Pelo aparato da queda imaginavam o pior e sentiam-se culpados. Um olhava para o outro esperando apoio que não recebiam. O Jeremias e o José também estavam na sala. Falavam baixinho e bebiam um grogue para se animarem.

O Geremias entrou sem anunciar. A porta estava aberta. Quase nem falou com ninguém. Perguntou por Isabelinha e foi-lhe indicado que ela estava no quarto da Sofia. Ela estava como uma criança desamparada. Tinha acabado de ser limpa e usava uma roupa da Sofia. Estava deitada numa cama de solteira e a Josefina lhe analisava a perna esquerda. Concluiu que estava partida. Tinha que ser levada a um hospital. Tornou a apalpá-la por todo o corpo. Além de pequenos arranhões, não notou mais nada. Estava tudo bem com a Isabelinha excepto a perna partida. Saiu com a Sofia e deixaram a Isabelinha sozinha com o Geremias.

Assim que ficaram sozinhos, o Geremias abraçou a Isabelinha e disse que a amava, que estava cada vez mais apaixonado. Beijou-a na boca. Um longo beijo.
- Vim a correr, pensei que ia te perder. Nunca a Manhanga me pareceu tão longe.
- Eu te amo há muito tempo. Desde o dia em que te conheci, Geremias, és o meu amor.
- Tenho que te levar ao hospital da Praia, é o melhor que existe na Ilha. Vou levar-te já.
Pegou a Isabelinha ao colo para a levar até os Picos, onde poderiam tomar um Hiace ou "Dina" que os levariam a Praia. Mas o Jeremias e os outros, não o deixaram. Era muito perigoso subir até a Achada Leitão com a preciosa carga.
Perguntaram a Sofia se tinha algum contacto, se conhecia algum condutor de "Dina" com telefone. Sim conhecia, ligou para ele e este prometeu vir buscar a Isabelinha e levá-la ao Hospital.
O Geremias tornou a levar a Isabelinha para o quarto, onde a deitou para esperar o "Dina".
Os pais da Isabelinha entraram. Abraçaram a filha e ficaram a conversar um pouco. A perna lhe doía muito. Dor alternada com ligeira calma. Sempre que a dor intermitente voltava ela gritava. Mas estava feliz com a chegada dos pais. Saíram de Portugal para virem vê-la…

OLHARES DE SAUDADE

Chegaram ao Banco de Urgência numa péssima hora. O médico de serviço havia ido para a casa jantar. A Isabelinha foi vista por um paramédico que lhe mediu a pressão, tirou a temperatura e em seguida mandou-a esperar pelo médico e acrescentou.
-Ele não vai demorar nada, foi jantar!
Ela, a Isabelinha estava deitada numa maca e o Geremias a acompanhava. Os pais, a Sofia, o Jeremias estavam na sala de espera. Não era nada cómodo, para não dizer que era horrível. Além dos muitos doentes que esperavam a sua vez para entrarem alguns sem abrigo que faziam da sala de espera seus dormitórios. Num canto estava um doente mental a comer. No outro um jovem não conseguiu ir a casa de banho vomitar, e foi ali mesmo.
Chegou mais um acidentado. Entrou de imediato. Mas era certo que iria esperar pelo médico lá dentro. Um dos pacientes viu o relógio e afirmou:
- O médico não deve demorar muito, a novela das nove está quase a terminar. Faltam menos de 15 minutos.
Os pais da Isabelinha não acreditaram que era verdade, mesmo depois de se comprovar cronométricamente que o paciente havia acertado quanto ao momento da chegada do médico.
Enfim chegou o médico. A Isabelinha teve que dar a prioridade ao outro paciente, era mais grave. Chegou a vez dela, quase duas horas depois de ter chegado. O médico mandou-a fazer uma radiografia do pé. De nada adiantou as insistências do Geremias em exigir um exame mais completo. Se a Isabelinha sentia a dor apenas no pé esquerdo, o exame seria apenas aí.
O Geremias tomou a requisição do exame. Saíram por uma porta interna e foram até os serviços de radiologia. O técnico foi eficiente e rápido. Esteve apenas alguns minutos à espera e

regressou com a Isabelinha e o exame. Teve que esperar mais um pouco antes de entrar de novo ao consultório.

O médico viu o exame. Colocou no painel luminoso e viu com calma. Chamou a enfermeira de serviço e pediu para telefonar ao médico especialista de serviço. Mandou-os sair e esperar lá fora pelo médico especialista que deveria chegar a qualquer momento.

Já passava das duas de madrugada, quando a Isabelinha era internada na traumatologia devidamente engessada. Com promessas de sair assim que fosse comprovado não correr riscos de infecção.

O Geremias não arredou os pés do hospital. Ficou à porta da traumatologia. Dia e noite, até que a Isabelinha tivesse alta e a pudesse levar de volta para Degredo.

Chegaram quase de manhã à Manhanga. O Jeremias deixou o condutor em Achada Leitão. Havia pedido o "Dina" por empréstimo para dois dias em troca de uma boa quantia. Era difícil alugar um carro, morando em Manhanga.

Foi deitar mas dormiu pouco. Estava a pensar na Ângela. Queria vê-la o mais rápido possível. Acordou por volta das nove horas, tomou um banho. Os pais da Isabelinha ainda dormiam. Comeu um pouco de cachupa refogada, com ovos estrelados. Disse a mãe para cuidar bem das visitas e saiu no "Dina", directo a Fonte Lima.

A Ângela estava sozinha na oficina. A Guidinha havia ido a feira, ela e o Jacinto. O Jacinto havia ido buscá-la de manhã cedinho e foram a Assomada. A Ângela preferiu ficar. A Jerângela dormia, quando ela se levantou e foi para a oficina.

Estava a pensar no Jeremias. A Jerângela ia fazer cinco anos em breve. Era muito tempo de espera. Nos últimos dias estava a pensar muito mais nele. O primo dele havia chegado e vinha casado. Será que ele também se casara e ela apenas perdia o seu tempo, como o caso da Guidinha. Há dias que não recebia o telefonema do Jeremias, será que a sina dela era igual à da amiga?

Sentiu um vulto a entrar. Nem se virou, devia ser algum turista. Iam sempre ver uma ou outra peça, às vezes compravam, outras vezes não. Entravam, viam e saíam. Continuou onde estava a tentar tirar ar da massa feita de barro. Ouviu uma voz a chamá-la. Estava mesmo por cima dela. Reconheceu a voz, não queria acreditar no que ouvia. Será um sonho, o Jeremias estava a mais de 3000 quilómetros de distância.

Levantou-se a caiu nos braços dele. Beijaram-se e trocaram juras de amor.

- Vim para casar-me contigo, Ângela.

A mãe da Ângela estava a dar o pequeno-almoço a Jerângela quando esta entrou com o Jeremias. Ela não estava a espera da visita e muito menos do motivo. O Jeremias estava com pressa. Chegou e mal acabou de cumprimentar, disse:

- Vim para me casar com a Ângela.

Falava como um aluno que decorou a lição. Não demorou muito, disse que voltaria mais tarde. Tinha que ir ao Hospital da Praia dar uma força ao seu primo. Voltaria á tarde. Queria falar com o pai da Ângela, ele chegava à noite.

Antes de sair reparou na Jerângela. Achou-a muito bonita. Aproximou-se e tomou-a nos braços. A Jerângela viu-o por alguns minutos e gritou:

- Mamã, é o papá?

- Sim, filha, é o papá. – Voltou-se para o Jeremias e disse.

- Ensinei-a a te chamar de papá. Mostrei-lhe a tua fotografia.

- E fizeste bem, ela irá connosco.

OLHARES DE SAUDADE

- Será possível? Foram o papá e a mamã quem adoptaram a Jerângela.
- Há sempre uma solução, vais ver.
Perguntou por Guidinha e soube que havia ido à feira com o Jacinto. A Ângela disse-lhe que a Guidinha estava a namorar com o Jacinto, mas que o Geremias ainda não sabia. Para não comentar com o amigo. Despediu-se da Ângela e da futura sogra. Deu um grande beijo na Jerângela. Chamou-a de minha querida filha e entrou no "Dina". Queria falar com Geremias. Tinha vários assuntos pendentes. Uns profissionais outros pessoais. O primo era mais que um irmão para ele.

Era quase meio-dia e o Geremias continuava sentado à porta da traumatologia. Não tinha nem sequer lavado o rosto e a boca. Não tinha coragem de arredar os pés. Esqueceu-se de si próprio. O único pensamento que tinha era para a Isabelinha. Aquela loira portuguesa, não se podia dizer que fosse feia, mas não era nenhuma beldade digna de representar, num concurso de beleza, bairro algum. Mas para ele aquela mulher estava a tornar-se na coisa mais importante da sua vida.
O Jeremias sabia onde o primo havia ficado horas antes, na madrugada, foi lá e encontrou-o no mesmo sítio. Sentado e perdido na sua imaginação. Nem o viu. Espantou-se mesmo quando ouviu a voz do primo:
- Geremias com G, o que é feito de ti?
- Oi, Jeremias, - respondeu e continuou sentado.
- Já tomaste café? Um banho, alguma coisa?
- Nada. Estou a espera da Isabelinha!
- Rapaz, tens é de cuidar dela. Ela precisa de comer e trocar de roupa. Não vês as pessoas ali na porta a lutarem para entrar? Não imaginas o que querem fazer? Já esqueceste de tudo? Vem cá.

OLHARES DE SAUDADE

O Jeremias foi até à porta e bateu. Bateu com autoridade. A porta abriu-se. Pediu, mas com determinação. Aproveitou o momento próprio de alguma indecisão do servente que veio abrir a porta. Disse que queria ir ver a portuguesa. Sabia que Cabo Verde continuava como sempre fora. Gostavam de dar nomes as pessoas. Era quase certo que os serventes e enfermeiros chamassem a Isabel de Portuguesa pela sua nacionalidade, e não estava enganado.
O servente autorizou-o a entrar, o Geremias também quis entrar, mas foi impedido. O Jeremias ainda tentou convencer o Servente que ele era o marido para o deixar entrar. Mas a resposta foi não. Inflexível e irredutível. Não obstante o Jeremias ter proposto a troca:
- Então eu fico e entra ele.
- Não senhor – respondeu o servente – ou entra você ou ninguém!
O Geremias teve que ficar na rua. Viu o primo entrar. Estava cansado e desanimado. Sem querer sentiu o rosto molhado. Dos olhos saíam dois fios de lágrimas. Os homens também choram.
O primo entrou, viu a Isabelinha. Ela precisava de roupa, escova de dentes, água, em suma, de tudo. Haviam lhe dado o café e o almoço, mas ela não comeu nada. Detestava comida de hospital.
A Isabelinha perguntou por Geremias, seu marido. Porque não o deixaram entrar? O Jeremias explicou que o maluco, só podia ser um maluco, não deixou que o Geremias entrasse. Como era possível? Estranhou a Isabelinha, pois deviam dar prioridade ao marido. O Jeremias disse que tinha que sair. Não sabia se conseguia entrar de novo, mas se não conseguisse mandaria pelo servente o que ela precisava. Uma doente da cama ao lado disse-lhe que às 15 horas havia visitas. Se não conseguissem entrar antes, podiam fazê-lo a essa hora.

OLHARES DE SAUDADE

O Jeremias saiu e foi com o primo às compras. Não tinham tempo para irem até os Picos. Foram ao Sucupira e compraram as roupas necessárias. Mesmo lá entraram num supermercado e compraram escovas e pasta de dentes, algumas garrafas de água lusa, sumo e leite. E regressaram ao hospital.
Desta vez encontraram uma mulher à porta. Ela já havia reparado com pesar no sacrifício do Geremias. Desde manhã que aquele homem estava sentado, triste e cabisbaixo. Deixou-o entrar.

A Isabelinha estava muito melhor. Afinal a pancada não era grave. Pequena fissura. Foi engessada e internada apenas por precaução e pela reacção e intensidade da dor, cada vez menor, tinha razão. Estranhou que o Geremias não a fosse ver. Sentiu-se abandonada, até que o primo do Geremias, o Jeremias foi vê-la. A primeira coisa que fez, foi perguntar por Geremias. Soube que dormiu lá fora e isto bastou para a fazer feliz.
Viu Geremias entrar, estava todo sujo e teve orgulho de ter o amor daquele homem que ficou na vigília durante a noite a porta da Traumatologia, esquecendo-se de tudo e de todos, apenas para estar junto dela. Levantou-se e sentou-se na cama. Assim que ele chegou, ela o abraçou. Esqueceu onde estava e beijou-o, foi um beijo longo e profundo.

OLHARES DE SAUDADE

Capítulo XX

A DOR DA MORTE

O Geremias não regressou sem a sua Isabelinha. O primo Adilson, que estudava na Praia e morava em Tira-Chapéu bem quis que ele, pelo menos fosse dormir lá e regressasse de manhã mas a única coisa que conseguiu foi levá-lo diariamente a casa para tomar banho e trocar de roupa. Com a ajuda do Jeremias, que explorou a cidade enquanto este continuava na teimosa vigília à porta da traumatologia, conheceu um pequeno bar na rua Visconde S. Januário, chamado "Peito Pomba" onde passou não só a comer como a comprar comida para a Isabelinha.
Sabendo que a Isabelinha tinha dificuldades normais de comer por causa da gravidez, pediu para lhe fazerem sempre pratos especiais. Uma das donas do bar era muito romântica. Poliana, assim se chamava. Achou bonito este gesto e caprichou. A Isabelinha não só gostou como, quando saiu, uma semana depois, já em Degredo, várias vezes fez o Geremias sair do Degredo e ir até Praia, apenas para ir ao "Peito Pomba" comprar o almoço.
O Geremias ainda estava de vigília quando soube que ia ser padrinho. Foi no dia em que ele estava mesmo perdido na selva, que era o Hospital Agostinho Neto na Praia, para ele. Sentado com fome, sem saber para onde ir nem como fazer para ver a Isabelinha. Um sonho de cinco anos atrás não foi bem recebido, a madrinha era a Guidinha, ele preferiria que fosse outra pessoa, propôs que fosse a Isabelinha, mas o Jeremias não aceitou. Não pôs sequer a hipótese de pensar e depois dizer alguma coisa, sabia que a Ângela jamais aceitaria fazer uma desfeita destas à sua amiga Guidinha.

OLHARES DE SAUDADE

A Ângela e a Guidinha foram convidadas para uma exposição de obras artesanais femininas pela organização das mulheres Caboverdianas no Palácio da Cultura "Ildo Lobo". Tímidas, nem queriam participar, mas o Jacinto as incentivou. Até afirmou que era uma boa oportunidade de ele conhecer a Praia. Nem com o internamento da Isabelinha teve a possibilidade de ir a Praia.
Queria ir no domingo, soube pelos moradores que era o melhor dia. Na hora da visita não teria que se humilhar e pedir os serventes para o deixar entrar, que a resposta era irremediavelmente e quase sempre um "não", mas foi dada alta à Isabelinha, no sábado. O médico chegou a conclusão que a Isabelinha podia ir para casa e só regressar quinze dias depois para ver se podia tirar o gesso ou se tinha que continuar por mais algum tempo.
O Jacinto argumentou que era uma boa oportunidade de exporem várias imagens que tinham e não levavam para a feira. Imagens profanas de mulheres e homens nus e imagens religiosas. Uma de Nossa Senhora Caboverdiana, com Jesus Cristo às costas e uma lata de água à cabeça envolta num arco luminoso. O Jacinto admirou muito a simbologia da imagem. Achou que devia ser exposta. Uma arte daquela não podia continuar escondida. Outra obra…
- Por exemplo, aquele casal feito pela Ângela, sensual e muito amoroso…
- O casal de barro? – Interrompeu a Ângela, com um sorriso maroto na boca – Achas que ele é bonito?
- Sem dúvida que é divinal. – Afirmou o Jacinto, que tinha reparado apenas na simbologia da imagem, e nunca imaginara que a fonte inspiradora foram ele e a Guidinha. Ela sorriu e disse:
- Se acaso formos, podemos levá-lo mas não vamos vendê-lo, esta obra é minha, não é Ângela?

- Sim Guidinha, te dei mesmo antes de a fazer, mas, não é bem tua, é vossa, tua e do Jacinto. O que não acho boa ideia é levarmos a "Nossa Senhora Badia", A Igreja pode não achar bem. Não sabemos se está dentro do que pode ser ético perante ela.
- Então vamos dividir ao meio! – Disse a brincar a Guidinha que não esperava a resposta que há muito desejava por parte do Jacinto.
- Não Guidinha, não vamos dividir, porque ela vai ficar na nossa sala. Perto da lareira, na minha aldeia. É lá que escolhi para esperar a minha velhice, ao teu lado, se quiseres ser minha mulher e me acompanhar no resto da vida.
A Guidinha caiu-lhe nos braços e beijaram-se demoradamente. A Guidinha não respondeu, não precisava responder, disse o sim com o beijo. Não havia melhor resposta.
Resolveram ir à exposição. Escolheram as peças que achavam as melhores: bindes, potes, vasos para plantas, objectos decorativos. Não obstante a insistência do Jacinto, as imagens sagradas continuaram bem escondidas. Eram feitas no momento de inspiração, mas feitas para elas mesmas. Ficavam todas bem escondidas. Achavam que não tinham qualidade para competirem com as que vinham de fora, pelo menos pelos temas que apresentavam.
A Guidinha tinha feito uma Sagrada Família, onde o S. José estava com enxada aos ombros, Nossa Senhora pisava o milho num pilão, enquanto que o Menino Jesus, aos doze anos era apresentado a regar um pé de milho. Achou muito bonito e pensou "se a Sagrada Família tivesse escolhido Cabo Verde para viver e fosse a Ilha de Santiago a contemplada, era esta a vida simples que teriam". Principalmente o Menino Jesus, este lutaria para que o milho crescesse e alimentasse a boca dos muitos

pobres e simples homens. Era mais uma obra que nunca teria coragem de expor.

A Alzira e o José Pereira adoraram a Manhanga. A Josefina e a Sofia tudo fizeram para que tivessem uma estadia digna. Deram o pouco que tinham. A começar pelo quarto. Foi lhe atribuído o melhor. Não tinha luz eléctrica da rede, que infelizmente tardava a chegar. Mas tinha um motor a "diesel" que ligavam à noite. Com a chegada dos hóspedes, passaram a deixá-lo ligado por mais algum tempo. Nem de água fresca podiam reclamar. Com os primeiros dinheiros recebidos do Jeremias haviam comprado uma geleira a petróleo, que nunca haviam usado. Ligaram-na e deram água sempre fresca aos dois. A Alzira e o José beberam uma ou duas vezes água do pote, mas porque quiseram, para experimentarem.

Tiveram sorte, a Sofia estava de férias. Sempre que o Jeremias saía e não podia levá-los, eles iam passear com a Sofia. Assim foram conhecendo muitos lugares dos Picos e não só. A Sofia também queria conhecer alguns lugares e aproveitou para lhos mostrar, assim podia ir também. Foram ao Tarrafal, com a sua mítica cadeia, que foi a Colónia Penal na ditadura Salazarista. Cidade Velha, a primeira cidade portuguesa na África. Praias de mar, e muitos outros lugares.

Outro lugar onde a Alzira e José Pereira tinham sempre prazer em ir, era o Degredo. Assim que a Isabelinha saiu do Hospital e se convalescia em casa, iam quase todos os dias lá. Sempre acompanhados por que deixaram de fazer companhia a Isabelinha. Esta deixou de precisar, pois o marido, tal um cão de guarda muito estimado, não arredava os pés da cama da mulher. Ela não precisava dizer nada, era como se ele adivinhasse os seus desejos. Servia-a que nem um escravo. Sabia que devia,

tinha a obrigação de ir a Fonte Lima ter uma conversa séria com a Guidinha, mas adiava sempre.
- Amanhã, amanhã irei. – Dizia a si mesmo todos os dias!

O Jacinto não tinha vinte, nem trinta anos. Não podia esperar eternamente para que a Guidinha rompesse com o Geremias. Ele sabia por gestos e beijos trocados que a Guidinha estava com ele. Ele era amigo do Geremias, mas não se sentia culpado, porque via que Geremias amava a Isabelinha e já não queria nada com a Guidinha. Mas queria oficializar o seu amor com a Guidinha, mas ela adiava sempre, pois tinha que terminar com o Geremias. O Jacinto resolveu.
- Amanhã continuaremos a falar da exposição, hoje temos que ir ao Degredo.
- Ir ao Degredo? Fazer o quê?
- Tu tens que ter aquela conversa com o Geremias, não podes continuar a adiar o nosso futuro, não sou nenhuma criança. Vai pegar na tua bolsa e vamos ao Degredo, aproveitas para veres a Isabelinha que já saiu do hospital.
A Ângela, que estava lá a falar com o Jeremias, não se pode conter e entrou na conversa para dizer:
- O Jacinto tem razão, tens que resolver o teu problema com o Geremias que não está a ser homem. Devia ser ele a colocar tudo em pratos limpos, mas parece que não tem coragem… não Jeremias, não venhas cá defender o teu primo, ele não tem razão. – O Jeremias não chegou a pronunciar o que ia dizendo, ficou calado e fez com cabeça o sinal que infelizmente tinha que concordar com a Ângela.

A Guidinha chegou ao Degredo e encontrou o Geremias no quarto com a Isabelinha e a fazer tudo para que ela tivesse o maior conforto possível. Sentiu um misto de inveja e repulsa.

Achou ao mesmo tempo romântico e patético a acção do Geremias. Coisas que só mulher entende. O achar que ele não devia fazer aquele papel e desejar que, se acaso estivesse na mesma situação, o Jacinto a tratasse assim… Também achou que não conseguiria ver aquela cena por muito tempo, por isso foi directa ao assunto. Cumprimentou Isabelinha e perguntou se estava melhor. Desejou melhoras e disse ao Geremias que precisava falar com ele.

- Agora? Não podia ser noutra hora? – perguntou Geremias.

- Não, tem que ser agora! – foi a réplica pronta da moça.

- Está bem, vou já!

- Vai sim, Geremias, meu amor, tens que ir falar com ela - Intrometeu-se na conversa a Isabelinha, que também estava farta daquela situação de duplicidade insuportável.

Saíram e foram falar na sala. Foi uma conversa curta e simples. A Guidinha nem teve necessidade de falar do Jacinto. O Geremias preocupado e cheio de amor por Isabelinha encheu-se de coragem, pediu desculpas à Guidinha dos anos que a fez perder. Disse que não se sentia com coragem de falar com ela, e só por isso que ainda não tinha ido de novo a Fonte Lima, mas que ao chegar a Cabo Verde, soube que o casamento de conveniência se transformara aos poucos no amor da sua vida.

A Guidinha compreendeu, foi mais fácil compreender por causa do seu amor pelo Jacinto. Ficaram amigos e a vida tomou o rumo que o destino escolheu. O Jacinto levou-a de novo para a Fonte Lima, alegre e feliz. Sabia que podia oficializar o seu amor e casar em breve.

O Geremias entrou no quarto como um homem novo. Livre de um grande peso que carregava desde o dia em que a Isabelinha lhe anunciara a sua gravidez em Gil Bispo. Entrou alegre e satisfeito. Abraçou Isabelinha e deu-lhe um grande beijo. A

OLHARES DE SAUDADE

Isabelinha correspondeu e beijou-o. Olhou-o nos olhos e leu a alegria, o amor e a paz que transmitiam.

O Jeremias queria casar no dia 25 de Dezembro, dia de Natal, mas não foi aceite. O Senhor padre disse que estava com agenda cheio naquele dia. Se podia ser uma semana antes. Não podendo ser como queria, seria como era possível. O Geremias lembrou que havia casado apenas no registo, como toda a família estava reunida, também podia casar na igreja, no mesmo dia. Assim seria padrinho e noivo ao mesmo tempo. O Senhor padre aceitou de bom grado. O Jacinto também quis ir na onda e casar com a Guidinha, mas tinha que tirar documentos em Portugal, havia trâmites legais que os impediam de casar tão rapidamente.

A Cristina ligou para a Marta. Chorosa informou que a mãe não estava a ter melhoras. Não lhe disse, mas a idade não ajudava muito ainda por cima ela tivera uma trombose. Foi para o hospital em Santa Catarina, mas o médico deu-lhe remédio e mandou-a para a casa. Disse que as esperanças eram poucas e que com a idade que já tinha era melhor ir para casa. Os cuidados da filha e a paz da casa nestas horas eram os melhores remédios.
- Irmã, como é que a mãe está, diz-me a verdade! – A Marta perguntou.
- Hoje está melhor, mana, mas…
- Vou aí dai a pouco
- Mana, não é preciso vir esta noite, pode vir amanhã cedo.
- Não. Vou agora. O Francisco acabou de chegar. Vou lhe pedir para me levar já para lá.
Sabia que a esperança do povo de Santiago, os badiu, não permitiam que se transmitisse a verdade sobre o estado da saúde dos doentes. Mas por lhe ter ligado, a irmã estava aflitíssima

com a saúde da mãe. Se não fosse assim, esperava que ela telefonasse e perguntasse. Provavelmente a mãe estava quase a morrer.

Foi chamar o marido, disse que tinha que ir imediatamente a Gil Bispo porque a mãe não estava bem. O Francisco levantou-se, chamou o Geremias e a Lolita. Puseram os filhos ao corrente da situação. Todos queriam ir, mas acharam por bem a Lolita ficar e tomar conta da casa e da Isabelinha.

O Francisco pediu ao filho Geremias para ligar para o tio José a avisar que não poderia ir no dia seguinte tomar conta da horta e dos macacos. O Jeremias que continuava com o "Dina" alugado disse que ia buscá-los e levá-los a Gil Bispo.

Chegaram a Gil Bispo e encontraram a Luzia muito mal. Ouviram o choro e a lamentação. Temeram o pior, mas ainda a encontraram viva, mas por pouco tempo. Se tivessem esperado mais uma hora teriam-na encontrado morta. Ela morreu pouco depois de terem chegado.

Assim que a Luzia morreu, houve um longo silencio. Logo começou uma azáfama: uns limparam a casa; outros arrumaram; o Francisco foi matar um porco para que fizessem a comida; chamaram um homem de nome Silvério que entendia de como preparar o corpo. Ele pediu água, vinagre, sal e algodão. Entrou, ele e mais duas mulheres. Prepararam o corpo vestiram-na e puseram-na deitada. Quem a visse e não soubesse que estava morta, pensaria que a Luzia simplesmente dormia.

Abriram a porta do quarto. Era o sinal para as lamentações e choro. Gritos e bater no peito. Todos choravam. Os vizinhos chegaram e participaram no choro. Uns choravam a Luzia, mas a maioria chorava as suas perdas recentes, uma prima, a mãe, o pai. E pediam a Luzia, coitada velhinha, para levar recados mais ou menos longos.

No dia seguinte foi o enterro. No cemitério da Assomada. Teve uma enorme participação. A única ausência de peso foi a Isabelinha, com problemas desde a queda não podia ir ao enterro, mesmo porque a tradição proíbe a entrada de pessoas com feridas no cemitério. O Jacinto era um espetador muito atento, ao lado da Guidinha que lhe explicava todos os detalhes da tradição local.

Durante a semana houve nojo, as noites de contagem de histórias e jogos de carta e oril. A Luzia pediu um "Vai a Luz" antes de morrer. O que obrigou a feitura do Altar, onde foi colocado: a imagem de Nossa Senhora de Fatima; uma fotografia ampliada da falecida; uma Bíblia de capa preta, guardada há anos; um enorme rosário.

-Estás a ver o rosário? É todo feito em osso! – comentou a Guidinha – Ele e a Bíblia são muito antigos, actualmente pouca família ainda os conservam…Além dos "Rabelados", creio eu...

-Os "Rabelados"?...

-Sim, os "Rabelados" vivem separados em comunidade. Têm filosofia própria de viver. Dizem que nos anos 40 vieram novos padres para substituírem os que aqui estavam. Com novos vestuários e doutrina diferente. Por exemplo, a castidade ou introdução de catecismo. Foram apelidados de "mensageiros do mal", de "os batinas brancas" por uma boa parte da população que revoltados formaram-se em pequenas comunidades. A maior comunidade fica em Espinho Branco…

Toda a família permaneceu reunida durante uma semana. Era a vontade da Luzia, que se sentasse na esteira e houvesse o "vai à luz". No oitavo dia houve missa e na véspera um "Vai a Luz" feito por mestre, a pedido da Luzia antes da sua derradeira partida para o mundo da verdade.

A noite parecia de festa aos olhos do Jacinto. Um grupo de homens cantou e bebeu grogue durante a noite. A comida era exagerada e a bebida distribuída generosamente. Ao amanhecer saíram todos em procissão e rituais, rodearam a casa, enviando a alma da Luzia para os Céus. Cansados e cheios de sono, os familiares encaminharam para a Igreja Católica. Um jovem, a frente de todos, carregava uma CRUZ pintada a negro com o nome e a data de nascimento e falecimento da Luzia cravada a branco. A cruz benzida foi colocada na campa da Luzia.

ARLETE PIEDADE LOURO
JOÃO PEREIRA FURTADO

Capítulo XXI

A EXPOSIÇÃO E O TELEFONEMA DE ALCOENTRE

O Jacinto tanto insistiu para que a Guidinha e a Ângela participassem na exposição que elas acabaram por aceitar.

- Está bem, vamos participar com algumas peças – Disse a Guidinha – Mas nenhuma de carácter religioso. Os religiosos são secretos, vão ficar no anonimato para sempre.

Não obstante as insistências do Jacinto, a Guidinha não permitiu que peça alguma simbolizando o sagrado fosse exposta. Mas o "Casal de Barro" foi uma das muitas peças que o Jacinto conseguiu fazê-las escolher para expor.

Não podendo acompanhar todos os dias o noticiário na televisão, porque o aparelho receptor estava invariavelmente fechado desde a morte da Luzia, o Jacinto comprou na feira de Assomada um pequeníssimo aparelho de rádio e um auscultador para estar sintonizado com o mundo.

Foi neste aparelho que soube do prémio que estavam a atribuir aos vinte melhores expositores. Bem, não era bem um prémio, mas era aliciante. Os vinte melhores expositores teriam a possibilidade de participar na feira de artesanato de CPLP a realizar na FIL a Feira Internacional de Lisboa. Uma exposição onde estariam artesãos de todo o mundo falante de português.

O Jacinto não só as aconselhou a produzir mais obras artísticas como as ajudou com a sua experiência. Tinham uma semana antes da data marcada. Passou a semana quase toda na oficina com a amiga e a namorada. Utilizou os conhecimentos das duas sobre Cabo Verde e com o seu conhecimento do trabalho com barro que tinha desde a infância fez várias peças simbolizando a história de Cabo Verde: trapiche de pilar cana-de-açúcar com bois a triturar a cana; o Pelourinho da Cidade Velha, marco do inicio da colonização, não só em Cabo Verde, como na África e outros.

A Ângela falou-lhe também do "Monte Cara" em São Vicente. Não foi difícil ele ir a uma agência de viagem em Assomada e adquirir um postal com o referido "Monte Cara" e ajudar as duas a modelar. Perguntou se Santiago não tinha nenhuma rocha simbólica, havia muitas, ele escolheu o "Marquês de Pombal". Também lembrou-se do Vulcão do Fogo.

As duas e o Jacinto estavam cansados e chegaram à conclusão que dificilmente não estariam entre os vinte, depois da semana de trabalho tão esforçado que nem mouros.

A Isabelinha, embora com dificuldade, já se levantava e caminhava a pequenas distancias, todavia era um grande progresso. Foi duas ou três vezes ao hospital e o médico afirmou que tudo corria como o previsto. Se a convalescença continuasse como até então, brevemente ela estaria sem o gesso.

O Geremias disse ao médico que estavam a pensar casar na igreja no Sábado, dia 17 de Dezembro, se até lá ela ainda estaria com o gesso. O médico marcou nova consulta para o dia 14 de Dezembro, afirmando que muito provavelmente naquele dia ela já poderia tirar o gesso, afinal houve uma rotura mas grande parte do osso não foi afetado. Tudo aconteceu como o previsto e o casamento realizar-se-ia na data marcada.

A Ângela pediu ao Jeremias para tratar de toda a papelada. Ela tinha muito trabalho na oficina de artesanato. O Jacinto estava a exigir muito delas e elas estavam com alma e coração na exposição que teria lugar no Palácio de Cultural Ildo Lobo.

OLHARES DE SAUDADE

Embora não como sonhara, estava prestes a casar, como sempre quis. Os pormenores, eram pormenores de sonho, enfim.
Sonhou casar virgem, numa noite de saudades ficou mãe. Escondeu até do próprio pai da criança e agora estava com uma filha adoptiva que tanto amava e que é sua filha na verdade.
Sonhou com um pedido, cheio de simbolismo próprio da ilha com choros, emoções, alegria e festa onde a família do noivo vinha prometer cuidar dela como filha, como se estivesse a ser transferida de uma família para outra. Não teve mais que uma simples conversa entre ela, o Jeremias e seus pais. Depois foi ela que se deslocou sozinha até Manhanga e com Jeremias informaram a Josefina e o José que iam se casar. Nada como passou anos a sonhar.
Sonhou escolher o vestido de noiva a dedo, assim como o véu e a grinalda. Os sapatos, o bouquet de flores e até a decoração da Igreja. Sonhou tudo com pormenor, mas a única coisa que estava a conseguir era sentir-se ansiosa e desejosa que o dia 17 de Dezembro chegasse. O resto deixou tudo nas mãos da mãe e do Jeremias. O mundo dela estava confinado à oficina e à exposição que seria de nove a quinze de Dezembro. Ela, a Guidinha e o Jacinto.

A Lolita estava na lojinha a vender. O movimento era o habitual. Uns gramas de açúcar, um quarto de sal, duas colheres de leite em pó, muito raramente, pois que quase toda a casa tinha uma vaca ou uma cabra leiteira. Uma garrafa de gás butano. No intervalo, para não morrer de tédio, ia fazendo renda ou bordava um ou outro pano. Na altura estava a bordar um lençol que ia oferecer a Isabelinha para o casamento.
Estava tão distraída a bordar que não deu por um Patrol, tracção quatro rodas, por sinal muito barulhento e como se não bastasse

com música, funaná, muito alto. Nem deu pela entrada do condutor do mesmo, que foi até junto dela e disse:
- Dez Escudos pelo teu pensamento!
Espantada, levantou a cabeça e perguntou:
- Quem é você?
- Sou Armando Soares, do Manipo, você já deve ter esquecido. Estudamos juntos na Escola Primaria, és a Maria de Lourdes, não és? Mais conhecida por Lolita.
- Ahhhh, já me lembro, você não está em França?
- Estou aqui à tua frente, ah ah ah, estou a brincar, sim vivo actualmente em França, no Sul da França, já ouviste falar de Nice?
- Sim, não saio daqui, mas não sou nenhuma ignorante.
Falaram por algum tempo. Ele disse que teria que ir mas que voltaria, principalmente para cumprimentar a Marta. A Lolita disse que o Geremias também tinha regressado, estava de férias e ia casar-se na Igreja no sábado dia 17 de Dezembro. Ele fez-se convidado, a Lolita aceitou e ele prometeu estar presente. Aliás, havia de voltar. Tomou mais um grogue, pediu a conta, mas a Lolita disse que era oferta da casa.

A Exposição foi um sucesso. Nem a Guidinha, nem a Ângela esperavam tanto. O Jacinto, com o optimismo de sempre também ficou espantado com todo o sucesso.
Durante a semana de exposição ficaram numa pequena pensão mesmo perto do Palácio de Cultura Ildo Lobo. Tomaram dois quartos, já que o Jacinto sentia-se como parte integrante do grupo e não quis se separar. Ele ficou num e ela no outro. Não tinha muitos problemas com comida, pessoa humilde, bastava um hambúrguer que conseguia mesmo na praça Alexandre Albuquerque, que fica precisamente em frente do Palácio.

OLHARES DE SAUDADE

Muitas vezes o Jeremias também aparecia e dava uma força, mas tinha que regressar quase sempre por causa das visitas. Os pais da Isabelinha acharam por bem ficar na Manhanga.
Na véspera do fecho da exposição houve um percalço. O Jacinto, que já conhecia muito bem a praça, saiu sozinho à noite. As meninas estavam cansadas e foram dormir, pensando que o Jacinto iria dormir a seguir. Levado pela calma aparente da noite saiu sozinho e teve um grande dissabor. Dois rapazes colocaram uma faca no pescoço dele e pediram que lhes desse todo o dinheiro que tinha. Graças a Deus levava pouco. Não foi mais que um susto, um grande susto. Passou semanas com a impressão de ouvir a única frase que os dois lhe disseram:
- Isto é "Casu Bode", calma que nada de mal te acontecerá. Passa para cá todo o dinheiro que trazes.
Um polícia estava mesmo ao lado e só notou que havia sido executado um assalto depois dos rapazes estarem muito longe. O Jacinto ficou mais incrédulo ainda, quando o Policia afirmou que viu mas pensou que era uma brincadeira, dado que os assaltantes estavam a rir e davam ares de o conhecerem.

A Ângela e a Guidinha ficaram muito bem classificadas. Estavam entre os vinte melhores. Venderam muitas das peças e se não venderam tudo, foi porque os responsáveis as escolheram para serem expostos em Lisboa, como o busto do Cantor Ildo Lobo, que deu o nome ao Palácio de Cultura onde a exposição decorria e outros porque não estavam destinados à venda. O Jacinto não só gostou da exposição como adorou muitos espectáculos que simultaneamente tiveram lugar durante a semana. Espectáculos de música, teatro e dança. Cada um melhor que outro.
A Exposição em Lisboa era para imediatamente. Estava marcada para os dias 2, 3, 4 e 5 de Janeiro, e terminava com apresentação

de grupos folclóricos portugueses. Tiveram que tirar os passaportes à pressa para entregarem aos organizadores a fim de serem colocados os vistos. Regressaram a Fonte Lima satisfeitos e felizes com o resultado da exposição, tanto monetariamente com artisticamente.

- Tu não voltarás tão cedo – disse o Jacinto à Guidinha – Se Deus quiser iremos nos casar e estou a pensar regressar à minha aldeia. Iremos viver lá. Tenho um pouco que nos dá para vivermos folgadamente e podemos abrir uma casa de artesanato. Será a nossa oficina.

A Guidinha venceu a timidez e beijou-o na boca, ele correspondeu como sempre.

A Ângela, agora mais calma voltou a pensar no seu casamento. Faltavam apenas três dias. Pensou também na Jerângela. Sentiu saudades da filha. Sabia que ela também ia emigrar. Sabia que a exposição caira dos céus como uma dádiva de Deus. Não seria necessário esperar que o Jeremias voltasse e tratassem da papelada. Ela ia aos consulados todos os dias, muitas das vezes de madrugada só para ouvir que estava quase pronto, faltava apenas Registo Criminal. Infelizmente desconfiava que quando este papel ficasse pronto, a Certidão que lá estava teria esgotado o prazo. Enfim, quem ainda não passou por essas burocracias?

Veio-lhe a cabeça a Artemisa. Uma linda amiga dos Órgãos. Morava em João Teves. Casou por procuração. Andou de cima para baixo em busca de tratar os documentos. Mas nada. Um dia, ao ir de madrugado para o consulado, foi violada. Coitada, jovem e virgem, casada por correspondência, violada e ultrajada por três marginais. Não só perdeu a virgindade, como ficou grávida. Não conseguiu esconder o segredo, como muitos outros segredos escondidos para a vida eterna. Teve que ir ao hospital e todo o mundo soube. Em busca de um carimbo que a colocaria na Holanda perdeu tudo. Bem, tudo não, ganhou um lindo rapazinho, que cria como mãe solteira. Não quis fazer aborto. Os três criminosos nunca foram encontrados. Ao menino pôs-lhe o nome de João. Para recordar o marinheiro Caboverdiano a trabalhar num navio Holandês, que foi seu marido por alguns meses.

O Manuel estava eufórico. Fez o melhor grogue da sua vida e não vendeu nem um décimo, guardou tudo para o casamento da filha. Deixou vários pés de mandioca para o efeito. Tinha um novilho bem gordo que destinou também à festa. As mulheres já estavam a cochir o milho há três dias. Tinham massa, xerem e cuscus para fazerem. Uma vizinha que havia morado na Ilha do Fogo alguns anos pediu para fazer tchagacida. A Dina ao princípio torceu o nariz, mas depois perante a insistência da vizinha que alegando a presença dos portugueses que gostariam de provar a maior quantidade de pratos de Cabo Verde, aceitou.

Em Manhanga a euforia não era menor. A Josefina e o José prepararam-se para o casamento do emigrante. Não deixaram nada por mãos alheias. Manhanga é um dos poucos oásis da ilha, portanto tinha um pouco de tudo. A Festa seria rija. Era o casamento do primeiro filho, o Jeremias, emigrante desde os 14 anos.

O Jeremias pediu aos pais para concentrassem a festa num só ponto, mas os de Manhanga queriam a festa em Manhanga e os de Fonte Lima, queriam a festa em Fonte Lima. Depois de muita discussão chegaram à conclusão que cada família faria a sua festa. Os noivos iam primeiro a Fonte Lima, por ser a casa da noiva e depois à Manhanga.

A Isabelinha e o Geremias não podiam fazer festa, a casa estava de nojo. A morte da avó Luzia ainda era recente. Mesmo se quisessem fazer alguma coisa, os vizinhos não deixariam, era

ARLETE PIEDADE LOURO   209
JOÃO PEREIRA FURTADO

caso para conversa durante meses, senão anos. Optaram por um casamento sem festa. Iam a Fonte Lima por algum tempo na qualidade de padrinhos do Jeremias e depois regressariam a casa. Nem à Manhanga iam.

O telefone tocou. A Sofia foi atender e ficou espantada. Era da cadeia. Uma senhora perguntou se era lá que estavam os senhores José Pereira e sua esposa Alzira, que queriam falar com eles da Colónia Penal de Alcoentre. Ela foi chamar o José Pereira que já estava pronto para mais um passeio e estava à espera que a Alzira se arranjasse. Iam conhecer o Centro Natural e Botânico de Serra Malagueta.
- Alô – Disse o José.
- Sim, é da Cadeia Penal de Alcoentre. É o senhor José Pereira?.
- Sim, sou eu...
- Um momento para lhe passar o seu filho!
Um balde de água caiu sobre a cabeça dele. Estava muito longe de imaginar receber uma notícia tão desagradável. O filho não era um santo, tinha conseguido saber que ele vivia em França com outros amigos mas nunca podia imaginá-lo metido em problemas para ser preso. Saber que o filho estava preso nunca lhe passaria pela cabeça. Esperou e falou com o filho. Este disse que era um engano. Havia tomado um embrulho de uns amigos para levar de Lisboa a Madrid. Prometeram-lhe pagar uma boa quantia, mas haviam-lhe garantido que não era nada ilegal. Foi preso na fronteira de Badajoz. O embrulho era de cocaína. De certeza que iria provar a sua inocência. Assim que os amigos fossem localizados.
Foi uma notícia péssima. Quiseram regressar a Lisboa no mesmo dia. Tudo para eles perdera sentido. Mas não era possível. O voo mais próximo era daí a três dias. No próximo domingo. O Jeremias os animou, afirmou que cadeia fora feita

para homens. Alguma vez viu algum animal na cadeia? Sim, o Jeremias tinha razão. A Cadeia era feita para os homens. E o Jeremias continuou, no dia seguinte, sábado, seria o dia do casamento. Iriam ao casamento. E no domingo podiam ir para Lisboa. Além do mais, nada podiam fazer senão as visitas periódicas à cadeia. Não tendo mesmo nenhuma outra alternativa, acalmaram-se e deixaram o curso da vida correr até o domingo seguinte.

Capitulo XXII

SI KA BADU KA TA BIRADU

A Ângela teve que concordar que o Jeremias tinha bom gosto. Ao contrário de toda a tradição que obrigava o futuro marido a ver o vestido de noiva apenas no dia do casamento, foi ele que escolheu o vestido. E foi do agrado da Ângela. Era um vestido branco e bordado dos pés à cabeça. Enfeitado com pano de terra tradicional. Foi uma estilista conceituada com ateliê em Terra-Branca, na Praia, quem o desenhou e costurou. Não podia ser mais lindo. Ela estava uma princesa. Ele escolheu um fato também retocado com pano de terra e um chapéu de pano de terra. O fato escuro deixava sobressair uma camisa branca toda bordada. Jovial e fresca. O par estava fantástico.
A Ângela tinha os olhos inchados o que a tornava ainda mais bonita. Passou a noite a chorar. Haviam-na colocado sentada e rodeada das mulheres mais velhas, "profissionais" em fazerem a noiva chorar. A noiva tinha que chorar antes do casamento, dava sorte. Ela, sentada, e elas a mostrarem o lado negro da vida futura. A descrição detalhada do instinto e natureza masculina e a virtude de saber sofrer para ter direito ao "queijo do céu". A mulher que resistisse e não chorasse, não seria feliz, não era mulher digna de felicidade eterna.
A Isabelinha e o Geremias também formavam um par muito bonito. O Geremias escolheu um fato semelhante ao do Primo. A Isabelinha escolheu um fato mais social e menos de noiva tradicional. Mas também foi enfeitado com pano de terra e bem talhado. A estilista aplicou e bem. O resultado foi dos mais bonitos que se podiam ver nos desfiles de moda espalhados pelo mundo.

OLHARES DE SAUDADE

O pai da Isabelinha fez questão de a levar até ao altar. Disse que não sentiria bem se não o fizesse. O mesmo aconteceu com a Ângela, o pai dela levou-a até o altar, onde o Jeremias a esperava.
Entre várias crianças escolhidas para damas e cavaleiros estavam o Toninho e a Jerângela. Formavam duas grandes filas. Os dois primeiros, o Toninho e a Jerângela levavam cada um uma cesta feita de barro, tão bem trabalhada que parecia porcelana chinesa. Obra do Jacinto, que mostrou ter dons infinitos de modelar e transformar barro em obras de arte.

O Padre casou-os em simultâneo. Fez uma grande homilia. Onde aproveitou para ver se conseguia mais crentes a escolherem a vida de casado pela Igreja. Afirmou que a secular ideia de juntar estava ultrapassada. Que no tempo dos seus avós as pessoas se juntavam, porque achavam que não podiam casar, que casamento era caro, mas juntavam-se para a vida eterna. Agora era diferente. Era necessário haver um compromisso eterno diante do altar, dos homens e de Deus todo-poderoso.
Agora a tentação do divórcio estava em todas as esquinas da vida. Todos os dias se tropeçava com o divórcio. Estar juntos hoje, era sem dúvida estar separados amanhã. O casamento religioso era a única garantia, mesmo assim se escolhessem a Igreja como acompanhante diária.
Louvou a atitude do Geremias, casado civilmente, nunca esqueceu que continuou solteiro perante Deus. E teve a feliz ideia de vir casar nos Picos, a sua paróquia. Na Igreja onde foi baptizado e onde foi um dos exemplos de sempre a assistir à missa e a chegar na hora.
Chegou o momento esperado. O Senhor Padre perguntou um a um se era de livre e espontânea vontade que queriam casar-se e os quatro juraram fidelidade e trocaram as alianças:

OLHARES DE SAUDADE

- Eu Isabel Maria Lopes Pereira declaro aceitar o Geremias de Sousa e Almeida, como meu marido na felicidade, na tristeza, na saúde, na doença até que a morte nos separe.
Todos fizeram o mesmo juramento e o Senhor Padre por fim os declarou marido e mulher.

Três horas antes a Ângela e o Jeremias tinham celebrado o casamento civil, haviam escolhido o Registo Civil da Praia. Tiveram direito a um cortejo sonoro pelas ruas da Praia e dali a Assomada, onde tomaram o presente da noiva, uma vitrina, muito bonita. A Ângela havia dito à Guidinha para não comprar a vitrina. Não valia a pena já que iam viajar. Mas a Guidinha foi peremptória:
- Não senhor, tens que ter tudo que tens direito, ou queres que eu seja pretexto para alguma cantadeira fazer uma cantiga?
E era verdade, ser madrinha e não poder oferecer o presente habitual … seria cantada de certeza, não era a primeira nem seria a última a ser cantada.

Saíram da Igreja dos Picos para Fonte Lima e passaram de novo por Assomada. No cortejo, iam além de vários Hiaces e Dinas cheios, mais dois Dinas, cada um com uma vitrina. Uma oferecida pela Guidinha à Ângela e outra pela Sofia à Isabelinha. Era a primeira mobília que a Isabelinha teria em Cabo Verde. Talvez um dia regressasse para viver com o marido em Degredo.
A festa ficou na história. Tinha de tudo. Aliás as festas, pois tiveram direito a duas festas uma em Fonte Lima e outra em Manhanga.
Em Degredo, dada a morte recente da Luzia, não puderam fazer nada de vulto. Apenas um bolo de noiva que a Sofia fez questão

de comprar. Foi cortado pela Isabelinha e Geremias e, dado uma fatia para cada um dos poucos presentes e guardado o resto.

Em Fonte Lima o bolo de noiva continuou inviolado imperiosamente sobre a mesa. O Jacinto várias vezes disse para cortarem o bolo, mas todos fingiam que não estavam a ouvir até que a Guidinha lhe disse baixinho no ouvido:

- O bolo de noiva é o melhor enfeite que existe. Se a noiva e o noivo cortarem o bolo, todos os presentes irão cair sobre ele e não restará nenhum pedaço.

O Jacinto não entendeu porque queria continuar com o "enfeite", mas calou. Não queria ser nem teimoso, nem insistente.

A certa altura deixou-se de ver os noivos. Eles evaporaram. A Ângela e o Jeremias. A Isabelinha e o Geremias não precisavam fugir. Quando a mãe da Ângela começou a chorar e a lamentar o desaparecimento da filha, eles despediram-se dos mais próximos e foram ao Degredo onde cortaram o bolo e foram descansar. A festa continuou até de manhã. Tanto em Fonte Lima, onde houve a fuga dos noivos, como na Manhanga.

A Lolita estava divinal. Com um vestido azul celeste, havia tirado o luto da avó, assim como todos os familiares, por um dia. Não podia ir de preto ao casamento do irmão. Muitos olhos caíram sobre ela. Estava a ser paparicada por quase toda a legião dos solteiros presentes, mas um par de olhos especiais a contemplava de maneira, que começaram a monopolizá-la, era o Armando Soares. Este havia mesmo chegado perto dela e dito:

- Sou teu convidado, eu não tenho mais ninguém para tomar conta de mim. Me coloco nas tuas mãos!

E não lhe deu um minuto de tréguas. Ela estava a gostar.

OLHARES DE SAUDADE

 A Alzira e o José Pereira estavam tristes. Participaram na festa, porque não podia ser de outra maneira, mas assim que puderam foram-se deitar. Na véspera já haviam ido aos balcões de atendimento do Aeroporto para verem se embarcavam, mas foi inglório. Havia voo no Domingo. Pagaram a taxa pela alteração da data e regressaram a Manhanga na certeza que viajariam nas primeiras horas do Domingo.
Efetivamente, partiram muito cedo, sem se despedirem da filha pois já o haviam feito na véspera. Com a ajuda da Sofia tomaram um "Dina" que os levou ao aeroporto, onde apanharam o avião com destino a Lisboa.

A Ângela e o Jeremias foram para o Tarrafal, reservaram uma suite nupcial numa estância turística, onde iriam ficar até o dia 24 de Dezembro, véspera do Natal. A Ângela já havia tratado do visto para a exposição e a Guidinha já estava a par desta fuga, aliás era a única que sabia onde os noivos estariam durante a curta lua-de-mel.

O consulado de Portugal foi pontual e no dia estipulado, a Guidinha dirigiu-se aos serviços consulares à tarde, tal como lhe tinha sido indicado, e tomou o seu e o passaporte e o da Ângela. Marcou a viagem para Portugal no dia em que o Jacinto havia escolhido para regressar ou seja no dia 28 de Dezembro. O Jeremias também já lhe havia dito para o reconfirmar nesse mesmo dia.
O Geremias e a Isabelinha estavam marcados para o dia 30 de Dezembro e não quiseram mudar. Nem a triste notícia da prisão do irmão a fez pensar em ir mais cedo. Estava a viver o seu amor e sentia que o Toninho se sentia mais feliz que nunca. Nada podia ter mais valor que este amor de família que sentia. O calor do amor e amizade que recebia ultrapassava todas as

barreiras sociais e linguísticas. Entendia até por gestos a família do Geremias, que agora era sua também. Ficariam mais dois dias, podia melindrar a família do marido com a ação de mudança da data, alem disto teria que pagar uma penalização. Todo o dinheiro era benvindo e não iria permitir nenhum empecilho nas suas vidas.

A Marta, com a morte da mãe, ficou cada vez mais caseira e amiga do telefone. Passou a ver o telefone sempre sujo. Volta e meia estava de novo a limpar o telefone. Como se achasse que sujo o telefone não tocava e ela ficaria sem saber notícias da Mariazinha, bem distante na Holanda.
A Mariazinha chamava sempre que possível, mais muito menos que o desejado pela mãe, era a vida da emigração. A emigração não era o que todos pensavam. Ás vezes faltava dinheiro para telefonar. Quando o dinheiro não faltava, faltava o tempo, outras vezes quando o tempo aparecia, a hora era tão imprópria que tinha medo de telefonar. Sabia o horror que era ouvir o telefone tocar depois das 23 horas. A pessoa que vai atender imagina sempre uma notícia péssima.
Ela graças a Deus trabalhava num serviço honesto. Recebia pouco, mas era, como ela mesmo dizia a mãe, sempre que telefonava, o suor do seu rosto. Um dia saiu com o marido. Ele lhe disse que iam passar por uma rua das mulheres na vitrina. Não sabia o que era e nem quis perguntar. Estavam a passear no carro à noite. Quando entraram na rua, viram cada mulher na sua própria montra, não precisou perguntar, pela forma como estavam vestidas, soube logo do que se tratava. Estavam a vender o próprio corpo. Numa das vitrinas reconheceu uma amiga. Não esperava ver a Letícia na montra a vender o corpo.
Contou ao marido que conhecia aquela mulher, era Caboverdiana. Conheceu-a numa festa na Assomada, ela era de

outra ilha. Mas criou-se na Assomada até aos 14 anos quando viajou com os pais. O pai era marinheiro.

O marido pediu-lhe para guardar segredo, porque muitas vezes a família não sabia do trabalho dos filhos. E de qualquer modo a justiça defendia a privacidade de cada cidadão. Ela achou que aquilo não era trabalho, mas o marido disse que era. E afirmou, muitas eram casadas…

- E são os maridos que as trazem de carro e as vêm buscar no fim das horas de trabalho.

Ela ouviu e fingiu ter acreditado. Quanto ao segredo, apenas contou à mãe, na esperança de que ela não contasse à Lolita.

A Marta continuava a olhar para o telefone a espera que ele tocasse e que fosse a Mariazinha a falar no outro lado da linha.

Quiseram festejar um Natal diferente. Quiseram estar todos juntos. A Ângela, a Guidinha e o Jacinto acharam por bem que fosse em Fonte Lima, A Lolita e o Geremias disseram para festejarem no Degredo. O Jeremias queria que fosse em Manhanga. A Isabelinha disse que não importava onde, desde que se juntassem todos no mesmo sítio. A Marta continuava chorosa pela morte da mãe e como acharam que ela não teria vontade de sair de casa e também porque não queria expor nem a gravidez, nem o pé da Isabelinha, resolveram que a noite do nascimento do menino Deus seria em Degredo.

Tudo foi preparado para que a festa fosse de recordar. Fizeram os pratos tradicionais não esquecendo de cabrito e leitão assado. A Isabelinha teve a ideia de preparar o bacalhau, à moda da aldeia onde nasceu e cresceu.

Mais uma vez a Lolita surpreendeu tudo e todos ao convidar o Armando Soares, que não faltou. Às 22 horas, todos partiram para a missa nos Picos usando o Patrol do Armando que não se fez rogado em servir de condutor. Apenas a Marta resolveu ficar. Enamorou-se do telefone e ficou olhando para ele na ânsia de o ver tocar.

Voltaram depois da meia-noite. Pela cara da Marta, a Mariazinha havia telefonado. A Lolita notou e perguntou se a Mariazinha estava bem, o que a Marta confirmou. A festa teve início e durou toda a noite. Comeram, beberam, falaram e riram-se muito.

A Ângela, o Jeremias, o Jacinto e a Guidinha viajaram no dia 26 à noite, depois de passarem quase o dia inteiro a arrumarem todos os utensílios que deviam levar para a exposição. Ainda tiveram tempo de se deslocarem até à Praia onde compraram algumas garrafas de grogue de Santo Antão e latas de atum. E aproveitaram para cambiarem o dinheiro julgado de sobra novamente para o euro num dos muitos cambistas que circulavam à volta do tradicional mercado da Praia.

A Ângela era quem ia mais dividida, metade do seu coração ficava para trás, ficava com Jerângela.

Não passaram pela Praia. Havia sido inaugurado o troço iniciado antes de São Filipe que vai directamente até o aeroporto. Passaram pela última rotunda já dentro do perímetro aeroportuário e viram o monumento dedicado ao emigrante e Jacinto tentou em vão ler o verso do grande poeta Eugénio Tavares.

SI KA BADU KA TA BIRADU

Perguntou a Guidinha que lhe explicou tratar-se do verso de Eugénio Tavares que significa que o regresso é o resultado da ida. "Se não formos, jamais voltaremos".

ARLETE PIEDADE LOURO
JOÃO PEREIRA FURTADO

OLHARES DE SAUDADE

- Sábias palavras! – Concordou o Jacinto!

No dia 28 de Dezembro, sem Francisco dar conta, pois que levantou cedo e foi para o campo, a Isabelinha, o Toninho e o Geremias despediram-se da Marta com promessas de rápido regresso e dirigiram-se para o Aeroporto da Praia. A Marta como boa mãe que era abençoou-os:
- Que Deus vos acompanhe e que brevemente estejam de volta!
Conteve as lágrimas até vê-los perder de vista. Depois sentiu que o rosto se molhava pouco a pouco.

A Lolita abraçou o irmão, a cunhada e o Toninho que dirigiram-se para a sala de embarque. Saiu do átrio do aeroporto em busca de um táxi, quando ouviu o buzinar insistente do carro, a princípio nem ligou, mas depois, pela insistência do buzinar, voltou e viu um "Patrol" que se aproximava. Viu que era o Armando Soares e que lhe fazia sinal para entrar.

ARLETE PIEDADE LOURO
JOÃO PEREIRA FURTADO

Capítulo XXIII

PATRÃO FORA...DIA SANTO NA LOJA!

Enquanto Jeremias e os seus amigos, Alzira e José Pereira, iam a caminho de Cabo Verde, para se juntarem a Geremias e Isabel, na Amadora Bonifácio ocupava agora o comando da Construtora Jeremias e Geremias, Lda. e imaginava como havia de aproveitar a ocasião, em seu próprio proveito. Embora ele gostasse e respeitasse os manos Jeremias, pois que na Amadora todos os julgavam irmãos, achava que eles já estavam ricos e portanto não dariam pela falta de alguns materiais que até estavam a estorvar no estaleiro!

Bonifácio queria fazer uma casinha para ir morar com a Clara a sua namorada que vivia no bairro, com a irmã Mariana e os tios das raparigas, João Maria, e Dulce. O ti João, como todos o tratavam, já lhe tinha dito que tinha um bocadinho de terra livre, do lado de fora do muro, atrás da casa e que ele poderia aproveitar para ali construir o seu abrigo.
O terreno não era mais que uma nesga de terra, um bico que ia estreitando, mas Bonifácio não podia ser esquisito, desde que tivessem paredes para se protegeram do frio e da chuva e um telhado onde não entrasse água, iria melhorando com o tempo, e conforme fosse levando uns tijolos e umas telhas do estaleiro do patrão!

Afinal ele sabia porque tinha visto, que Jeremias tinha construído assim a sua casa, com materiais que pouco a pouco, ia levando do estaleiro do antigo patrão! Aliás ele, Bonifácio tinha ajudado a construção. Então para quê ter escrúpulos?

Portanto Bonifácio aceitou a oferta do tio de Clara, e todos os dias levava algum material na caixa da sua velha Toyota Hiace, uma carrinha de caixa aberta que já tinha alguns anos nas suas mãos e tinha comprado a outro imigrante que fora trabalhar para o Algarve. Uns dias eram tijolos, noutro dia era um pouco de areia para a massa, no outro dia eram uns sacos de cimento. Guardava os materiais na arrecadação do tio, que tinha sido construída com velhas tábuas de paletes forradas com plásticos que vinham a envolver as embalagens de azulejos. A cobertura era feita com chapas de lusalite, que o tio de Clara tinha arranjado não sabia onde.

Em quatro fins de semana, construíram uma casa, com três paredes, um bocado desiguais, ocupando a nesga de terra, para aproveitarem o espaço, e a quarta parede era em parte formada pelo muro da casa do tio, ao qual tinham acrescentado cinco fiadas de tijolos. A casa tinha uma porta e duas janelas pequenas, e o telhado foi tapado com telhas lusas apoiadas em ripas de madeira. Estas telhas eram a ultima novidade que o Jeremias tinha comprado para os telhados dos prédios, antes de resolver ir casar para Cabo-Verde. Bonifácio adorava aquelas telhas, o tio tinha-se oferecido para lhe arranjar chapas, mas ele tinha ouvido os patrões dizerem que as chapas aqueciam muito as casas, e ele queria dar o melhor à sua esposa.

A casa não estava ligada à rede de abastecimento de água, mas o ti João tinha aberto um poço que tinha muita água e era mesmo ali ao lado, na horta que cultivava nas traseiras da casa. Era uma vista espectacular que se tinha de lá da horta, para a grande auto-estrada que passava mais em baixo e a cidade de Lisboa ao fundo. O tio de Clara, cultivava lá favas e ervilhas, milho e feijão, e até couves e alfaces. Também costumava semear batatas que tinham dado uma boa colheita no ano passado. Aquelas terras eram mesmo boas para cultivar, que pena não terem terras daquelas em Cabo Verde, pensava o Bonifácio! Ele já tinha ouvido dizer que há muitos anos, estes bairros todos eram hortas e não havia prédios, que bom devia ser viver ali nessa altura. E nem havia macacos, só alguns pássaros que atacavam o milho e o feijão, mas eles espantavam com latas e trapos velhos para lhe meter medo.

Quanto á electricidade, os tios não sentiam falta, usavam um candeeiro a petróleo, mas o tio ia deixar-lhe fazer uma ligação com um fio ao poste em frente da casa, já lhe tinha dito como fazer. A Clara tinha-lhe pedido para comprarem uma televisão, pois ela queria ver os programas a cores, agora que essa novidade tinha acabado de chegar a Portugal. Televisão toda a cores, até podiam ver o mar e o céu azul, os filmes, e em especial o Festival da Eurovisão! Bem, isto eram conversas da Clara e da Mariana, ele não ligava a essas coisas, mas já agora gostaria de ver o Benfica a jogar, no Estádio da Luz. Então, estava decidido, tinha que fazer a tal ligação ao poste da luz eléctrica!

Assim Bonifácio ia acertando a sua vida, e tal como ele muitos emigrantes iam construindo as suas casas, e o bairro de Santa Filomena, ia ganhando forma, tal como uma colmeia gigantesca onde cada casa acrescentada, era mais um favo, um bocado desigual é certo, mas eles não podiam ser esquisitos.

Querer reconstruir uma parte da terra distante, à sombra das leis do país que os acolhia, tinha os seus custos, como muitos dos habitantes do bairro iam descobrindo por si próprios, quando na tentativa de melhorar um pouco mais as condições de vida, se viam confrontados com problemas inesperados e imprevisíveis.

Diversos fatores, como o crescimento anárquico do bairro, a falta de infra-estruturas adequadas, como rede de esgotos, e de abastecimento de água, assim como a falta de capacidade de resposta da rede elétrica, onde cada nova casa construída ia captar energia com ligações clandestinas, diretamente feitas nos postes de iluminação que atravessavam a rua principal do bairro, deram origem a reclamações e descontentamentos entre a população de imigrantes, que cada dia aumentava.

Todas as semanas chegavam novos moradores, que iam tentando acomodar-se em casa de familiares e amigos, ocupando todos os pequenos espaços de terra com as suas construções, até quase nem haver terra onde as pessoas circulassem entre as casas, já para não falar dos carros, que ficavam na rua principal, ou à entrada do bairro.

Assim, a tragédia que se previa aconteceu numa noite desse inverno, mesmo na noite de passagem de ano, por acaso bem fria para os naturais do país e ainda mais para aqueles povos oriundos de paragens tropicais. Fumo e labaredas começaram a ser avistadas provenientes de um aglomerado de casas, mesmo no centro do bairro, junto ao Café Cidade da Praia, e logo o incêndio alastrou-se ás casas ao lado, propagando-se com uma rapidez inacreditável, atiçado pelo vento forte. Chamados os Bombeiros Voluntários da Amadora, viram o seu trabalho dificultado, pelas deficientes condições de acesso entre as casas que não tinham espaço suficiente para os carros dos bombeiros se aproximarem.

OLHARES DE SAUDADE

Por isso, só quando o fogo consumiu as casas todas entre o seu início e a rua principal, foi possível aos bombeiros combatê-lo eficazmente, deixando no seu rasto, vinte e três habitações destruídas, 125 pessoas sem abrigo, das quais cinquenta e cinco com queimaduras ligeiras, 15 em estado grave e 6 mortos, dos quais, três bebés, dois idosos e uma jovem mãe que para salvar o seu filho enfrentou as chamas heroicamente.

Tal tragédia deu origem a que as autoridades finalmente fossem obrigadas a tomar medidas e a estabelecer regras de construção e urbanização do bairro. Depois do Ano Novo, todos os habitantes foram notificados para se dirigirem aos serviços de urbanização da Câmara Municipal da Amadora, a fim de iniciarem a legalização das suas habitações. Entre os documentos pedidos, estavam uma planta da casa, a caderneta predial do terreno, documento comprovativo da posse do lote ocupado, bem como cópias dos contratos com a companhia de electricidade, a E.D.P.- Electricidade de Portugal, bem como a Companhia das Águas de Amadora. Mas era condição essencial e prévia que todos estivessem recenseados e com documentos válidos que atestassem a sua morada na Amadora e no Bairro de Santa Filomena, bem como contratos de trabalho, de pelo menos um dos elementos de cada agregado familiar.

Então nova luta se iniciou, porque entre os cerca de quinhentos moradores do bairro, nem chegavam aos dez por cento, os que tinham os documentos exigidos. A propriedade da terra, pertencia a uma família de ricos e antigos fidalgos, que tinham tido naquele local e noutros nos arredores de Lisboa, uma quinta há muito desmembrada por sucessivas expropriações feitas para construção de auto-estradas e outras vias de acesso. Os herdeiros, que tinham emigrado para o Brasil após o 25 de

OLHARES DE SAUDADE

Abril, abandonaram o que lhes restava nas mãos de procuradores, que já ninguém sabia, passados dez anos, os poderes transmitidos ainda eram válidos ou já caducados. Mas entretanto veio-se a descobrir que a firma de advogados que representava os herdeiros, tinha mudado de donos, que tinham uma nova cor política e não estavam interessados em representar famílias conotadas com o fascismo.

A Empresa Auto-Estradas de Portugal, que detinha as parcelas expropriadas para construção das vias de acesso à capital, demarcou-se do problema, pois que por algumas terras ocupadas com hortas dos emigrantes à beira das estradas, não valia a pena ocupar advogados que eram mais necessários noutras demandas mais importantes e as culturas até ajudavam a tratar dos terrenos que de outra maneira teriam que ser limpos todos os anos do mato que crescia e tapava a visibilidade aos automobilistas.

A primeira medida que todos tomaram, foi recensear-se e legalizar os seus documentos, mas a burocracia entravou os processos mais uma vez e muitos ficaram à espera que lhes fossem enviadas certidões de nascimento e de casamento, pelas famílias em Cabo-Verde.

Portanto neste impasse, as autoridades tomaram a medida mais radical e que menos trabalho dava. Deram ordens de despejo a todos os emigrantes que não conseguiram legalizar as suas habitações, e ordens de demolição a todas as habitações não legalizadas.

Entre as pessoas visadas por essas ordens, contava-se Bonifácio e a sua família recém-constituída. Clara estava grávida de dois meses, os seus tios tinham mandado vir os velhos pais idosos que ficaram com queimaduras devido ao incêndio, e como eles muitas famílias se debatiam com graves problemas para sobreviverem naqueles dias.

Então Bonifácio e outros homens reunidos no Café Cidade da Praia, decidiram formar uma comissão de moradores, para estudarem formas de luta e poderem negociar com as autoridades e pugnar pelos seus direitos e das suas famílias. Afinal eles há mais de dez anos que viviam naquele local, tinham construído as suas casas com tantos sacrifícios, tinham constituído as suas famílias, ajudaram a construir os prédios para os brancos viverem e agora queriam pô-los fora dali? – Para onde iriam? Era inverno, estava frio, muitos ainda estavam feridos devido ao incêndio, não se podiam resolver os problemas acumulados em dez anos em dez dias apenas!

Era este o teor das conversas daquela noite, em que ficou acordado a constituição da Associação de Moradores do Bairro de Santa Filomena. Nos dias que se seguiram, Bonifácio e mais uma comissão de seis elementos dirigiram-se à Câmara Municipal da Amadora, para marcarem uma reunião com os Serviços de Obras e Urbanismo.

Foi-lhes dito que não lhes reconheciam legitimidade para representarem o bairro, enquanto a Associação de Moradores não estivesse legalmente constituída por escritura pública e que as demolições iriam avançar na segunda-feira seguinte.

Era quinta-feira, e no dia seguinte, era o Dia de Reis. Depois era o fim-de-semana e nesses três dias Bonifácio e os outros teriam que arranjar uma solução para salvar as suas habitações e as suas famílias de ficarem a dormir ao relento.

ARLETE PIEDADE LOURO   229
JOÃO PEREIRA FURTADO

OLHARES DE SAUDADE

Nessa quinta-feira à noite todos se reuniram no Café Cidade da Praia, agora transformado em sede da Associação de Moradores, e entre discussões acaloradas, choros e lágrimas das mulheres, resolveram tomar uma posição de força.

Ficou decidido que iriam avançar para uma greve geral e na segunda-feira iriam formar uma barreira humana para deter o avanço das máquinas, de preferência constituída por crianças e velhos. As mães choravam, os homens discutiam, as crianças achavam tudo aquilo, uma aventura maravilhosa, os velhos evocavam os seus tempos de juventude, contando histórias a que já ninguém dava importância pois agora viviam uma nova realidade.
Então quando se preparavam para colocar à votação de todos, a aceitação das medidas propostas, dois carros potentes pararam junto à entrada do café, fazendo chiar os travões ruidosamente no alcatrão danificado e ouvindo-se ainda a música estridente que saía dos rádios no volume máximo.

Temendo que fossem as autoridades, Bonifácio deu ordens para fecharem as portas, mas antes que isso fosse possível, dois vultos altos e morenos, vestidos com casacos de cabedal pretos, gorros de lã na cabeça, e calças de bombazina castanha, entraram pela porta, afastando os homens à sua passagem.

Reconhecendo os irmãos Jeremias e Geremias, todos se afastaram e em silêncio esperaram o que os líderes da comunidade local iriam dizer, depois da sua ausência de um mês em Cabo-Verde.

OLHARES DE SAUDADE

Os primos que todos julgavam irmãos, devido a terem o mesmo nome, serem sócios e muito unidos e amigos, além de uma notável parecença física, eram respeitados e queridos, não só dentro da comunidade Caboverdiana, mas também na cidade da Amadora, onde Jeremias primeiro e depois o primo Geremias quando chegou, tinham sabido conquistar as simpatias de todos e a consideração geral, devido á sua educação, carisma e ao assinalável progresso económico alcançado pela Construtora Jeremias e Geremias.

Sempre que era necessário algum documento mais difícil de obter, ou tratar para o licenciamento das obras e das urbanizações, Jeremias tratava dos assuntos pessoalmente, deslocando-se aos serviços de Obras e Urbanismo da Câmara Municipal da Amadora. Constava entre os seus funcionários que ele tinha uma amiga especial naquele departamento, uma amiga íntima que tudo lhe tratava em troca de alguns fins-de-semana em locais remotos e românticos, algures no Algarve.

Mas Jeremias era um senhor, um sedutor é certo, mas discreto e que sabia tratar dos seus assuntos pessoais sem perder a classe. Além disso, o fato do seu sócio ter casado com uma portuguesa, uma verdadeira beldade loura e de olhos azuis, era também um fator de respeito aos olhos daqueles homens, que ignoravam os aspetos envolvidos no casamento do outro dono da construtora.
 Por isso depois dos sócios terem mandado vir uma rodada de bebidas para todos, e de terem contado alguns aspetos da sua ausência, como o casamento do Jeremias e a chegada de mais um filho para Geremias, foram postos ao corrente do que se passava no bairro e das decisões radicais que estavam em jogo.

ARLETE PIEDADE LOURO
JOÃO PEREIRA FURTADO

Capítulo XXIV

DE REGRESSO À ALDEIA

José e Alzira Pereira chegaram a Lisboa com o coração apertado de dor e sofrimento. Mal saíram do aeroporto, tomaram um táxi e dirigiram-se de imediato para a prisão em Alcoentre. Lá foram informados de que o seu filho estava em prisão preventiva, pois era acusado de ser traficante de droga e associação com bando criminoso, sobre cujos membros pendiam acusações de vários outros crimes, dos quais ele poderia ser cúmplice.

José Pereira perguntou o que podia fazer para levar o filho consigo. Responderam-lhe que o filho teria que aguardar pelo julgamento para decidirem se era culpado de todas as acusações e quais as penas a que seria condenado e aconselharam-lhe a contratar um bom advogado se queria ajudar o filho, pois a situação era muito difícil. José Pereira e sua esposa Alzira que apenas sabia chorar, pediram para ver o filho para saberem se ele precisava de alguma coisa. Depois de revistarem os dois minuciosamente, levaram-nos para uma sala onde se encontrava uma mesa com uma cadeira atrás de uma divisória envidraçada.

À frente do vidro, estavam duas cadeiras e dois telefones pendurados ao lado da divisória em ganchos na parede. O guarda que os acompanhava mandou-os sentar nas cadeiras e esperarem. Daí a algum tempo, do outro lado do vidro, viram entrar o filho acompanhado por outro guarda que ficou de pé, ao lado dele. António Manuel sentou-se à mesa e pegou no telefone, fazendo-lhe sinal para também pegarem nos telefones do lado deles.

OLHARES DE SAUDADE

Assim fizeram e começaram uma conversa dolorosa para todos. António Manuel perguntou-lhe:
- Pai como soube que eu estava aqui?
- Uma senhora aqui da prisão, telefonou-me para Cabo Verde, para vir imediatamente ver o meu filho que se encontrava preso.
– Foi isto que me disseram – respondeu o pai tentando disfarçar a tristeza e controlar o tremor da voz.
- Mas que estavam a fazer em Cabo Verde? – Quis saber o filho.
- Estávamos lá a convite do Sr. Jeremias Sousa e Silva, nosso melhor cliente e primo e sócio do marido da tua irmã, que também estava lá com o marido e o filho – respondeu o pai, que acrescentou:
- Mas isso agora não interessa, diz lá mas é o que tens andado a fazer nestes três anos desde que desapareceste de casa, para agora te encontrarmos na prisão e nos fazerem vir de milhares de quilómetros para te acudir!
- Pai é tudo um engano, juro-te! – Tenho estado a trabalhar em França com um grupo de amigos, temos uma sociedade lá.
- E que negócios tem essa sociedade? – Interrogou o José Pereira, desconfiado.
- Pai, compramos vários produtos em Portugal, Espanha e França e vendemos. Compramos onde estão mais baratos e vendemos onde pagam melhor por eles e assim ganhamos dinheiro. – Respondeu o Tó Mané, em voz baixa e olhando de soslaio para o guarda que não arredava pé. Perante o ar cético do pai, acrescentou
– Pai, juro-te que é tudo um engano. Naquele dia pediram-me para levar uma encomenda de Lisboa, para entregar a um senhor em Madrid. Mas em Badajoz quiseram saber o que era que ia dentro e abriram-me tudo. Eu não sabia o que era pai, juro-te!
- E o que era, Tó Mané? – Era um pó branco, que eu não sabia o que era! – Tinham-me dito para não me preocupar com nada que

iria tudo correr bem! – Afinal disseram que era uma droga nova e perigosa! – Prenderam-me e trouxeram-me para cá!

- E porque nos chamaram? – Perguntou o pai – Se infringiste alguma lei, vais ter que cumprir a pena que a lei te ditar!

- Mas pai, podem ser muitos anos, e eu estou inocente! – Fui enganado! – Por favor pai, arranja-me um bom advogado que saiba resolver estas situações! – Não me deixes aqui a passar o Natal, vê se me soltam e me deixam aguardar o julgamento em liberdade!

Alzira que só escutava a conversa em silêncio, com os olhos marejados de lágrimas, através do seu telefone, interveio pela primeira vez:

- José, vamos ajudar o nosso filho! – Mesmo que seja culpado de alguma coisa, é nosso filho! – Tem direito a um advogado que o defenda. Para isso tem uma família, para o bem e para o mal! – Para isso também servem os pais, não é só para darem palmadinhas nas costas, quando se portam bem!

José olhou para a esposa e acenou com a cabeça levemente, Depois para o filho também. Pousou o telefone e fez sinal ao guarda para saírem dali. Foi Alzira que respondeu ao filho:

- Tó Mané está descansado! – Vamos falar com um advogado e vais passar o Natal a casa!

Os Pereira saíram dali noutro táxi diretamente para a sua casa, onde chegaram daí a hora e meia. Iam cansados, mas com a sensação que estavam a fazer alguma coisa para remediarem os erros cometidos com os filhos. No dia seguinte, segunda-feira, dirigiram-se a Torres Novas, ao escritório de um advogado muito conhecido, o Dr. João Lopes, a quem contaram o que se passava. No entanto este achou por bem, recomendá-los a um colega de Santarém, a capital do distrito, mais experiente nesse tipo de assuntos e que por estar mais perto da prisão e dos tribunais, poderia ser mais útil. Abalaram para Santarém, depois do Dr. João Lopes ter marcado hora com o colega, Dr. Antunes Madeira, que prometeu recebê-los às 16 horas desse mesmo dia. Posto ao corrente da situação, o Dr. Antunes, disse que tinha que ir á prisão e ao tribunal saber o que se passava e informar-se das acusações. Depois iria falar com o António Manuel para saber o que se tinha efetivamente passado. Pediu-lhe 25 contos adiantados, para despesas de deslocação e ficou com o número de telefone deles para informar o que fosse preciso.

Alzira ao despedir-se à porta, ainda recomendou de olhos húmidos:
 - Sr. Dr. por favor, veja se soltam o meu filho! – Pelo menos para ir passar o Natal e o Ano Novo a casa e poder rever a irmã e o sobrinho!
- Esteja descansada minha senhora! Não vai ser fácil, é um caso difícil, trata-se de drogas. Mas… ele tem um ponto ao seu favor, é réu primário. Com um pouco de sorte…pode esperar o julgamento em liberdade! Vou já providenciar o "Habeas corpus"– Prometeu o Advogado que fez sinal ao Pereira para o acompanhar de novo para o escritório. Lá dentro disse em voz baixa:
- Olhe se calhar é melhor deixar-me mais 25 contos, não vá dar-se o caso de ter que dar algum aos guardas, entende? José Pereira entendia muito bem. Resignado puxou de mais um cheque que preencheu e assinou.

À entrada Alzira aguardava-o. Saíram os dois e foram à cadeia ver o filho a quem contaram que já lhe tinham arranjado um advogado que iria vê-lo dentro em breve. Voltaram para casa, para a vida habitual, mas nessa semana estavam em preparação as festas de Natal e as festas tradicionais da aldeia, e em Lisboa as obras estavam paradas por causa dos festejos natalícios e do mau tempo. Chovia em vários locais, e assim José Pereira aproveitou para dar férias aos motoristas que só voltariam ao trabalho, depois do Ano Novo. Mas o Dr. Antunes não parou para férias. Daí a três dias receberam um telefonema que os animou um pouco mais. O Dr. Antunes não conseguiu o "Habeas corpus", mas António Manuel teria direito a uma saída da prisão para passar o Natal e o Ano Novo com a família e só teria que voltar a apresentar-se dia 7 de Janeiro, depois do Dia dos Reis, para aguardar o julgamento que estava marcado para 25 de Fevereiro, no tribunal em Santarém.

No dia seguinte, José Pereira voltou a Alcoentre, mas sozinho. Apresentou-se para acompanhar o filho a casa e depois de assinar um documento pelo qual ficava como responsável pela volta do António Manuel, esperou pela saída deste e iniciaram a viagem de cerca de duas horas de regresso a casa pela estrada nacional em direcção á auto-estrada, para tomarem o caminho de Alcanena. Pouco depois de entrarem na Auto-Estrada A1, entre Lisboa e Porto, José Pereira entrou no acesso á área de serviço do Carregado, onde parou o carro e convidou o filho para irem beber um café e conversarem um pouco. Eram cerca das 11 horas da manhã, chovia e estava frio, e aquela bebida quente era o que ambos estavam a precisar. Depois de beberem o café, olharam-se nos olhos, de homem para homem, pela primeira vez. Quando António Manuel tinha saído de casa, ainda era adolescente. Agora tinha quase 23 anos, que iria fazer em Janeiro e embora ainda fosse jovem, tinha outra maturidade, como se subitamente aquela situação que estava a passar, o tivesse feito crescer de repente.

Sem que o pai dissesse nada, António Manuel começou a falar:

- Sabes pai, a Isabel não era culpada de nada. Ela não é puta, só engravidou do namorado, como já aconteceu a milhares de raparigas e há-de continuar a acontecer enquanto o mundo for mundo e houver homens e mulheres! E agora tem um lindo menino, o meu afilhado António José!
- Sim meu filho eu sei! – E além do filho, tem um grande homem a seu lado! O marido, Geremias que a adora e ama! E uma família em Cabo-Verde que tudo faz para a fazer sentir-se uma princesa!
- Então estás a ver pai, não havia necessidade de nada daquilo!
- Tens razão meu filho, mas um pai também sofre! Também tem sonhos e ideais! Sonhava em ver a tua irmã casar de branco, vestida de noiva, como uma boneca!
- E que viste, pai? – Perguntou Tó Mané.
- Vi a minha Isabel ao lado do seu marido, de quem espera um filho, casar-se na Igreja, rodeada de gente que a ama, e do seu filho, enquanto a sua família de sangue, se desmembrava!

Agora foi a vez de António Manuel baixar a cabeça. Mas quando ergueu o olhar para seu pai, estava com um novo semblante resoluto e comovido, e afirmou:
- Mas meu pai, tudo na vida tem solução, só a morte não! – E juro-te que nunca na vida tirei a vida de ninguém! – Isso não!
- Então o quê meu filho? – De tudo que te acusam, o que é verdade?
- Pai, posso ter trazido algumas coisas ilegais, mas tinha que ganhar a vida! – Afinal o que é ilegal num lado, pode ser legal noutro! – Pois são países diferentes e cada um tem as suas leis!
- Mas temos que respeitar as leis de quem nos acolhe, não é filho?

- Mas o meu país continua a ser Portugal, pai! – Ando cá e lá, num dia estou num lado, no outro dia estou do outro lado da fronteira!
- Olha meu filho depois desta situação resolvida, vais ter que assentar e ganhar a vida com um trabalho dentro das leis! – Isso não me parece muito certo!

Depois de mais um pouco de conversa, pai e filho partiram para a aldeia, onde chegaram já passava da uma hora da tarde. Nas ruas os enfeites de Natal davam um ar festivo apesar da chuva e do vento. Entraram em casa. A Alzira que estava na cozinha a aquecer-se na lareira, nervosa bordava para que o tempo passasse mais depressa. Levantou-se e abraçou o filho. Foi um longo abraço. Parecia não ter fim. Ambos choraram. A mãe e o filho. Um choro de tristeza e alegria. Um choro de saudades. Saudades que só uma mãe sente pelo o filho. Saudades que só um filho sente para a mãe.

Embora a viagem não tivesse sido muito longa, estavam cansados e esfomeados. Mais ainda o António Manuel há tanto tempo afastado da casa de seus pais e dos cozinhados de sua mãe. O José Pereira e o filho sentaram-se á mesa. Alzira começou a servir a sopa quente de carne com feijão e couve que eles gostavam de comer nos dias frios. Pela primeira vez desde há vários anos sentiram-se em paz e unidos.

Capítulo XXV

EM CASA DE JEREMIAS

Quando Jeremias e Ângela chegaram ao aeroporto de Lisboa, acompanhados de Jacinto e Guidinha, não tiveram problema algum em cumprir as formalidades de desembarque, pois tinham todos os documentos necessários e em ordem.

No entanto, quando foram levantar os artigos em barro destinados à Exposição de Artesanato dos CPLP estes ficaram retidos na Alfândega. Disseram-lhes que até que tivessem uma Declaração passada pela organização da exposição em que atestavam que os produtos não se destinavam a venda, mas apenas a exposição, não os poderiam levantar a não ser que pagassem as taxas de I.V.A. devidas.

Jacinto prometeu a Ângela e Guidinha ir resolver o assunto no outro dia logo pela manhã, pois era já perto da meia-noite quando saíram do Aeroporto e apanharam dois táxis para a Amadora para casa de Jeremias. Tiveram que ir em dois, porque a quantidade de bagagem não cabia apenas na mala de um carro. Mesmo assim, ainda sacos e malas foram em cima dos bancos das viaturas, enquanto os motoristas pediam para terem cuidado com os estofos. Chegaram à vivenda de Jeremias no Bairro da Falagueira, onde tudo estava pronto para receber os recém-casados consoante ordens do Jeremias ao casal de empregados que tinham ficado a tomar conta da casa e do jardim.

Depois das bagagens colocadas dentro de casa, Jeremias mostrou a sua esposa, toda a moradia. Esta acompanhada da comadre Guidinha e do seu noivo e futuro sócio, Jacinto, apesar

do cansaço da viagem e do adiantado da hora, ia soltando exclamações maravilhadas:
- Olhe comadre tudo tão bonito! Olhe este chão como brilha – dizia Ângela admirando o chão da sala, de madeira envernizada que reflectia o brilho do lustre de cristal onde centenas de pequenas lâmpadas brilhantes iluminavam os pingentes transparentes em feitio de lágrima!

Guidinha estava boquiaberta com o luxo da casa de Jeremias. Um longo corredor com chão de uma pedra muito fina, branca e rosada que ela não conhecia, separava a casa em duas partes. Perguntou a Jacinto baixinho:
- Mor, que pedra é esta no chão? – Ele respondeu com suavidade: - É mármore querida, uma pedra muito resistente, que se usa nos palácios dos reis!

Ângela também ouviu e ficou ainda mais impressionada. Ela agora seria a rainha daquele palácio! – E para vincar desde logo a sua posição, disse a Jeremias:
- Meu marido, mostra-me onde é o nosso quarto! – Manda a empregada trazer as minhas malas e ajudar-me a arrumar as roupas!

Mas Jeremias entretido a conversar com Jacinto a quem mostrava a porta de entrada do quarto de hóspedes destinado ao casal de noivos, não lhe deu atenção. Este tinha-lhe confidenciado no avião que queria colocar o seu apartamento à venda, pois tudo nele lhe lembrava a falecida esposa e não desejava para lá voltar. Então Jeremias tinha feito o convite aos noivos para morarem com eles até casarem e terem a sua própria casa na aldeia, em Amiais de Cima.

OLHARES DE SAUDADE

Enquanto Jacinto e Guidinha muito apaixonados entravam no quarto maravilhosamente mobilado e decorado que os aguardava, Ângela foi á procura da empregada, mas esta tinha ido para casa com seu marido, logo após a chegada dos patrões. Afinal já passava da meia-noite e tudo estava em ordem. As roupas das malas teriam que esperar pelo dia seguinte – pensou Ângela resignada. Jeremias chamava-a carinhosamente para lhe mostrar o seu quarto que ele tinha deixado mobilado antes da viagem para Cabo-Verde e tinha recomendado aos empregados para prepararem, para receber a patroa.

Ângela entrou e maravilhada, foi admirando esta parte tão importante do seu novo lar. O quarto estava mobilado com elegantes móveis brancos. Uma colcha de cetim cor-de-rosa, onde estavam bordadas rosas brancas, cobria a cama baixa e larga. No chão tapetes espessos e felpudos em cor rosa mais escuro protegiam o chão de madeira escura e brilhante.

Na cómoda branca, um enorme ramo de rosas vermelhas, enfeitado com fitas de cetim brancas, estava disposto numa larga jarra de cristal. Ao lado um castiçal em prata, com velas brancas acesas.
Jeremias pegou-lhe na mão e levou-a à casa de banho ao lado do quarto. Mostrou-lhe a magnífica banheira em mármore do mais puro rosa. No chão e nas paredes o pavimento era branco com ligeiros veios rosados. As mobílias de apoio e os toalheiros eram brancas também com brilhantes espelhos incrustados na parede. Uma ligeira rosa estava desenhada no canto superior esquerdo.

Ângela não falava. A boca aberta de espanto tapada com a mão, atestava a sua emoção! Dava por bem empregues todos os sacrifícios de dez anos de espera pelo seu eterno noivo, agora

ARLETE PIEDADE LOURO   243
JOÃO PEREIRA FURTADO

finalmente marido! Pensava na sua querida Jerângela que tinha ficado à guarda da sua avó, e na vida de princesa que ela teria, quando conseguisse ir buscá-la.

Enquanto Ângela tomava posse do seu palacete e aprendia como funcionavam as torneiras de água quente, tendo ao lado um Jeremias orgulhoso de tudo quanto tinha conseguido proporcionar à sua esposa, no quarto ao fundo do corredor, Jacinto levou consigo para a casa de banho não menos luxuosa, uma surpreendida Guidinha.

Despiu-a carinhosamente e começou a beijá-la. Depois de se despir também, pegou-lhe pela mão e levou-a para debaixo da água quente que corria para a larga banheira. Pegou numa esponja macia e despejou um pouco de gel perfumado na mesma. Começou a ensaboar delicadamente o corpo moreno enquanto a beijava, e daí a pouco só se ouviam suspiros e ais naquele palacete.

Uns vinham de um quarto, outros de outro. Lá fora a chuva caía fria, mas ali dentro estava quente e os dois casais aconchegados, gozavam do seu amor depois de longos anos de espera.

No dia seguinte, Jacinto levantou-se às 7 horas da manhã, enquanto todos ainda dormiam e sussurrou baixinho a Guidinha ainda ensonada, que ia passar no seu apartamento e tratar dos documentos para levantar os artigos para a exposição.

No carro de Jeremias depois de passar pelo seu apartamento onde verificou que tudo estava em ordem, dirigiu-se à FIL – Feira Internacional de Lisboa, onde chegou às nove horas da manhã. Apresentou os convites entregues a Guidinha e Ângela, os passaportes destas com os vistos de entrada em Portugal e uma relação dos artigos que cada uma trazia para a Exposição. Mas ele era português e aparentemente nada o ligava às artesãs de Cabo Verde. Embora ele tentasse explicar que era noivo de uma e a outra sócia e comadre da sua noiva, não havia um documento escrito que atestasse a verdade das suas declarações. E sem documento escrito, lá estavam as burocracias a emperrar o sistema.

Teve que voltar a casa de Jeremias onde encontrou os amigos e a noiva, sentados à mesa a tomar o pequeno-almoço. Guidinha levantou-se e deu-lhe um beijo e um abraço apertado e só depois lhe perguntou:
- Então amor, já comeu?
- Ainda não querida, só bebi um café à pressa!
- Mas então senta-te aqui connosco e come descansado! O dia ainda mal começou!

Jacinto sentou-se um pouco impaciente, mas resignado, pois entendeu que a sua amada estava certa. Enquanto comia uma fatia de pão barrado com manteiga e bebia uma caneca de leite com café, foi explicando:
- Eles querem que sejam vocês a irem lá! Ângela e Guidinha! Eu não sou oficialmente convidado para a exposição! Não tenho convite! Não sou Caboverdiano! Não sou marido nem familiar de nenhuma de vocês, ainda!

Elas riram-se sem entender muito bem se ele estava a falar a sério ou se era brincadeira! Para Guidinha ele já era o seu marido! Para os outros um membro querido da família! Não entendiam as burocracias dos papéis, mas depois de comerem e arrumarem a loiça do pequeno-almoço, dirigiram-se com Jacinto à FIL junto ao Tejo e á Ponte 25 de Abril.

OLHARES DE SAUDADE

Perante os documentos exibidos, passaram-lhe a Declaração exigida. Dirigiram-se á Alfandega do Aeroporto, onde levantaram finalmente os preciosos artigos para a exposição que foram deixar arrumados na arrecadação de Jacinto, na cave do prédio, onde ficariam até voltarem da aldeia, antes do início da exposição.

Subiram a escada com Jacinto que queria mostrar-lhe a sua antiga casa. Depois de entrarem, Jacinto foi abrir as janelas, puxando os estores, e acendeu as luzes, pois lá fora continuava a chover e estava frio, era um dia típico do fim de Dezembro, em pleno inverno e as jovens de Cabo-Verde não estavam habituadas ao clima. Sentiam frio apesar dos casacos quentes que traziam mas que mesmo assim eram insuficientes perante a baixa temperatura.

Enquanto olhavam curiosas aquela casa no alto de um prédio, que era novidade para elas, Jacinto telefonou para o Canal, para os cunhados, para saber notícias do sobrinho António Manuel. Guidinha mais atenta, escutou a conversa em voz alta:
- Está lá? És tu, compadre Zé? – Do outro lado não se sabia a resposta, ela apenas ouvia Jacinto que continuou:
- Então o que se passou na prisão? Que fez ele?
- Já foram falar com o advogado?
- Ele já está aí com vocês? – Que bom, fico contente de saber!
- A Isabelinha ainda não chegou! – Vem amanhã com o Geremias! – Sim vamos para aí. logo que ela chegue.
- Não podemos ficar até aos Reis! A minha Guidinha e a Ângela têm que estar cá no dia 2 de Janeiro! Elas têm que estar na Exposição de Artesanato na FIL!
- Sim eu tenho que vir com elas para as ajudar!

- Está bem compadre, cumprimentos à comadre Alzira! A gente vai amanhã, pode ficar descansado! Mal a Isabel chegue com o Geremias e o Toninho!
- Até amanhã compadre! – Cumprimentos ao meu sobrinho! Amanhã já lhe dou uns tabefes para ajudar a pôr juízo naquela cabeça!

Guidinha escutou o clique do telefone a ser colocado no descanso e foi juntar-se a Ângela que admirava um serviço de copos de cristal, expostos na vitrina do guarda-louça, na sala mobilada com móveis clássicos de madeira escura. Esta alheia à conversa, perguntou-lhe:
- Comadre, ficam a viver nesta casa?
- Penso que não minha amiga! Jacinto não quer! Ele fala em vender a casa!
- Mas pode comprar outra perto da nossa! – Respondeu Ângela, a quem custava separar-se da companheira de tantas horas de trabalho.
- Acho melhor ir com ele para a aldeia. – Respondeu Guidinha, aproximando-se de Jacinto que entrava na sala, e perguntando-lhe em jeito de confirmação:
- Não é meu amor? – Vamos para a tua aldeia? Amiais de Cima? Jacinto enlaçou-a pela cintura e dando-lhe um beijo no rosto macio, respondeu:
- Amanhã mal chegue a Isabelinha com a família, vamos todos para o Canal ! Vamos para a casa dos nossos compadres, o José e a Alzira! - O António Manuel já saiu da cadeia e está lá! – E há a festa anual da aldeia, dedicada ao S. Silvestre, vamos todos festejar a reunião da família desde há alguns anos e a reconciliação dos pais com os filhos!

OLHARES DE SAUDADE

Guidinha olhou o seu futuro marido e notou-lhe a humidade nos olhos escuros. Pensou que ele podia estar a pensar na esposa falecida, que faltaria a essa alegre reunião familiar, mas não disse nada. Eram assuntos dele, sentimentos de trinta anos ao lado de outra pessoa que já não pertencia ao mundo dos vivos e ela não tinha o direito de interferir com as recordações dele. Deu-lhe um abraço silencioso e acariciou-lhe os cabelos grisalhos, apertando-o um pouco, para transmitir a sua compreensão e carinho. Ele olhou-a emocionado. Tinha compreendido o gesto e o apoio silencioso que ela tinha querido transmitir-lhe. Sentiram-se mais unidos.

Saíram daquela casa cheia de recordações e foram encontrar-se com Jeremias que tinha ido ao escritório da Construtora para dar uma vista de olhos aos assuntos pendentes. Quando chegaram junto ao moderno edifício no centro da Amadora, ao lado do Parque Delfim Magalhães, Jeremias vinha a sair. Estavam na hora de almoço e este disse-lhe ao vê-los parados à entrada do edifício:
- Ainda bem que já estão aqui! – Vamos almoçar que são horas!
– Hoje pago eu – Vamos ao restaurante do Barbosa!
Dirigiram-se para o restaurante onde se lia em letras pintadas na montra "Restaurante O Barbosa" ao lado do Parque Delfim Guimarães, e um senhor atencioso aproximou-se, cumprimentando Jeremias:
- Meu amigo Jeremias, como estás? – Enquanto lhe dava um forte abraço e olhava de soslaio para as acompanhantes do amigo. Mas vendo o outro homem, não se atreveu a fazer comentários.
Jeremias que já tinha ido àquele local muitas vezes, bem acompanhado, apressou-se a apresentar a esposa:

- Amigo Barbosa, deixe que lhe apresente a minha esposa Ângela de Sousa e Almeida! - e para a esposa: - Querida, este é o meu amigo, Sr. Barbosa, o dono do restaurante!
E continuou, enquanto Ângela sem saber como reagir se limitava a acenar a cabeça – E esta é a minha comadre Guidinha e o seu noivo, Jacinto Gomes.

Barbosa olhou para Jacinto que conhecia muito bem, com um ar de estranheza e malícia, mas não fez comentários. Jeremias era um cliente assíduo, muitas vezes trazia clientes para almoçar, outras vezes, amigas e ele não queria perder a galinha de ovos de ouro. Por isso limitou-se a conduzi-los à melhor mesa disponível, enquanto lhe apresentava o menu e ia recomendando:
- Hoje temos cozido à portuguesa! Bacalhau à casa! Feijoada de chocos! Douradinhas grelhadas! – Que vai ser amigo Jeremias?
- Estas senhoras acabam de chegar de Cabo-Verde, amigo! Não estão habituadas á comida portuguesa! Têm que pensar e escolher bem! Já fazemos o pedido.
Sentaram-se à mesa. Jeremias pediu para ele e para Jacinto, cozido à portuguesa e foi explicando como eram feitas as comidas às duas senhoras. Mas para sua surpresa, elas estavam desejosas de conhecer novos sabores e pediram o Bacalhau á Casa. Ângela e Guidinha gostaram do bacalhau que raramente comiam em Cabo-Verde e não era preparado como ali. Deliciaram-se com as postas macias, apresentadas em utensílios de barro, parecidos com os "bindes" que elas fabricavam, pois eram em cor castanha, como uns pratos redondos com rebordos altos e umas pegas de cada lado. No fundo vinha o bacalhau, que tinha sido assado com azeite e cebola, e á volta tinha puré de batata, que se desfazia na boca de tão saboroso e macio. Por cima do bacalhau, tinha maionese.

Elas não sabiam os nomes de tudo isso, mas Jacinto foi-lhes explicando os segredos da cozinha portuguesa pois ele era também um bom gastrónomo, apreciador da boa comida. Prometeu ensinar à Guidinha e Ângela a confeccionarem os pratos tradicionais.

Depois de terminarem a refeição com um arroz doce para as senhoras e café para os homens, Jacinto deixou as duas mulheres com Jeremias e dirigiu-se ao Registo Civil, para ir requisitar uma certidão de nascimento actualizada, onde constasse o seu novo estado civil de viúvo, a fim de começar a tratar dos documentos para o seu casamento com Guidinha.

Ângela e Guidinha quiserem ir para casa, para acabarem de desfazer as malas e estarem preparadas para irem para a aldeia do Canal no dia seguinte à noite, quando chegassem o Geremias com a Isabel e Toninho.

Capítulo XXVI

OS PROBLEMAS DO BAIRRO

Jeremias voltou para o escritório onde tinha uma reunião com Bonifácio o seu encarregado-geral, depois de deixar as duas na sua vivenda que era perto do centro da cidade.
Nessa reunião Jeremias ficou a saber da tragédia ocorrida no bairro de Santa Filomena, onde o seu funcionário vivia e este também informou o patrão que tinha casado com Clara e estava a viver com ela num anexo à casa do tio João Maria.

Jeremias quis saber dos detalhes do incêndio e das suas causas prováveis e Bonifácio foi informando:
- Patrão tudo aconteceu muito rápido! Ninguém sabe as causas!
- Mas não chamaram os Bombeiros?
- Sim chamámos, mas os carros não conseguiram passar!
- Como não conseguiram passar?
- Patrão as ruas são muito estreitas! Os carros dos bombeiros não entram!
- Pois é! – Esse bairro é mesmo uma desgraça! Temos que ajudar a resolver essa situação!
- Mas patrão Jeremias, agora não vai ter jeito! Querem obrigar-nos a legalizar as casas!
- Sim, acho bem! Isso já devia ter acontecido logo no princípio!
- Mas patrão é uma lista enorme de documentos que ninguém sabe como tratar ou arranjar! Ninguém consegue patrão! E ameaçam demolir as casas dos que não conseguirem a legalização!
- Demolir as casas? Mas isso é um absurdo! E para onde vão as pessoas? Está frio, é Inverno, chove, e muitos ficaram sem nada

com o incêndio. Não foi isso que disseste, Bonifácio? – Perguntou Jeremias.

- Sim patrão! – Até eu fiquei sem a minha casinha. O meu tio ficou ferido no incêndio a tentar ajudar-me! A minha tia caiu e partiu a perna! E muitos dos vizinhos, estão feridos, ou queimados, e as casas arderam! Não têm onde dormir, nem o que vestir, e ainda estão feridos também!

- Mas Bonifácio é muita desgraça junta! – Onde estão essas pessoas a viver? O pequeno-almoço…

- Estamos nas outras casas de amigos e família. Mas estamos muito apertados lá, e está muito frio! Desligaram-nos todos os cabos da electricidade, porque houve uma descarga forte e todos dizem que isso foi a causa do incêndio! – Agora a companhia da electricidade desligou tudo e diz que não volta a ligar.

Jeremias ficou silencioso a pensar. Estava abismado com a desgraça dos compatriotas, e ainda mais com as exigências das autoridades. Ele tinha nacionalidade portuguesa, porque tinha vindo antes da revolução com passaporte português por isso nunca teve problemas graves em conseguir tratar dos aspectos burocráticos. Graças ao seu carisma e simpatia, tinha construído uma rede de relações nos locais certos, a quem recorria sempre que as dificuldades aumentavam.

Mas agora eram muitas pessoas, muitos documentos a tratar, a dificuldade ia ser muita. Perguntou a Bonifácio:

- Em que fase está a construção dos novos prédios do Bairro da Mina?

- Estão com os telhados prontos, com o reboco, estamos a acabar de tapar os roços. Os cabos eléctricos foram todos colocados!

- E as casas de banho e cozinhas, estão montadas?

- Estão sim patrão!

- E as portas e janelas?
- Estão todas montadas patrão!
- E os pavimentos, estão prontos?
- Estão sim patrão, só falta afagar e envernizar os quartos!
- E as paredes e tectos estão estucados?
- Vai amanhã a equipa de estucadores começar!
- Olha Bonifácio quanto tempo vão demorar a fazer o estuque?
- Cerca de duas semanas patrão!
- Não pode ser! Contrata mais duas equipas! Até segunda-feira o prédio tem que estar pronto! No fim-de-semana quero os estucadores de lá para fora e o pessoal dos pavimentos tem que deixar tudo pronto até domingo à noite! Vai tratar disso já!
- E acrescentou – E hoje à noite vai lá a casa levar-me a lista dos documentos necessários para legalizarem as casas do bairro! Vou ver o que posso fazer!
Bonifácio só pode responder: - Sim patrão! – É para já! - E saiu a correr.

Quando chegaram a casa, Jeremias e Jacinto estavam estafados, mas com a sensação do dever cumprido. Jantaram a refeição cozinhada por Ângela e Guidinha com a ajuda da empregada, quiseram saber o que era, e ficaram a saber que eram bifinhos com natas e cogumelos.
Para os dois homens, era normal, para as mulheres tudo era novidade, mas foram elogiadas e ficaram contentes com o resultado do seu esforço. Jacinto contou que tinha que voltar no dia seguinte ao Registo Civil, pois faltava a Certidão de Óbito da sua falecida e sem esse documento não lhe passavam a Certidão de Nascimento actualizada. Mas já tinha ido à funerária solicitar esse documento. No dia seguinte contava ter os seus documentos tratados.

OLHARES DE SAUDADE

Quando Jeremias relatou o que se passava no Bairro de Santa Filomena, todos viram a imensidão do problema, mas quando chegou Bonifácio a seguir ao jantar e se sentou á mesa com eles a beber café, é que foram tomando real consciência da situação. Ele colocou uma lista imensa de nomes e documentos em cima da mesa. Jeremias e Jacinto foram lendo e soltando exclamações de espanto!

Depois de Bonifácio sair deixando a lista dos nomes e dos documentos necessários a cada um dos habitantes do bairro, Jeremias exclamou para Jacinto:
- Nem em 6 meses vamos conseguir deslindar esta situação! – Que achas Jacinto?
- Amigo Jeremias, isto é assunto para uma equipa de solicitadores tratar! Ou mesmo advogados! Estão aí situações que se arrastam há mais de cinquenta anos! Muitos proprietários já devem ter morrido, os herdeiros não devem ser conhecidos, outros devem ter emigrado!
- Pois acho que tens razão! – Amanhã vou falar com o Dr. Joaquim Santos, aquele advogado de Sintra que me tem ajudado com as situações mais complicadas!
- Sim acho bem! Mas isso vai custar caro! Tantas coisas a tratar!
- Amigo, o dinheiro não é problema! Farei isso e muito mais para ajudar os meus compatriotas!
- Em que estás a pensar amigo Jeremias?
- Não posso dizer mais nada! – Tenho que esperar que o Geremias chegue amanhã! – Tenho que falar com o meu sócio!
– Vamos é descansar que o dia foi agitado!

Os dois levantaram-se do escritório onde tinham recebido o Bonifácio e foram ter com as amadas que os esperavam na sala, vendo um filme romântico na televisão a cores. Sentaram-se a seu lado, mas o filme foi rapidamente esquecido. Era chegada a hora do amor. Daí a pouco cada casal se recolheu ao seu quarto, enquanto lá fora a chuva continuava miudinha e certa.

No dia seguinte levantaram-se pela manhã e os dois homens saíram juntos, enquanto as mulheres ficaram a arrumar as roupas e as malas para irem passar os dias de festa à aldeia. Geremias com a família só chegaria às dezasseis horas ao aeroporto, e teriam que os ir buscar.

Jeremias foi deixar Jacinto a casa, pois ele queria apanhar o seu carro para o levar à revisão antes da viagem para a aldeia, e em seguida foi para o escritório da Construtora. Mal chegou, chamou a sua empregada, que era uma senhora na casa dos trinta anos, divorciada, sempre muito elegante e bem arranjada que se chamava Elisabete:

- Dona Elisabete, marque-me uma reunião para esta manhã com o Dr. Joaquim Santos, sem falta! Tem que ser esta manhã ainda, não importam as horas!

- Sim Sr. Jeremias, pode estar descansado!

Elisabete saiu para o seu gabinete e pegou no telefone. Daí a pouco voltou ao gabinete de Jeremias e disse-lhe:

- Patrão tem reunião com o Dr. Joaquim Santos, às 11 horas! Que documentos necessita que lhe arranje para levar?

- Não se preocupe D. Elisabete, já tenho tudo que necessito por agora! Obrigada pode ir!

Enquanto a empregada pensava na vida do patrão, este ia a caminho de Sintra. Chegou ao escritório do Advogado à hora marcada e depois de ser recebido por este, a quem pôs ao corrente da situação dos habitantes do Bairro, este aceitou tratar do caso, mas foi logo dizendo:

- Sr. Jeremias de Sousa e Almeida, olhe que para tratar de todos estes casos, não vai ser fácil, nem rápido, nem barato! – Alguns

– poucos – podem demorar alguns meses, outros – a maioria – anos, e outros nem em meses nem em anos!
- Sr. Dr. poderia fazer um primeiro estudo da situação em geral e dar-me previsões de custos e tempo despendido, em duas semanas?
- Sr. Jeremias, tenho funcionários em férias, também irei passar o Ano Novo fora, não lhe posso prometer nada!
- Dr. até ao fim de Janeiro, conseguirá dar-me uma ideia?
- Vou fazer o possível!
Jeremias sabia o que se passava na mente do Advogado e foi puxando pelo livro de cheques, e exibindo um cheque, perguntou ao Advogado:
- Deixe-me deixar-lhe um adiantamento para as suas despesas. Sr. Dr. – Acha bem cinquenta mil escudos?
- Pode ser Sr. Jeremias. Vou pedir à funcionária para lhe passar o recibo!
Jeremias deixou-se ficar sentado e perante essa atitude o advogado que se ia já a levantar dando a entrevista por terminada, perguntou enquanto guardava o cheque:
- Em que mais lhe posso ser útil, Sr. Jeremias?
- Sr. Dr., os meus compatriotas estão numa situação difícil! – Têm ordens de despejo e ameaças de demolição das casas! As máquinas estão para avançar amanhã pela manhã! Os homens estão barricados à entrada do bairro com os filhos e as famílias, Sr. Doutor. Temos que inverter essa situação e conseguir mais tempo para a sua competente equipa poder tratar da situação com eficácia, Dr. Santos!
- Meu amigo não se preocupe! Porque não me disse logo? – Vou já telefonar ao meu grande amigo, o Eng. Manuel Sarmento, presidente da Câmara Municipal da Amadora! – Aguarde aqui, que já lhe venho dar uma resposta!

Daí a pouco o advogado entrou com um ar sorridente no rosto astuto e disse-lhe:
- Sr. Jeremias, pode ir à sua vida descansado! – O presidente da Câmara já tratou de tudo! As ordens para demolição ficaram suspensas até ao fim de Janeiro! – Logo que eu souber de alguma coisa, mando informar-lhe!
- Sr. Dr. ficarei à espera! Se não me disserem nada até á terceira semana do mês, tem-me cá de novo!
O advogado era esperto e inteligente. Já sabia da história de sucesso daquele imigrante e previa ganhar muito dinheiro com aquela situação! Por isso respondeu alegremente:
- Será um grande prazer meu amigo! – Venha quando quiser! – Mas informe-me antes, para irmos almoçar juntos, faço questão de lhe mostrar as delícias de Sintra!
- Aceito com prazer, Sr. Dr. – respondeu Jeremias enquanto se despedia com um firme aperto de mão.

Já passava da uma hora da tarde quando Jeremias chegou a casa. Jacinto estava sentado na sala a ver as notícias na Televisão, enquanto as duas mulheres estavam na cozinha larga e luminosa. A chuva tinha parado e o sol brilhava, mas o frio era agora mais cortante.
Almoçaram enquanto ouviam Jacinto contar as suas andanças pelas repartições. Afinal ainda não lhe tinham dado a certidão de nascimento, a funcionária que fazia os averbamentos no livro, estava de férias e só regressaria depois do Ano Novo! – Não iam poder fazer o casamento senão depois da exposição!

Depois do almoço, saíram em direcção ao Aeroporto de Lisboa. Iam esperar a chegada de Geremias, Isabel e Toninho, que deviam chegar às 16 horas no avião que vinha de Boston, com escala na Praia. O trânsito estava como sempre congestionado na Segunda Circular e Jeremias detestava conduzir naquelas filas, onde passava mais tempo parado que circulando.

Chegaram ao Aeroporto às 15h45 e subiram para o Terraço Panorâmico para esperarem a chegada do avião, enquanto bebiam um café e conversavam. Daí a pouco era anunciada a chegada do avião e dirigiram-se para a sala de espera dos passageiros, para aguardarem a chegada dos familiares e amigos.
Quando eles apareceram depois de cerca de mais meia hora de espera, vinham radiantes, embora com um ar um pouco cansado. Isabelinha já não coxeava quase nada, Toninho vinha a rir segurando um enorme macaco de peluche, e Geremias deu um forte abraço no primo e sócio, logo seguido pelo Jacinto. Depois de mais beijos e abraços, seguiram para os carros onde acomodaram as malas com algum esforço.

Depois de chegarem a casa, pelas 18 horas, os sócios dirigiram-se ao escritório para tratarem de um assunto de negócios, enquanto as mulheres tratavam do jantar e Isabelinha contava as novidades da viagem que tinha sido boa.
No escritório, Jeremias colocou o seu primo a par do que se passava com o bairro e da necessidade de irem lá os dois comunicar à Comissão de Moradores o que se passava e o que tinham conseguido tratar. Geremias concordou em tudo com as sugestões do sócio, e saíram dirigindo-se ao Bairro de Santa Filomena.
Quando entraram no Café Cidade da Praia, foram aclamados como salvadores, mas pedindo a palavra, Jeremias falou aos moradores ali reunidos:
- Meus amigos, estamos aqui a título pessoal, como amigos para os ajudar a resolver a situação complicada em que todos se

colocaram com a construção sem leis deste bairro e destas habitações sem regras! – Ouviram-se aplausos mas a maioria mantinha-se em silêncio, atentos às palavras de Jeremias que era muito respeitado no bairro – este continuou:

- Tive hoje uma reunião com o Dr. Joaquim Santos que é um Advogado de Sintra, muito experiente e habituado a tratar destas situações! Para já ele conseguiu a suspensão da ordem das demolições! Podem acabar com as barricadas que as máquinas não virão! – Agora os aplausos eram ensurdecedores e os vivas aos manos Geremias e Jeremias, eram lançados de todos os lados! – Depois de pedir silêncio, Jeremias continuou:
- O Advogado que contratei está de posse das listas de pessoas e documentos necessários para a legalização das habitações e vai fazer um estudo de tudo que é preciso. No fim do mês que vem, já teremos respostas!
Depois de mais aplausos comovidos, foi a vez de Geremias falar:
-Amigos, acabei de chegar de Cabo-Verde, a nossa terra querida, e tenho presentes para oferecer aos que perderam as suas habitações no incêndio! – Pensando que eram ofertas que as famílias teriam enviado, ficaram em silêncio, esperando a continuação. Geremias acrescentou:
- A partir da próxima semana, um prédio de apartamentos com habitações para vinte famílias estará à vossa disposição no Bairro da Mina! Está em acabamentos mas na próxima segunda-feira ficará concluído! Podem combinar com a Comissão, quais as famílias mais necessitadas e irem preparando as mudanças!

Agora os aplausos acompanhados de choros eram ainda mais barulhentos, e enquanto os sócios da Construtora Jeremias e Geremias saíam para irem ao encontro das famílias, aqueles

OLHARES DE SAUDADE

homens e mulheres sentindo-se mais aliviados, começaram a dirigir-se aos líderes eleitos que integravam a Comissão de Moradores para se candidatarem às ofertas anunciadas.

Capítulo XXVII

FESTA NA ALDEIA

Depois de jantarem, todo o grupo se dirigiu ao Canal ao encontro dos amigos José e Alzira e do seu filho António Manuel, conforme estava prometido. Jacinto e Guidinha foram no carro de Jacinto, já que este não aceitou a oferta dos amigos para aproveitarem a boleia, preferindo ficar livre para poder ir mostrar a região onde nascera, á sua noiva.
Jeremias e o primo também optaram por levar cada um o seu carro, não pelas razões de Jacinto, mas mais por vaidade e desejo de se mostraram na aldeia, como empresários bem sucedidos.
Assim, era perto da meia-noite quando chegaram a Canal, atrás de Jacinto, que abria a fila dos três carros, para indicar o caminho correto. Enquanto seguiram pela Auto-Estrada 1 foi fácil, mas depois de saírem da mesma para as estradas municipais, e como era noite e inverno, tiveram que seguir com mais atenção.

Por isso José Pereira e Alzira estavam preocupados à espera dos amigos e familiares, e não pouparam exclamações enquanto se aproximaram dos carros que pararam ao lado uns dos outros depois de entraram o enorme portão aberto, que dava acesso à vivenda dos Pereira. De braços abertos, o José exclamava:
- Então como correu a viagem? – Pensava que já não vinham hoje! – Já é muito tarde!
- Amigo Pereira, está tudo bem, não se preocupe – respondia o Jeremias enquanto saía do carro e lhe dava um grande abraço, com palmadas nas costas!

ARLETE PIEDADE LOURO
JOÃO PEREIRA FURTADO

OLHARES DE SAUDADE

- Então José, estamos aqui todos! – Dizia o Geremias que se aproximava abraçando Isabelinha com o Toninho adormecido ao colo! – Já viu, chegamos de Cabo-Verde há pouco menos de seis horas e já estamos aqui na aldeia!
Enquanto José Pereira se acalmava, era a vez de Alzira se aproximar querendo pegar em Toninho. Mas este adormecido ao colo de Geremias, não queria largá-lo para ir para o colo da avó, que só tinha conhecido em Cabo-Verde e convivido por breves dias.

Mas enfim lá foram entrando e Alzira encaminhando-os para os respectivos quartos para descansarem do dia cansativo. Entretanto Tó Mané apareceu e depois de abraçar e beijar longamente a irmã, quis dar um grande abraço ao afilhado. Mas este já estava a acomodar-se na cama, sem chegar a acordar por completo e não correspondeu aos desejos do padrinho, que só tinha visto uma vez quando ainda era bebé.
Os homens foram retirar as malas dos carros, enquanto as senhoras deitavam o menino e tomavam posse dos aposentos preparados. Daí a pouco todos dormiam, deixando as conversas para o dia seguinte, pois estavam cansados daquele dia fatigante.

Depois de uma noite de sono repousante, onde apenas se ouvia o barulho do vento nas persianas, sem o ruído do trânsito a incomodar, acordaram um pouco assustados. Pouco passava das sete horas da manhã e já estalavam foguetes no ar, uns a seguir aos outros, fazendo um barulho infernal que deixou todos em alvoroço.
Isabel tentava acalmar Toninho, que chorava assustado e os sócios levantaram-se ao ouvir o estalejar dos foguetes, para irem ao encontro de Jacinto e José que já ouviam na cozinha, a falar com Alzira.

José foi dar-lhes um abraço enquanto dizia:
- Já a pé? A alvorada não os deixou dormir? Podem ir descansar mais um pouco amigos!
- Descansar como? – Respondeu Geremias bem disposto – Com este barulhão todo, quem pode descansar?
- São as tradições da terra, amigos! – Temos que saudar o dia que chega com muitos foguetes para os vizinhos das outras aldeias virem todos para a festa e trazerem muitas ofertas para o Santo! – Respondeu o Pereira, sorridente!
- Ofertas para o Santo? Para quê? – Perguntaram os primos que queriam saber todas as tradições da aldeia, para poderem comparar com as da sua terra.
- O Santo da aldeia é o S. Silvestre! – Respondeu José Pereira que acrescentou:
- O santo protege os animais contra as doenças e os donos dos rebanhos vêm com as cabras, ovelhas e vacas dar umas voltas à capela, para agradecer a proteção do santo!
- Que engraçado isso! E que música é esta que estamos a ouvir a aproximar-se? – Perguntaram os primos que como todos os Caboverdianos, adoravam música.
- Ai meu Deus! – Deve ser a banda que já aí vem, com os festeiros para levantarem a oferta! – Exclamou José Pereira com um ar de aflição que fez rir os dois sócios.
- Não se riam! – Tenho que ir ver se está tudo em ordem! – Até já amigos! Sentem-se à mesa e comam. Não esperem por mim!
Mas os hóspedes queriam ver e acompanhar tudo e seguiram o amigo até à entrada da moradia, onde ele tinha disposto as ofertas para o Santo. Já se via ao longe na rua, o cortejo que se aproximava, com os festeiros à frente. Vestiam fatos tradicionais com um colete de flanela vermelha por cima. Na mão esquerda traziam estandartes, com uma bandeira com a imagem do santo, na mão direita traziam sacos de veludo preto com que recolhiam

as ofertas e dinheiro. Outros traziam recipientes metálicos, onde levariam o azeite oferecido – foi explicando o José aos dois amigos!

Mas à frente do cortejo, vinham os lançadores dos foguetes que iam deitando alguns para o ar mesmo em frente à casa do Pereira, enquanto paravam e a banda tocava alegremente. Mas ao ouvir o choro do filho dentro de casa, Geremias pediu para pararem de deitar foguetes, para não assustar o menino que não estava habituado. Os foguetes ficaram quietos, a banda calou-se e os festeiros que eram os habitantes da aldeia, encarregues da festa, aproximaram-se para recolherem a oferta que José tinha preparada.

Depois de dar uma quantia substancial em notas, que os amigos não viram bem, mas calcularam que seria cerca de 100 contos (100.000$00 escudos ou 500 euros pela moeda atual), o amigo ofereceu também 10 garrafões de azeite que seriam depois vendidos, e cujo valor revertia para a comissão de festas. Os sócios não querendo fazer má figura, perguntaram se aceitavam cheques, e foram buscar cada um, um cheque no valor de 50.000$00 (250 euros), que ofereceram aos festeiros para colaborarem conforme podiam.
Depois do cortejo se afastar, voltaram para a cozinha onde a mesa estava posta, com bolos, pão fresco, queijo., frangos assados, vinho, café e leite, e tomaram o pequeno almoço em companhia das mulheres e do Toninho que já estava mais calmo. Jacinto e Guidinha tinham ido a Amiais de Cima, disse-lhe Alzira e o Tó Mané ainda dormia.

Então ouviram lá fora o tropel dos rebanhos que se aproximava para irem dar a volta á capela do santo, e os primos quiserem ir ver a capela e a festa. José Pereira acompanhou-os, enquanto as mulheres ficavam a ajudar Alzira a fazer o almoço, pois que esperavam convidados e deviam ser cerca de quarenta pessoas á mesa.

Alzira tinha matado seis galinhas que estavam a cozer no enorme fogão a lenha, para fazer a canja. Também mataram um porco e um borrego, e seguindo as instruções da amiga e de Isabel, as comadres foram descascar batatas para disporem nos enormes tabuleiros de barro, onde já se encontravam pedaços de carne temperada com banha e massa vermelha feita de pimentos esmagados, conforme lhe explicou Isabel. Depois de tudo regado com azeite e vinho, colocaram os tabuleiros nos fornos do fogão, onde ficariam a assar.

Enquanto isso os primos Jeremias e Geremias, acompanhados de José Pereira, entravam na pequena capela da aldeia. Ao fundo no altar, a imagem de S. Silvestre, que segundo lhes explicou o festeiro encarregado da capela, tinha sido um papa natural de França. Antes de ser religioso, fora soldado ao serviço do imperador romano e como tal era afeiçoado aos cavalos e outros animais que protegia e curava de doenças. Os donos dos animais, quando estes adoeciam, oravam ao santo, pedindo a cura e prometiam vir á festa e á capela fazer ofertas para agradecer a cura. Assim no dia da festa, compravam uma pequena estatueta em cera do animal que se tinha curado, a qual era colocada no altar, para atestar o poder do Santo e cujo valor revertia para a comissão de festas e melhoramentos na capela.

Admirados, os primos viram o altar cheio das pequenas estatuetas, e na sacristia ao lado, filas de prateleiras com mais figurinhas, representando vários animais em miniatura.

OLHARES DE SAUDADE

Depois de darem uma volta pelo arraial, voltaram a casa, onde os esperava o almoço juntamente com dezenas de convidados, que iam enchendo o jardim e o pátio fronteiro à casa.

Ao fundo do jardim, existia um enorme armazém, onde José guardava os camiões e ferramentas do negócio, mas naquela ocasião, o armazém estava vazio, e enormes mesas estavam dispostas esperando os convidados. Isabel, Ângela e Guidinha que já tinha regressado com Jacinto de Amiais de Cima, dispunham os pratos e talheres em cima das toalhas brancas, enquanto Jacinto enchia jarros de vinho tinto nas enormes pipas da adega e os colocava em cima das mesas. Alzira numa mesa ao lado, cortava fatias do pão que tinha cozido na véspera no forno a lenha e colocava-as em cestas de vime que espalhava ao longo das mesas.

António Manuel apareceu sonolento e foi encarregado de ir buscar os guardanapos e colocá-los ao lado dos pratos já dispostos em filas nas mesas.

José Pereira estava a colocar tábuas apoiadas em tijolos empilhados, para servirem de assentos, pois para tantas pessoas, não havia cadeiras suficientes. Então apareceram quatro músicos e duas jovens músicas da banda, que eram distribuídos pelas casas das pessoas da aldeia, para almoçarem, e José Pereira foi recebê-los, indicando-lhe os melhores lugares.

Todos os outros convidados, colegas da cerâmica com as famílias, amigos e parentes das aldeias vizinhas, clientes que tinham vindo expressamente a convite do Sr. Pereira a quem deviam favores e queriam manter as boas relações, todos tinham comparecido à festa e ao almoço em casa do José Pereira e da D. Alzira. Enquanto se iam sentando, olhavam admirados para Isabelinha e o marido desta, bem como Jeremias e Ângela, e ainda mais para o casal formado por Jacinto e Guidinha. Os burburinhos e segredos murmurados em voz baixa começaram, bem como os comentários maldosos e as invejas mesquinhas.

Jacinto era viúvo só há dois meses e já estava acompanhado daquela rapariga, bem mais nova, e ainda por cima mestiça, Isabel estava casada com um rapaz mulato, os amigos de José e Alzira, também eram mestiços, enfim naquela aldeia ainda atrasada do interior de Portugal, onde as novidades demoravam a chegar, havia muitos assuntos de interesse para os comentários e segredinhos à mesa, enquanto deitavam olhares de soslaio aos visados pelas tagarelices de comadres ociosas.

Depois de devorarem a suculenta canja e esvaziarem as travessas de carne assada com batatinhas e salada de alface, foi a vez dos doces e sobremesas. Arroz-doce, pudim de ovos, salada de frutas e leite-creme foram servidos e devorados por aquelas pessoas que aparentavam não comer há uma semana tal a gula com que devoraram tudo que lhe era colocado à frente.

Mas já Isabel e as suas amigas traziam bolos cortados em fatias colocados em pratos de vidro, enquanto Alzira colocava as filhoses cobertos com açúcar e canela em enormes travessas dispostas ao longo da mesa.
José Pereira tinha ido buscar bebidas finas, tais como vinho do Porto, licor de amêndoa amarga e uísque para acompanharem os bolos. Isabelinha e Ângela por sua vez, preferiram fazer café na máquina expresso que tinham trazido, e que começaram a servir aos convidados em fila.

OLHARES DE SAUDADE

Findo o almoço, enquanto os convidados se dirigiam para a praça principal da aldeia para participarem da festa, Alzira, Isabel, Ângela e Guidinha arrumaram as louças que colocaram na máquina de lavar louça, que José tinha comprado na semana anterior a pedido da mulher, e enquanto esta fazia o serviço, dirigiram-se também para a festa. Alzira nos anos anteriores costumava ficar a tratar da louça à mão, e a dispor as mesas para o jantar, mas naquela ocasião especial, na companhia dos filhos e do neto, reivindicou o seu direito de também ver a festa e mostrar a aldeia as visitas de longe.

Ao chegarem ao largo da aldeia, centenas de pessoas estavam aglomeradas na praça, conversando em grupos, os mais novos dançando ao som da banda que tocava num palco improvisado ao fundo, os homens em grupos cumprimentando os amigos das aldeias vizinhas, as mulheres olhando os vestidos umas das outras para ver qual era a mais bem vestida, as crianças brincado e comendo pinhões em cordões.

Os namorados dançavam, outros jovens e pessoas de todas as idades, acotovelavam-se ao balcão da quermesse para comprarem rifas e verem se tinham sorte em serem premiados com bugigangas diversas que as fábricas e lojas tinham oferecido para serem sorteadas e leiloadas e o dinheiro arrecadado reverter a favor do Santo e da comissão de festas, o que era quase a mesma coisa.

Ao fim da tarde, todos se dirigiram para casa, os convidados para casa dos anfitriões que os tinham recebido, outros de regresso às suas aldeias, enquanto os habitantes da aldeia se apressavam para irem servir o jantar, porque depois haveria baile e ninguém queria perder a actuação do famoso conjunto musical que tinha sido contratado para a noite de passagem de ano, a noite de S. Silvestre.

Alzira já estava em casa, com Guidinha e Jacinto, que ajudavam a amiga a preparar o jantar, agora composto de borrego guisado acompanhado de arroz de ervilhas e salada de alface, e Bacalhau á Gomes de Sá, que era uma receita de bacalhau no forno, que despertava a curiosidade de Guidinha já que gostara tanto do bacalhau que tinha comido na Amadora com Ângela. O inventor da receita, Gomes de Sá, - explicou Jacinto - era um comerciante de bacalhau que tinha vivio no Porto no século dezanove e tinha inventado aquela receita há mais de cem anos.

Mas agora os convidados tinham ficado reduzidos a metade, as fofoqueiras de serviço voltaram para casa, e todos se sentiam num ambiente mais familiar e aconchegante.

Por isso depois do jantar foram de novo para o largo da festa, Toninho com Tó Mané que parecia estar a conquistar a preferência do afilhado, depois de lhe oferecer os presentes que tinha conseguido ganhar na quermesse uma bola de futebol branca e azul, um carro de bombeiros telecomandado que apitava e buzinava, e uma estatueta de barro que representava um casal de crianças a brincar. Jacinto também lhe tinha oferecido um apito que Toninho não se cansava de soprar e fazia um som estridente, mas ninguém parecia importar-se com o barulho.

Agora era a vez de lançarem um balão de ar quente, que já estava pendurado no alto, por cima de uma enorme fogueira destinada a enchê-lo de ar aquecido. Curiosos, todos se aproximaram, mas ainda iria demorar, só perto da meia-noite seria o lançamento programado. Então dirigiram-se para o salão de baile de onde chegava o som do conjunto musical a afinar os instrumentos.

Daí a pouco começaria o baile, ponto alto das festividades pelo qual todos os jovens esperavam ansiosamente para dançarem com as namoradas os que já namoravam, para arranjarem ou tentarem conquistar uma namorada, os que ainda não tinham.

Em volta do recinto de dança, em duas filas de cadeiras e algumas mesas, as mães vigiavam, enquanto os pais no bar ou no café conversavam de assuntos de homens.

À meia-noite o baile foi interrompido para ver subir o balão que se perdeu no céu escuro. Isabelinha, Geremias e Toninho, acompanhados de Alzira, preferiram ir para casa descansar. Isabelinha queixava-se de dores na perna e estava um bocado indisposta, talvez pela gravidez, e também pela quantidade e variedade da comida.

Jacinto e Guidinha não se largavam, mas Jacinto preferia não dançar para não dar lugar a mais comentários maldosos. Oficialmente ainda estava de luto pela viuvez recente, por isso também acompanhou os amigos até à casa do Pereira. No entanto foram dormir a Amiais de Cima à casa da mãe de Jacinto, uma senhora velhinha mas ainda resistente e de perfeita saúde, que Guidinha tinha conhecido naquela manhã e tinha adorado. O pai tinha falecido há alguns anos depois de vender a fábrica a um grupo espanhol de cerâmicas, deixando a viúva com bens suficientes para gozar uma longa velhice, não obstante a solidão.

OLHARES DE SAUDADE

No dia seguinte, todos se levantaram tarde depois dos festejos da véspera. Era dia de Ano Novo, um ano que se anunciava pleno de mudanças nas vidas de todos os que se reuniam de novo à volta da mesa com um novo grupo de convidados para almoçar.

A seguir ao almoço, enquanto a festa continuava, o grupo preferiu regressar à Amadora. A chuva tinha recomeçado, anoitecia cedo e o trânsito devia estar caótico na auto-estrada, depois do fim-de-semana de festas. Também Toninho estava cansado de tanta correria e até já ia atrás dos foguetes, Isabel continuava enjoada e no outro dia começava a exposição de artesanato. Assim escolheram antecipar o regresso a casa, depois de se despedirem de José Pereira e Alzira.

Tó Mané convidado pela irmã e pelo cunhado - para estar o máximo de tempo disponível com o afilhado que ia descobrindo aos poucos - resolveu acompanhá-los com a promessa de estar de volta no Dia de Reis, para apresentar-se no dia seguinte na prisão.

Capítulo XXVIII

A EXPOSIÇÃO E A SURPRESA

Já tinha anoitecido quando chegaram à Amadora, depois de uma viagem cansativa pela auto-estrada. Pouco depois de entrarem na A1, no nó de Torres Novas, ficaram em bicha parada, devido a um acidente perto das portagens de Santarém, no sentido Norte-Sul, e assim a hora e meia de viagem prolongou-se por três horas, enquanto assistiam ao desfile das ambulâncias e dos carros de bombeiros num vai-vem frenético enquanto a chuva aumentava e os automobilistas tentavam manter a calma. Na rádio diziam que três famílias tinham perdido a vida devido a uma ultrapassagem mal calculada, precipitada pelas péssimas condições atmosféricas. Os Caboverdianos, em especial as senhoras, estavam muito emocionados e impressionados não só com o acidente e as suas terríveis consequências, como também com a chuva constante e os seus trágicos resultados. Dizia Ângela para Jeremias:
- Amor que terrível a chuva que na nossa terra é uma bênção! Como pode provocar estas tragédias na vida das pessoas?
- A chuva não tem culpa querida! As pessoas é que não têm cuidado, são imprevidentes, e depois acontecem os acidentes!
- Mas amor, coitadas das crianças! Dizem que iam duas crianças que também perderam a vida, no carro da frente!
- Veja Ângela, como os pais dessas crianças são irresponsáveis e criminosos! Além de porem a vida dos filhos em perigo e as suas, provocaram a morte de outras famílias!

Isabel no carro do meio com Geremias, Toninho e Tó Mané, ia ainda mais enjoada, não podendo sair do carro ali preso no meio do trânsito. Abria a janela por momentos, mas Toninho reclamava do frio e da chuva, por isso voltava a fechá-la. Valia-lhe Tó Mané que brincava com o menino, distraindo a sua atenção dos horrores lá fora.

À frente, Jacinto muito habituado aos problemas do trânsito e dos acidentes, ia contando à Guidinha, episódios de quando era condutor de comboios. Dizia:

- Querida, então imagina o que é conduzir um comboio a 150 kms por hora, que vai de Lisboa ao Porto em 2 horas e meia, e de repente veres uma manada de vacas tranquilamente a passear na via…que farias?

Guidinha, claro que não tinha resposta. Ela nem sabia ao certo como era um comboio, só os tinha visto a passar na linha de caminho de ferro ao lado da estrada, na Amadora, e também ao lado da Auto-Estrada, mas nunca tinha estado em nenhum. Ela nem sabia conduzir carros, então comboios, nem lhe passava pela cabeça, por isso riu-se.

Mas claro que Jacinto queria impressionar a amada, por isso foi contando:

- Eu ia a conduzir o comboio muito tranquilo, por isso ao ver as vacas, nem tive tempo de frear! E o comboio àquela velocidade não pode parar, senão descarrila e tombam-se as carruagens que ficam todas desfeitas! Imagina o que é levar as vidas de trezentas pessoas nas tuas mãos!

Guidinha estava convenientemente impressionada e suspensa das palavras do noivo, que continuou:

- Por isso olha, mal por mal, tive que fazer carne picada de vaca! Saltavam vacas por todo o lado, foi uma carnificina!

- Credo amor, que horror, coitadas das vacas! Morreram todas?

- Todas não sei! Não tive tempo de contar, mas muitas ficaram desfeitas no meio da via!

ARLETE PIEDADE LOURO
JOÃO PEREIRA FURTADO

Mas entretanto o trânsito já ia a circular quase normalmente e Jacinto disse para a noiva:
- Querida, vamos dormir esta noite, na minha casa, para amanhã levarmos os artigos para a FIL, importas-te?
- Claro que não, amor! Só quero estar onde estiveres! Contigo até numa barraca como aquela ali. – Dizia Guidinha apontando para um bairro de casas clandestinas, que ficava ao lado da auto-estrada, perto da entrada de Lisboa.
- Não querida! Depois da exposição montada, vou dar um pulo ao Registo Civil para ver se os meus documentos já estão em ordem e podermos marcar o nosso casamento! Estou louco para casar contigo, minha noivinha!
- Eu também, amor! Mas agora temos que pensar na exposição!
- Sim querida, não te preocupes, vai ser um sucesso! Vocês vão ganhar o prémio! E depois vamos para Amiais de Cima, para nos casarmos!
- Jacinto, adorei a tua mamã! Como ela me recebeu com tanto carinho! Não ia à espera, sou uma mulher como ela não devia esperar para o filho dela!
- Querida, ela só quer que seu seja feliz! E ela viu que tu és a minha felicidade!

Já estavam a entrar na segunda circular e o trânsito voltava a ficar em fila quase parada, por isso calaram-se para Jacinto dedicar mais atenção à condução. Um barulho atroador se fez ouvir e Guidinha assustou-se e tremeu no assento do carro. Jacinto riu-se e disse:
- Olha ali para cima! – Enquanto apontava o céu escuro!
Guidinha viu o enorme avião que sobrevoava a via rápida para ir aterrar no aeroporto da Portela, mesmo ali ao lado e admirada viu o símbolo da companhia aérea de Cabo Verde. Disse emocionada:

OLHARES DE SAUDADE

- Este vem da minha terra, Jacinto!
- Claro é o avião das dezoito horas, aquele onde vieram a Isabelinha e o Geremias ontem!

 Quando chegaram a casa já passava das dezanove horas, e não tinham tido tempo de ir às compras para o jantar. Havia quase dois meses que Jacinto estava ausente de casa, por isso também não tinha comida em casa. Mas Alzira tinha-lhe entregue um saco com caixas com as sobras das refeições da festa, bem como doces e bolos. Guidinha queria recusar, mas Jacinto sabendo que a cunhada iria ficar ofendida, pegou nos sacos e levou para o carro. Por isso com a ajuda do micro-ondas jantaram uma boa refeição do Bacalhau à Gomes de Sá que Guidinha tinha adorado, e depois uma taça de pudim.
Para Guidinha tudo era novidade, ainda não sabia o que era um micro-ondas, em Cabo-Verde cozinhavam no fogão da oficina, ou na casa da mãe, no fogão de lenha, ou numa fogueira no quintal.

Depois de uma noite um pouco inquieta em que Jacinto não pode deixar de recordar a falecida Luísa, assim que Guidinha adormeceu a seu lado cansada da viagem e das novidades, acordaram cedo com o toque da campainha da porta.

Eram Ângela e António Manuel que, conforme tinham combinado, os vinham ajudar para levarem os artigos para a FIL. Já passava das sete horas e deviam estar lá antes das nove para desempacotarem tudo e colocarem nas bancas que lhe tinham sido atribuídas.

OLHARES DE SAUDADE

Enquanto Guidinha tomava um duche e se vestia, Jacinto foi com António Manuel e Ângela carregar a carrinha que Jeremias lhe tinha emprestado para levaram tudo para a feira.

Depois de comerem um rápido pequeno-almoço, seguiram para a FIL com os preciosos artefatos nas caixas tal como tinham vindo de Cabo-Verde. Guidinha levava todos os documentos necessários e quando chegaram e se dirigiram à receção, foram bem recebidos. Um funcionário da feira acompanhou-os com um pequeno veiculo – um monta-cargas, explicou Jacinto, e ajudou-os a descarregar a carrinha, colocando tudo empilhado e sendo depois colocado no local que lhe tinha sido destinado.

Agora era a vez de Ângela e Guidinha, que cuidadosamente foram retirando os artigos das caixas, desembrulhando e colocando nos locais e na disposição que achavam mais atraente para os visitantes. A escultura do "Casal de Barro", ficou no lugar mais central e em destaque, de acordo com a opinião de todos.

Já se tinha passado a manhã nas arrumações, e tudo o mais necessário, eram quase horas de almoço e um funcionário veio dar-lhe senhas para poderem ir almoçar ao restaurante reservado aos expositores.

Foi mais uma novidade para as duas artesãs que nunca tinham estado num local daqueles. Tiveram que ir buscar os seus pratos numa bandeja e irem escolher a comida que desejavam num enorme balcão onde tinham expostos diversos tipos de comida. A dificuldade maior foi só escolher, mas Jacinto disse-lhe que viriam todos os dias da exposição almoçar ali, e o que não comessem no momento, provariam no dia seguinte.

OLHARES DE SAUDADE

Durante a tarde começaram a chegar os visitantes e muitos se detinham para apreciarem as peças feitas pelas artesãs de Cabo-Verde. Foram recebendo encomendas mas só tomavam notas dos nomes e moradas porque não podiam vender ali os produtos, só os iriam entregar quando a feira acabasse. Era essa a informação que lhes tinham passado como certa.

No segundo dia da feira, Jacinto foi ao Registo Civil e voltou com os olhos brilhando de felicidade. Disse à sua noiva que lhe estava a preparar uma surpresa mas não poderia dizer mais nada. Guidinha pensou que tinha a ver com o casamento deles, mas não quis insistir para não estragar a alegria ao noivo.

Os três dias seguintes passaram-se na mesma rotina, com a presença das artesãs e os constantes elogios dos visitantes e dos outros expositores. Queriam saber se elas tinham mais peças para vender, e Jacinto tomava nota dos nomes e moradas de todos, prometendo contatá-los no final da feira.

No último dia foi anunciada a obra vencedora do prémio "Rafael Bordalo Pinheiro" e só foi surpresa para Ângela e Guidinha que ainda não acreditavam na magia das suas mãos de artistas. A obra vencedora era muito justamente "O Casal de Barro!" O prémio consistia numa visita ao Museu Rafael Bordalo Pinheiro nas Caldas da Rainha, cidade célebre pelas suas obras de barro, desde louças rústicas, arte brejeira, até estatuetas populares representando personagens do povo. O maior dos artistas tinha sido precisamente Rafael Bordalo Pinheiro, que dava o nome ao prémio e museu em sua memória.

OLHARES DE SAUDADE

Além da visita, a obra vencedora ganhava direito a ficar exposta no museu e a sua criadora ganhava um cheque no valor de cem mil escudos, e um curso de cerâmica artística.

Ângela que era a criadora da obra premiada, tinha direito aos prémios, mas declarou que a artista era Guidinha, e que os prémios deviam ser-lhe atribuídos a ela. Só aceitou a visita ao museu, onde disse que gostaria de ir com o marido e a sócia.

No dia seguinte foi tempo para arrumarem todos os artigos, conferirem as encomendas recebidas e fazerem o balanço dos resultados. Jacinto foi com Guidinha para casa de Isabel e Geremias, que antes de viajarem para Cabo-Verde tinham trocado o apartamento por uma bonita vivenda quase igual à do primo e no mesmo bairro. Jacinto tinha colocado o andar dele à venda e não desejava lá voltar a não ser para ir buscar algumas coisas para levar para Amiais de Cima para onde disse à Guidinha que iriam no dia seguinte para festejarem o Dia de Reis.

Nessa tarde deixando Guidinha com Isabel foi tratar de alguns assuntos e só voltou á noite. Guidinha já estava preocupada, mas pensou que ele andasse a tratar da surpresa prometida.

No dia seguinte pela manhã, quando Guidinha acordou na cama do quarto de hóspedes na casa de Geremias que era uma réplica quase perfeita da casa de Jeremias, pois os dois sócios faziam questão de ter tudo igual, ficou admirada pois não viu Jacinto a seu lado. Mas um ruído vindo da porta do quarto mostrou-lhe o seu noivo que empurrava um carrinho com um tabuleiro repleto de comidas apetitosas para um pequeno-almoço suculento. Os dois enrolados em macios roupões sentaram-se à mesa que havia

junto á larga janela e começaram a comer. Havia croissants estaladiços com manteiga e fiambre, acompanhados com leite e café. Em taças havia também frutas, ananás e manga em calda, que comeram em seguida. Guidinha estava maravilhada com aquelas delicadezas, mas um solícito Jacinto disse-lhe, quando acabaram de comer:
- Amor, vamos tomar um duche quentinho juntos, vamos?
- Claro querido, adoro as tuas mãos no meu corpo a tratar de mim, como um bebé!
- Só as mãos linda?
- Não mor…tudo que é teu!
Depois de um longo beijo e muitas brincadeiras, Jacinto enrolou a noiva numa toalha com que lhe tapou os olhos e pegando nela levou-a assim até ao quarto. Retirando-lhe a toalha disse:
- Mais uma surpresa!
Guidinha olhou para a cama, onde um maravilhoso vestido estava exposto, estendido em cima da colcha creme de cetim.

Era de um tom verde muito claro, em veludo e tinha a frente toda bordada em tons dourados formando flores e folhas num desenho maravilhoso e requintado. A saia era de comprimento médio, levemente rodada, as mangas eram levemente franzidas, e terminavam com um ligeiro folho. No chão estavam sapatos de salto alto, de cor verde- escuro. Ao lado do vestido, um casaco comprido de couro castanho macio e grosso. A lingerie em cor verde-escuro com rendas douradas, constava de um conjunto de soutien de taça, calcinha pequena com rendas e meias finíssimas em tom igual à pele morena. O cinto-ligas em tom dourado tinha pequenas molas delicadas para segurar as meias que alcançavam a metade das coxas douradas e fortes.

OLHARES DE SAUDADE

Guidinha estava espantada e nem conseguia falar. Olhava tudo boquiaberta e sem reagir. Jacinto teve que lhe dizer:
- Amor veste essa roupa sim? É para ti!

Sem dizer nada, tremendo ligeiramente, Guidinha começou a vestir-se ainda sem saber como reagir. Jacinto dirigiu-se ao roupeiro e começou a vestir-se também. Ele tinha um elegante fato em cor verde musgo, com uma camisa creme de cetim. Foi-se vestindo e no final colocou uma gravata de veludo, no mesmo tom do vestido de Guidinha, cor das folhas na primavera.

Guidinha que o olhava maravilhada, exclamou:
 - Amor, vamos fazer de Reis – Magos, hoje?

Jacinto soltou uma ruidosa gargalhada e abraçou a noiva carinhosamente. Deu-lhe um longo beijo e disse:
 - Tu és uma Fada hoje e eu sou o Peter Pan!
Guidinha riu-se. Sentia-me mesmo uma Fada, ou talvez uma Princesa, não sabia! Fosse o que fosse, pressentia que ia ser o dia mais feliz da vida dela.

Depois de se pentear e maquilhar ligeiramente, passando batom nos lábios carnudos, Guidinha desceu as escadas com o casaco de couro no braço, atrás de Jacinto até á cozinha confortável e luxuosa. Mas uma nova surpresa, a aguardava, pois não estava ninguém ali.

- Onde está Isabel e os outros? – Perguntou Guidinha, admirada.
Jacinto riu e disse:
- Amor, hoje não é dia de fazer perguntas! Dá cá o teu casaco que te ajudo a vesti-lo! Temos que ir embora. Vai buscar a tua mala nova, que está também no roupeiro e não te esqueças de

todos os teus documentos, enquanto eu vou ligar o motor do carro para aquecer!

Guidinha voltou a subir a escada e fui buscar a mala verde como os sapatos que Jacinto lhe comprara. Depois de colocar o seu porta-moedas, batom e perfume, colocou também os seus documentos que tinha num porta - documentos na mesa-de-cabeceira e foi ao encontro do marido na garagem da moradia!

Saíram e Jacinto dirigiu-se para a Auto-Estrada em direcção a norte. Desviaram-se na direcção de Fátima e dirigiram-se por estradas secundárias para um local desconhecido de Guidinha que não se atrevia a fazer perguntas.

Viram um enorme portão e entraram por ele. Por cima da entrada estava escrito:
Quinta "Os Três Pastorinhos"

Seguiram por uma larga avenida rodeada de árvores frondosas por onde se viam os raios de sol da manhã, pois naquele dia embora estivesse muito frio, estava um sol luminoso que só algumas nuvens brancas tapavam por breves minutos.

Ao fundo viram uma enorme construção que parecia um castelo. Tinha uma larga porta, ameias, e até uma ponte levadiça. De cada lado do edifício quadrangular, uma alta torre com mais ameias.

Jacinto parou à entrada da ponte, e os portões abriram-se. O carro avançou lentamente e entrou num pátio empedrado onde outros carros luxuosos estavam estacionados. Jacinto parou em frente à entrada principal do que parecia um palácio de princesas, pensou Guidinha.

O noivo saiu, mas um pajem vinha já em direcção ao carro, e abrindo-lhe a porta do mesmo, estendeu-lhe a mão para a ajudar a sair, fazendo-lhe uma vénia. Guidinha estava tão admirada com aquele dia de surpresas que ficou estática sem se mexer. Foi preciso Jacinto se aproximar, dizendo-lhe:

- Anda querida, vamos! – Para ela finalmente reagir e sair do carro aceitando a mão estendida do pajem!

Entraram pela larga porta envidraçada que dois pajens seguravam abertas para eles entrarem e na sala enorme, estavam pessoas luxuosamente vestidas que começaram a bater palmas e a gritar: - Vivam os Noivos! Vivam os Noivos! – Enquanto uma linda melodia se ouvia, como se fosse música de órgão e piano ao mesmo tempo!

Ainda assim Guidinha não estava certa se era o casamento dela, ou apenas o Dia de Reis! Afinal ela não conhecia as tradições locais! Podia ser assim que se festejasse o Dia de Reis! – Pensava ela confusa.

Enquanto ao lado de Jacinto era cumprimentada pelos presentes, depois de entregar o seu casaco a um dos pajens, mas guardando a mala com ela, pois ainda não sabia onde estava, Guidinha foi olhando e reconhecendo as pessoas na sala. Estavam ali a Ângela, o Jeremias, a Isabelinha, o Geremias, o Toninho, o António Manuel, José Pereira e Alzira, e a mãe do Jacinto, a sua sogra, aquela senhora adorável e fina, de cabelos brancos de neve, que a tinha recebido com tanto carinho e que se

ARLETE PIEDADE LOURO
JOÃO PEREIRA FURTADO

aproximou beijando-a e entregando-lhe um ramo de maravilhosas rosas de cor vermelho escuro. Estavam também vizinhos da Amadora e pessoas das aldeias que ela se lembrava de ter visto no dia da festa na casa da sua amiga Alzira e outras pessoas que ela não sabia quem eram.

Ao fundo da sala, havia uma zona reservada, com um altar com a imagem de Cristo na Cruz. Ao lado uma imagem da Nossa Senhora de Fátima com o seu terço. À frente do altar estava um padre que os aguardava.

Jacinto aproximou-se com a sua noiva pela mão. Olhou-a nos olhos e disse-lhe:
- Querida Guidinha, esta surpresa é do teu agrado?
- Sim meu noivo adorado, anjo da minha vida! – Respondeu a noiva quase chorando.

Aproximaram-se do altar e ficaram de pé, enquanto a música agora em tom mais baixo se continuava a ouvir, O padre perguntou a Jacinto em voz baixa:

- Podemos dar início a cerimónia?

- Sim, Sr. Prior – respondeu o noivo, comovido.

Então o padre Ramos começou a ler algumas passagens da Bíblia, começando por dizer:
- Amados irmãos, estamos aqui reunidos hoje, para testemunhar o amor de um homem e uma mulher, reunidos por circunstâncias estranhas, mas unidos pelo Amor! – E continuou lendo passagens da Bíblia, até que terminou com as perguntas usuais mas sempre recebidas com extrema emoção pelos noivos:

- Jacinto Gomes, é de sua vontade receber por esposa, Margarida Maria, aqui presente, amá-la e apoiá-la, na saúde e na doença, na alegria e na tristeza, receber com carinho os filhos que Deus lhes conceder e educá-los na fé cristã, até que a morte os separe?
- SIM – respondeu Jacinto em voz alta e forte!
- Feita a mesma pergunta a Guidinha, esta respondeu em voz chorosa, mas segura:
- Sim é de minha vontade!
- Então se ninguém se opuser à união deste homem e desta mulher, declaro-os casados perante Deus e os Homens! Que ninguém separe aqueles que Deus uniu!

A música voltou a fazer-se ouvir mais forte enquanto Jacinto beijava a sua esposa e todos aplaudiam emocionados e felizes!

Os amigos e familiares, foram-se aproximando para felicitarem os noivos enquanto outros iam passando à sala ao lado, e sentando-se ás compridas mesas para o almoço que começou a ser servido logo que Jacinto fez sinal ao chefe da sala, indicando que todos estavam acomodados nos seus lugares.

Primeiro foi servido creme de ervilhas, em taças antigas de porcelana, que estava aveludado como o vestido da noiva e da mesma cor! Depois serviram filetes de linguado com espargos selvagens, regados com molho de manteiga. Por último bifes de peru recheados com cenouras e acompanhados de arroz de pinhões e ananás com salada de agriões.
Para sobremesa havia mousse de manga com morangos, pudim de chocolate com creme de baunilha, e gelado de maracujá.

OLHARES DE SAUDADE

O bolo da noiva, tinha o feitio de um castelo, com vários pisos sobrepostos, coroado de ameias e torres e até uma ponte levadiça! Era decorado com frutos secos, semelhando as pedras do castelo e creme de caramelo, como argamassa! Duas bandeiras estavam em cada uma das torres, uma de Portugal e outra de Cabo-Verde.

Depois do almoço os pares começaram a dançar ao som da música, enquanto um pajem vinha chamar por António Manuel dizendo que um amigo o esperava lá fora!

Isabel ouviu o recado dado em voz baixa ao irmão e ficou receosa nem sabia bem de quê! Um pressentimento feminino, o tal sexto - sentido, ou uma intuição aguçada devido ao seu estado de gravidez! Alguma coisa lhe apertou estranhamente o coração e formou um nó na garganta.
Sem que ninguém se apercebesse, levantou-se e disse em voz baixa a Geremias que ia a casa de banho lavar o rosto mas aproximou-se da porta envidraçada e ficou a olhar lá para fora, onde Tó Mané de costas encostado a um carro falava com um homem alto e moreno que se encontrava de frente para onde Isabelinha se encontrava.

Embora estivesse longe e uma porta envidraçada e embaciada com humidade os separasse, Isabel soube que conhecia aquele homem! Ele era alto e moreno e os seus olhos verdes como os fatos dos noivos. Diz a canção que olhos verdes são traiçoeiros e afinal quem era aquele homem que regressava dos mortos para perturbar a vida dos vivos?

ARLETE PIEDADE LOURO
JOÃO PEREIRA FURTADO

EPÍLOGO

No dia seguinte José Pereira e Alzira foram acordados por fortes pancadas na porta! Pereira foi abrir ainda ensonado depois da festa da véspera em Fátima e deparou-lhe um jipe da G.N.R. com quatro guardas fardados e armados que lhe perguntaram:
- É aqui a residência de António Manuel Pereira?
- É sim - Respondeu José Pereira, temendo o pior!
- Temos ordens para levar António Manuel Pereira, debaixo de prisão, para o Estabelecimento Prisional de Alcoentre, onde devia ter dado entrada ontem! Como não se apresentou voluntariamente, vá chamá-lo para nos acompanhar! A bem ou a mal!
José Pereira aquele homem duro, de cinquenta e cinco anos, negociante bem sucedido, um pilar da sua comunidade, pai de dois filhos que acreditava ter negligenciado, e agora chamado ao bom caminho, começou a chorar como uma criança!
Os Guardas que também eram homens e pais, ficaram condoídos mas disfarçaram o melhor que puderam! – Então homem, que é isso? – Onde está o seu filho? – É melhor ir chamá-lo! – Olhe que o estamos a avisar a bem! – Disseram eles em coro!
- Senhores Guardas o meu filho ontem saiu de Fátima do casamento do tio, na companhia de um amigo que apareceu lá, e que disse que o ia levar a Alcoentre! Juro por Deus e Nossa Senhora de Fátima, que estou a dizer a mais pura verdade! Assim eu caia já aqui morto e não me levante mais, se minto!
 - E quem é esse amigo? Ele disse como se chama? Como era ele? – Perguntaram os guardas com um ar cúmplice.
- Não sei como se chama! – O meu António Manuel disse que era um amigo que vivia em Paris e estava de férias em Portugal! Parece que era um velho amigo! Era um rapaz alto, forte e

moreno de olhos claros! – É só o que sei dizer senhores Guardas – respondeu José Pereira recuperando o seu habitual aprumo.
- Olhe oh Pereira! Se é quem nós pensamos, os dois já devem estar a chegar à França agora! Tínhamos um fugitivo, agora temos dois! Reze pelo seu filho a Nossa Senhora de Fátima!
Dizendo isto, os guardas entraram no jipe e deram meia volta a caminho de Alcoentre!

COMENTÁRIO FINAL

É um romance que gira em volta de duas personagens: Jeremias e Geremias, primos, nascidos em Cabo Verde, que emigram para a Europa, neste caso da Ilha de Santiago, marcada ao longo dos anos pelo fenómeno da emigração - gente simples em busca de melhor vida.

Eles são, por assim dizer, o elo de ligação que nos permite comparar a vida dos vários ilhéus que tiveram os mesmos sonhos.

É interessante porque, localizando-os na aldeia onde vivem, no interior da ilha, isso nos permite tomar contacto com familiares e amigos do quotidiano que circundam em torno deles dando-nos uma visão dos hábitos da gente rural da ilha, humildes e honestos trabalhadores, que procuram o seu sustento na agricultura, na modelagem do barro, no comércio dos seus produtos.

Pode dizer-se que é um romance do quotidiano do emigrante, dos seus familiares e amores, que ficam, que resistem ou se desagregam deixando por vezes marcas de saudade e tristeza.

Marca também o período pós 25 de Abril, em que o progresso e o desenvolvimento Europeu necessitava de mão de obra no trabalho. É interessante, descobrir-se nessas linhas, os difíceis problemas que surgem da legalização dos emigrantes e suas consequências.

É à roda desses primos, do seu quotidiano, que a excitação da saída da ilha e da chegada e entrada em Portugal, se desenrola. Os novos contactos em Lisboa, e, mais tarde, o regresso de férias no "tempo da saudade" até se cumprir o desenlace dos noivados na ilha ou Portugal, epílogo do próprio emigrante que regressa á terra e fica, ou que, encontrou na Europa, o lugar do seu destino.

ARLETE PIEDADE LOURO   289
JOÃO PEREIRA FURTADO

OLHARES DE SAUDADE

Viagens, movimentos, que surgem em urdidura, do romance ilhéu, com encontros entre portugueses e Cabo Verdianos que de uma maneira ou de outra, encontram a sua vida, nesse caminho "de longe", no descobrir das tradições e costumes dos dois lados; em particular na troca de culturas, através de exposições de arte, e muito apelativo fica para descobrir, o "apelo á terra", nas chegadas e partidas, em tempo de festas natalícias ou de fim do Ano.
Resta só dizer que para encontrar esta sintonia, o romance foi escrito por João, cabo verdiano da diáspora Santomense, e Arlete, portuguesa, que conseguiram, com esforço, pesquisa e trabalho, contar cada um, as suas experiências e olhares, cada um do seu lado do Atlântico, para a construção da sua obra, "OLHARES DE SAUDADE"!!

Filomena Custódio

Licenciada em História pela Universidade Clássica de Lisboa, professora aposentada, escritora, poetisa e pintora, sobrinha dos pintores naturalistas alentejanos Arsénio da Ressurreição e Júlia Dias Raimundo, que foram seus mestres. Viveu em Angola e Cabo-Verde, onde foi casada com o Eng. Amadeu Lopes da Silva, sobrinho do Dr. Baltazar Lopes da Silva, advogado e escritor cabo-verdeano, autor de "Chiquinho" o célebre livro sobre a Diáspora Cabo-verdiana. Atualmente vive em Santarém, onde nasceu.

POSFÁCIO

AGRADECIMENTO

Caro leitor, estimada leitora… Começo por lhe agradecer, eu e a minha parceira, poetisa e escritora Arlete Piedade por ter lido até o fim este primeiro volume de "OLHARES DE SAUDADE". Chegou até aqui e continua a ler estas breves palavras, isto apenas quer dizer uma coisa para nós. Gostou do livro, mais uma vez muito obrigado, caro leitor, estimada leitora…

Vou ser breve, peço-lhe apenas mais um pouco de paciência, posso contar com mais uns poucos cinco minutos seus? Obrigado…
Este livro começou num desafio e numa vontade enorme de aprender com os erros… Numa noite normal de uma conversa na Internet, desafiei a Arlete Piedade para escrevermos um ROMANCE, nós os dois. Não conhecia a Arlete, mas a nossa amizade já era um fato confirmado… Ela, desde a nossa primeira conversa via Internet, corrigia-me, incentivava-me e aconselhava-me… Ela aceitou e aqui está o livro que acabou de ler…

Ainda não acabei, quero "abusar" um pouco mais da sua paciência, este livro também teve participação direta ou indiretamente de muita gente. A nossa Família, a da Arlete e a minha… Não é fácil conviver com pessoa que está no mundo de um livro em construção… Obrigado à família da Arlete Piedade e à minha família. Propositadamente extrapolei a maratona que foi o ato… A troca febril de emails… Agora és tu… Agora sou

ARLETE PIEDADE LOURO
JOÃO PEREIRA FURTADO   291

eu... Que fazer com este? Que fazer com aquele? Até que, meses depois, chegaríamos ao fim.

Vou terminar, caro leitor, estimada leitora, mais antes permitam-me que agradeça os patrocinadores, graças a eles este livro saiu da "gaveta" e chegou até a vossa mão. Depois de horas e horas de trabalho, se eles não nos ajudassem, este livro seria mais um manuscrito engavetado eternamente...
Um obrigado para a FARMACIA STA ISABEL, na pessoa do meu amigo António Santos. A TACV, Cabo Verde Airlines, ao Marcos que tem vindo a me ajudar... A U.L.L.A.-União Lusófona das Letras e das Artes, a Caixa Económica de Cabo Verde, a IFH-Imobiliária, Fundiária e Habitat, S.A., A Biblioteca Nacional que se disponibilizou para comprar uma razoável quantidade de livros, e ao L.F.-Gabinete de Contabilidade, Ldª. pelo apoio administrativo e na divulgação.

Por fim é o fim, caro leitor, estimada leitora, mas antes permita-me agradecer o Ty Furtado, autor do desenho que serviu para a capa deste livro, o Adelino Lopes que fez a concepção gráfica e o arranjo da capa, a Fátima Bettencourt, hoje minha amiga, ela corrigiu o livro e aproveitou para oferecer-lhe caro leitor, estimada leitora o prefácio que certamente já leu. Foi muito mais que isto, mas são contas de outro rosário a aprendizagem que tive com esta digna e ilustre professora na arte de escrever. O Daniel Medina, cronista e jornalista, que também ajudou, lendo e corrigindo... E quis deixar ao caro leitor, estimada leitora uma apreciação sua do livro e escreveu para si "o prólogo". A Dra Filomena Custódio, leu e também gostou e teve o mesmo nobre gesto, escreveu o seu comentário, era para si, caro leitor, Estimada Leitora... Está no livro.

ARLETE PIEDADE LOURO   292
JOÃO PEREIRA FURTADO

OLHARES DE SAUDADE

Muito obrigado a todos que pela humana razão não consigo transcrever para aqui, o Celestino, a Liana, o Amilcar, a Manuela, o José Carlos... a lista seria enorme...aos que continuarão a nos ajudar, na apresentação do livro, na venda, na compra, nos comentários...Na crítica...Depois de este livro estar impresso é lógicamente impossível de se acrescentar.

Para si, caro leitor, estimada leitora, termino com um muitíssimo obrigado!

João Furtado

Praia, 01 de Junho de 2012

OLHARES DE SAUDADE

Índice

ARLETE PIEDADE LOURO

JOÃO PEREIRA FURTADO

OLHARES DE SAUDADE

FIM DO PRIMEIRO VOLUME

9 789899 956354